**Duden**

Wie schreibt man gutes Deutsch?

## Duden-Taschenbücher

Praxisnahe Helfer zu vielen Themen

**Komma, Punkt und alle anderen Satzzeichen**

**Wie sagt man noch?**

**Lexikon der Vornamen**

**Wie sagt man in Österreich?**

**Wie gebraucht man Fremdwörter richtig?**

**Wie sagt der Arzt?**

**Wörterbuch der Abkürzungen**

**Wie sagt man anderswo?**
Landschaftliche Unterschiede
im deutschen Wortgebrauch

**Leicht verwechselbare Wörter**

**Wie verfasst man wissenschaftliche Arbeiten?**

**Wie sagt man in der Schweiz?**

**Wörter und Gegenwörter**

**Jiddisches Wörterbuch**

**Geographische Namen in Deutschland**

**Die Neuregelung der deutschen Rechtschreibung**
Regeln, Kommentar und Verzeichnis
wichtiger Neuschreibungen

**Schriftliche Arbeiten im technisch-naturwissenschaftlichen Studium**

**Die neue amtliche Rechtschreibung**
Regeln und Wörterverzeichnis

**Redensarten**
Herkunft und Bedeutung

# Duden

## Wie schreibt man gutes Deutsch?

2., völlig neu bearbeitete Auflage

von Ulrich Püschel

Dudenverlag Mannheim · Leipzig · Wien · Zürich

*Redaktion* Dr. Matthias Wermke
*Typographie* Raphaela Mäntele, Heidelberg
*Illustrationen* Barbara Theis, Freiburg
*Herstellung* Monika Schoch

Die Duden-Sprachberatung beantwortet Ihre Fragen zur Rechtschreibung, Zeichensetzung, Grammatik u. Ä. montags bis freitags zwischen 9.00 und 17.00 Uhr unter der Telefonnummer (01 90) 87 00 98 (3,63 DM pro Minute, deutschlandweit).

Die Deutsche Bibliothek – CIP-Einheitsaufnahme
Ein Titeldatensatz für diese Publikation ist bei
Der Deutschen Bibliothek erhältlich.


Satz: Bild + Text Mediendesign, Ostfildern/Kemnat
Druck: Druckerei Rappold, Speyer
Bindearbeit: Progressdruck, Speyer
Printed in Germany
ISBN 3-411-04972-3

**Vorwort** Die Literatur zum guten Deutsch ist unüberschaubar, wie jeder merkt, der auf diesem Feld auch ein wenig herumschnuppert. Die Reihe namhafter Autoren zu diesem Thema beginnt bei A wie Adelung mit seiner Abhandlung »Ueber den Deutschen Styl« von 1785 und ist über zweihundert Jahre später noch nicht bei Z angelangt. Wer sich zum guten Deutsch äußert, fängt also nicht bei null an, sondern blickt auf eine lange Tradition zurück, mit der er sich auch auseinander zu setzen hat.

Vieles von dem, was in zweihundert Jahren zum Thema geschrieben wurde, gehört heute zum allgemeinen Wissen. Manches verlangt dagegen nach kritischer Diskussion, die zu führen zu den Aufgaben der Sprach- und Literaturwissenschaft zählt; sie ist aber nicht Gegenstand dieses Buchs. Beides – das allgemeine Wissen vom guten Stil und die Ergebnisse der wissenschaftlichen Diskussion – sind in die Neufassung von »Wie schreibt man gutes Deutsch?« eingeflossen. Die Darstellung ist also der vielfältigen Literatur zum guten Deutsch wie der theoretischen Reflexion zum angemessenen Sprachgebrauch verpflichtet. In den Fällen, in denen eine Autorin oder ein Autor ausdrücklich genannt wird, finden sich die Literaturangaben in Fußnoten.

Mannheim, im Oktober 2000

## Inhalt

**Ein Gespräch über gutes Deutsch** Die Auseinandersetzung mit dem Sprachstil, die Frage nach dem guten Sprachgebrauch ist vermutlich so alt wie die Beschäftigung der Menschen mit ihrer Sprache. Dennoch lässt sich nicht einfach sagen, was gutes Deutsch ist und wie man es zu schreiben lernt.

Im Jahre 1688 publizierte der Aufklärer, Philosoph und Jurist Christian Thomasius, der zum Verdruss seiner Leipziger Kollegen seine Vorlesungen auf Deutsch zu halten begann, die erste gelehrte Zeitschrift in deutscher Sprache. Unter ihrem Kurztitel »Monatsgespräche« genießt sie noch heute legendären Ruf. Zur Zeit der Leipziger Messe lässt Thomasius vier Personen unterschiedlichen Standes mit der Postkutsche von Frankfurt nach Leipzig reisen. Um sich die Zeit zu verkürzen, unterhalten sich
1 die Reisenden über allerhand gelehrte literarische und religiöse Fragen. Die Zeiten der Postkutsche sind lange vorbei. Heute fliegen die Eiligen und Wichtigen von Frankfurt nach Leipzig, die Genießer der Freiheit im Stau fahren mit dem Auto, und wer die Vorzüge des Bahnfahrens über dessen Nachteile stellt, der vertraut sich dem Zug an.

So fuhren – als wieder einmal Messezeit war – fünf Personen in einem Abteil des Eurocitys »Heinrich Heine« von Frankfurt Richtung Leipzig. Zuerst beschäftigte sich ein jeder mit sich selbst: Herr Augustin, ein Psychologe, blätterte in seinem Vortragsmanuskript, Herr Benedict, Feuilletonredakteur eines Blattes für kluge Köpfe, schrieb auf seinem Laptop, Herr Christoph, ein Manager, studierte Geschäftspapiere, und Herr David, ein Deutschlehrer, las in der »Zeit«. Schließlich war da noch Frau Friedrich, die sich in Leipzig mit ihrem Sohn treffen wollte, um gemeinsam seine Geburtsstadt Riesa zu besuchen. Als der Zug bei Bebra die Berliner Kurve durchfuhr, seufzte Herr Benedict tief, denn er hatte den Text eines Volontärs zu redigieren. Die Mitreisenden blickten auf, und Herr Benedict lächelte ein wenig verlegen, erklärte dann aber mit kurzen Worten seine Nöte. So entspann sich ein Gespräch zwischen den Abteilgefährten, an dem sich Frau Friedrich jedoch erst später beteiligte.

Wie es bei solchen Unterhaltungen häufig geschieht, sprang man von einem Thema zum anderen und gelangte plötzlich zu den Nöten des Herrn Benedict zurück.

Herr Benedict: Ich will ja nicht das Klagelied anstimmen, früher sei alles besser gewesen und auch die Volontäre hätten besser geschrieben.

Herr Augustin: Nein, nein! Das sollten Sie auf kei-

nen Fall, denn gut zu schreiben, aber auch gut zu sprechen, ist ein schwieriges Geschäft. Den wenigsten fällt diese Gabe einfach in den Schoß – heute nicht und früher auch nicht. Nicht umsonst haben die Griechen die Rhetorik erfunden, zwar als Ars bene Dicendi, als Kunst der Wohlredenheit, doch wenn wir genau hinschauen, erkennen wir, dass die Rhetorik zumindest seit dem Mittelalter auch eine Ars bene Scribendi, die Kunst des guten Schreibens ist.
Das ist mein Stichwort, mischte sich jetzt Herr David 1
ein, guter Stil – gutes Deutsch. Sie müssen wissen, ich bin Deutschlehrer, will jetzt aber auch nicht über die heutige Jugend lamentieren, sondern eher die eine oder andere Person aus dem Kollegenkreis schelten, die frank und frei erklärt, die Hauptsache sei doch, man verstehe, was die Schüler meinen, die Sprachform sei dagegen egal. Ich bitte Sie!

Herr Benedict: Also, das ist doch ein tolles Stück! Wenn schon nicht mehr in der Schule auf gutes Deutsch geachtet wird, dann doch zumindest auf richtiges.

Herr Christoph: So radikal habe ich die Bemerkung von Herrn David nicht verstanden, aber was mich überrascht, ist Ihre Unterscheidung zwischen richtigem und gutem Deutsch. Ich dachte immer, das sei eins.

Herr Augustin: Ist es auch, zumindest in gewisser Weise, denn richtiges Deutsch, also die Beherrschung der Grammatik, ist eine notwendige Voraussetzung, um gutes Deutsch zu schreiben. Deshalb wurde ja schon in der Antike zwischen der Grammatik als der Ars recte Dicendi und der Rhetorik als der Ars bene Dicendi unterschieden. Sprachrichtigkeit führt jedoch nicht automatisch zur Sprachschönheit.

Herr Benedict: Gerade als Zeitungsmann muss ich Ihnen das bestätigen, leider. Ständig lese ich Texte, die sprachlich durchaus in Ordnung sind, aber du meine Güte – gut ist etwas anderes. Warten Sie, ich habe eine Pressemeldung dabei, die das wunderschön illustriert. Moment, gleich finde ich sie, also: »Der Mittelstandstag in Hamburg beauftragte den Bundesvorstand der MIT, eine Gesetzesinitiative zur Entsorgung des durch den in Großmärkten erfolgten Verkaufs von Motorenöl entstehenden Altölbestandes im Diskussionskreis Mittelstand der CDU/CSU-Bundestagsfraktion einzubringen.«

Herr David: Soweit ich überhaupt folgen konnte, scheint alles richtig zu sein, aber ziemlich unverständlich. Ich empfinde das als außerordentlich leserunfreundlich.

Herr Christoph: Wo Sie gerade von leserfreundlich sprechen – ich habe kürzlich gelesen, guter Stil sei persönli-
1 che Kultiviertheit, die nicht so sehr den pfleglichen Umgang mit der Sprache als den der Menschen untereinander betreffe. Wer aber so schreibt wie eben gehört, der mutet seinen Lesern allerhand zu; einen pfleglichen Umgang kann ich das nicht nennen.

Herr Benedict: Da ist sicherlich etwas dran, denn wenn wir rücksichtsvoll und gepflegt miteinander umgehen, dann muss sich das auch darin zeigen, wie wir schreiben.

Herr David: Was für mich bedeutet, dass wir sehr wohl auch mit der Sprache pfleglich umzugehen haben. Sonst könnte es ja so aussehen, als ob wir nur recht kultiviert sein müssten, und das gute Deutsch stellt sich dann schon von selber ein. Schließlich war schon davon die Rede, dass gutes Deutsch zu schreiben keine leichte Sache sei, man sich vielmehr darum bemühen müsse. Und wer es nicht kann, der soll es lernen.

Herr Augustin: Genau da liegt aber das Problem. Wer kennt schon den Königsweg zum guten Deutsch!?

Herr Christoph: Also, das kann doch gar nicht so schlimm sein. Ich wenigstens halte es da mit dem alten Spruch »Schreibe, wie du sprichst!«, damit habe ich nur die besten Erfahrungen gemacht.

Herr David: Jetzt aber mal langsam, so einfach ist das nicht. Sollen die Bayern etwa Bairisch und die Schwaben Schwäbisch schreiben? Und vergessen Sie bitte nicht, dass wir in der Schule jede Menge Mühe aufwenden, um den Kindern beizubringen, wie sich die geschriebene von der gesprochenen Sprache unterscheidet und dass sie gerade nicht so schreiben dürfen, wie sie sprechen.

Herr Christoph: Wenn Sie es so sagen – es scheint,

ich habe mir das noch nie richtig überlegt. Vielleicht hängt es auch damit zusammen, dass ich Hochdeutsch spreche und deshalb so schreibe, wie ich rede. Obwohl – wenn ich es genau betrachte – manchmal rede ich so, wie ich nie schreiben würde.

Herr Christoph schüttelte sinnend den Kopf, als Herr Benedict den Faden weiterspann: Vermutlich lassen Sie sich davon täuschen, dass Sie bei manchen Anlässen tatsächlich so sprechen, wie Sie schreiben. Unsere Art zu reden ist vielfach stark von der geschriebenen Sprache geprägt, aber das bedeutet, dass wir in solchen Fällen eher so sprechen, wie wir schreiben, nicht umgekehrt. Manchmal sagen wir ja auch von jemandem, sie oder er spreche druckreif. Dennoch, wenn Sie Sprechen und Schreiben in einen Zusammenhang miteinander bringen, dann macht das doch einen gewissen Sinn, natürlich nicht in der plumpen Weise, als ob das geschriebene Wort einfach ein Abklatsch des gesprochenen wäre. Ich denke hier an eine Äußerung von Friedrich Nietzsche, der geschrieben hat: »Der Stil soll leben.« Ich glaube, diese Forderung hat durchaus etwas mit der gesprochenen Sprache zu tun, aber nicht in dem Sinne, dass wir sie im Schreiben imitieren sollten, sondern dass die geschriebene Sprache – wie die gesprochene – klingen soll. Schauen Sie bitte nicht so skeptisch. Vielleicht kommt Ihnen hochtrabend vor, was ich sage, aber eigentlich ist es ganz einfach. Nehmen Sie noch einmal das Beispiel von eben; ich hatte es Ihnen ja vorgelesen, und Sie haben sicherlich bemerkt, welche Schwierigkeiten ich damit hatte, wie ich gestolpert und geholpert bin, wie ich mitten im Satz Atem holen musste. Geklungen hat das nicht, es ist schlicht kein Text, der sich vernünftig laut lesen lässt, und genau das ist mein Punkt. Wir haben es mit Papiersprache zu tun, mit einer Sprachform also, die sich ganz schlecht sprechen lässt. Wer sagt schon im Gespräch »des den durch in«? Dieser Gedanke ist auch schon als Regel formuliert worden als »Laut schreiben!«. Wir sollten beim Schreiben unsere Sätze laut lesen oder uns von anderen vorlesen lassen. Das ist meiner Meinung nach auch ein Weg, der zum guten Deutsch führt.

Stolpern wir, verlieren wir den Rhythmus oder geraten wir in Atemnot, dann gilt es, noch zu feilen.

Herr David: Das finde ich interessant, weil sich das als Ratschlag für die Schülerinnen und Schüler formulieren lässt: Nehmt euch die Zeit und lest eure Texte laut! Trotzdem reicht es mir nicht. Denn wenn ich Aufsätze korrigiere, brauche ich Leitlinien für den sprachlichen Ausdruck, an denen ich mich bei meiner Beurteilung orientieren kann. Umgekehrt müssen diese Leitlinien auch lehrbar sein. Schlichtweg gesagt, mir fehlen die Normen für gutes Deutsch.

Herr Christoph: Damit habe ich überhaupt keine Probleme und sage nur: Normen? Ja – aber meine!

Sie sind gut!, lachte Herr Augustin. Als Vorgesetzter mit Grün in den Texten der Untergebenen herumfuhrwerken und nicht hören, wie die sich hintenrum beschweren, der Chef habe den schönen Text verhunzt, weil er wieder mal alle seine Marotten unterbringen musste. Aber Spaß beiseite – wer hat eigentlich das Recht, zu bestimmen, was gutes Deutsch ist? Der Lehrer, der Vorgesetzte, die Akademie für Sprache und Dichtung in Darmstadt oder gar der Bundespräsident als oberster Repräsentant unseres Staatswesens? Sie lächeln, wandte sich Herr Augustin an dieser Stelle an Frau Friedrich, aber ich meine es mit meiner Frage ernst.

Frau Friedrich: Mich amüsiert nicht nur der Gedanke an den einen oder anderen unserer Bundespräsidenten, sondern auch an einige meiner Lehrer – nichts für ungut, Herr David. Doch entschuldigen Sie bitte, wenn eine alte Frau, die mit Interesse Ihrer Unterhaltung folgt, etwas Dummes fragt: Kann denn überhaupt jemand sagen, was gutes Deutsch ist? Ich lese bestimmte Autoren immer wieder, weil sie einen so schönen Stil schreiben – vor allem Theodor Fontane. Dann finde ich die Theaterkritiken in meiner Lokalzeitung stilistisch meist sehr gelungen, auch wenn ich manchmal den Eindruck habe, eine ganz andere Aufführung als der Kritiker gesehen zu haben. Schließlich schreibe ich selbst viele Briefe, und da hat mir mal jemand gesagt – ich muss mich nochmals entschuldigen, wenn ich das so offen sage –, mein

Briefstil sei recht ansprechend. Also, ich schreibe ja nicht wie Fontane und nicht wie die Feuilletonredakteure, und die schreiben auch nicht wie Fontane oder wie ich. Und doch schreibt offenbar jeder auf seine Weise ein gutes Deutsch. Wer will dann aber noch festlegen, was genau gutes Deutsch ist, wenn es doch so unterschiedliche Formen des guten Deutsch gibt? Vielleicht brauchen wir auch gar niemanden, der uns sagt, was gutes Deutsch ist.

Herr David: Also, ich weiß nicht. Das klingt so, als ob 1
alle irgendwie gutes Deutsch schreiben würden, aber wir haben doch gerade ein Beispiel für schlechtes Deutsch gehört. Da waren wir uns doch einig, oder?

Herr Augustin: Wir schon, was jedoch nicht heißt, dass andere nicht anderer Meinung sein könnten. So könnte zum Beispiel die Person, die den Text formuliert hat, argumentieren, sie habe eine optimalen Pressemitteilung geschrieben, weil auf knappstem Raum ein hohes Maß an Informationen untergebracht sei.

Herr Benedict: Da ich mit dem Beispiel schlechtes Deutsch vorführen wollte, möchte ich mein Urteil erläutern, wenn Sie erlauben. Es mag schon sein, dass die Formulierungen unter ökonomischen Gesichtspunkten zweckmäßig sind, aber wir hatten ja bemängelt, dass sie sehr leserunfreundlich, weil schwer verständlich seien. Wenn ich es recht bedenke, könnte hier der Schlüssel für das Problem liegen, das Herr David mit den Normen hat. Sie, Frau Friedrich, haben mich mit Ihrer Bemerkung darauf gebracht: Wenn uns tatsächlich niemand die Normen für gutes Deutsch nennen kann, dann vielleicht deshalb, weil es sie nicht gibt. Jedoch woran bemisst sich dann gutes Deutsch? Ich mache es jetzt einmal wie der Herr Christoph und formuliere eine provokante These, allerdings nicht mit seiner Kürze und Prägnanz. Also, gutes Deutsch schreiben wir dann, wenn wir als Kommunizierende unsere ureigensten Interessen verfolgen, uns nämlich so auszudrücken, dass wir verstanden werden. Dazu brauchen wir aber keine besonderen Normen, sondern wir müssen lediglich einen angemessenen Gebrauch von den Mitteln machen, die uns unsere Sprache zur Verfügung stellt.

Ja, ja!, stimmte Frau Friedrich zu, genau so versuche ich zu schreiben, nur kann ich es nicht so gelehrt ausdrücken wie Sie. Aber Moment mal – Sie sagten »lediglich« – das klingt ja wie ein Kinderspiel.

Herr David: Eben, so einfach ist das nicht! Darf ich daran erinnern, dass Herr Augustin vorhin vom schwierigen Geschäft des Schreibens geredet hat? Da hat keiner von uns Widerspruch angemeldet! Und jetzt soll es auf einmal ganz leicht sein?

Herr Benedict: Na ja, so habe ich es nicht gemeint. Trotzdem – ich bleibe bei »lediglich«, denn das bezieht sich ja nur auf das Fehlen besonderer Normen. Für mich liegt die eigentliche Schwierigkeit darin, ob es uns gelingt, uns verständlich auszudrücken. Wenn es uns misslingt – und das ist öfter der Fall, als wir denken –, dann müssen wir es auf andere Weise versuchen.

Herr Christoph: Aha, ich verstehe, und ob es uns gelingt oder nicht, das hängt offenbar eng mit dem zusammen, was Sie mit »angemessenem Gebrauch« angesprochen haben.

Herr Benedict: Genau! Wobei die Frage, was angemessen heißt, wiederum nicht einfach zu beantworten ist, denn da spielen viele Gesichtspunkte ein Rolle. Jedenfalls gibt es Konventionen oder Regeln für unsere kommunikative Praxis, über die wir kaum nachdenken, so sind sie uns in Fleisch und Blut übergegangen. Auch wenn wir uns ihrer kaum bewusst sind, erwarten wir ihre Einhaltung von den anderen, und die erwarten das auch von uns. Ihre Existenz bemerken wir oft erst dann, wenn gegen sie verstoßen wird. So zum Beispiel, wenn wir plötzlich von einer uns sehr vertrauten Person einen Brief bekommen, der wie vom Finanzamt klingt.

Frau Friedrich: Ja, das wäre sehr merkwürdig.

Herr David: Und eine Erörterung sollte anders formuliert sein als die Briefchen, die während des Unterrichts zirkulieren – das wünsche ich mir und meinen Schülern!

Herr Benedict: Und ein faktenorientierter Nachrichtentext ist sachlicher und nüchterner als eine Reportage, die konkret, anschaulich und farbig sein sollte.

Frau Friedrich: Wenn ich das so höre, dann klingt das alles sehr einleuchtend und gar nicht kompliziert. Eigentlich weiß ja jeder, dass wir – wie hieß es vorhin? – von den sprachlichen Mitteln unterschiedlichen Gebrauch machen, je nach unseren Absichten.

Herr Christoph: Und jeder dieser Gebräuche kann gutes Deutsch sein. Jetzt, wo wir darüber sprechen, wird mir so richtig klar, wie vielfältig und flexibel unsere Sprache ist, was wir alles mit ihr anstellen können – und dass es offenbar die einzige gute oder wie man heute gerne sagt: ultimative Lösung für eine Formulierungsaufgabe nicht gibt.

Frau Friedrich: Dennoch habe ich noch ein Problem. Ich meine nämlich, es gibt doch Normen. Es war ja schon von persönlicher Kultiviertheit und pfleglichem Umgang miteinander die Rede. Nach meinem Verständnis spielen dabei etwa Anstandsregeln eine Rolle, deren Einhaltung wir ebenfalls erwarten. Ich nehme beispielsweise Anstoß daran, wenn meine Enkelinnen beim Essen ihren linken Arm um den Teller legen und mit der rechten Hand die Brocken in sich hineingabeln. Und als mein Sohn in den Endsechzigern zum ersten Mal in Gesellschaft laut und deutlich »Scheiße!« sagte, da war nicht nur ich sehr pikiert. Mittlerweile sind Ausdrücke von diesem Kaliber gang und gäbe, aber wir sollten schon wissen, wo sie angebracht sind und wo nicht –, ach, da bin ich ja wieder bei der Angemessenheit angekommen.

Herr Augustin: Ich denke auch, für den sprachlichen Umgang miteinander existieren Normen, die wir im Prinzip einhalten sollten, ganz nach dem Motto »Gebt dem Kaiser, was des Kaisers ist«. Wir dürfen jedoch nicht in den Irrtum verfallen, ihre Beachtung als alleinigen Maßstab oder gar Garanten für gutes Deutsch zu nehmen. Im Gegenteil, solche normativen Vorgaben können ganz schön in Widerspruch zu gutem Deutsch geraten.

Herr Benedict: Bitte lachen Sie jetzt nicht, wenn ich wieder ein Beispiel aus der Tasche ziehe; es ist diesmal keine Pressemeldung, sondern ein Stück nicht sexistischen Sprachgebrauchs, der Satz lautet folgendermaßen: »Die Präsidentin oder der Präsident und ihre Stellvertreterin bzw. ihr Stellvertreter oder seine Stellvertreterin bzw. sein Stellvertreter werden auf zwei Jahre gewählt.«

Frau Friedrich: Um Gottes Willen, das ist ja furchtbar!

Herr Benedict: Aber korrekt und konsequent der Forderung entsprechend, Frauen sprachlich sichtbar zu machen.

Frau Friedrich: Ich bin zwar keine Frauenrechtlerin,
1 aber doch dafür, dass wir Frauen auch in der Sprache gleich behandelt werden. Aber hier sträubt sich mein Sprachgefühl. – – – Was schauen Sie mich so an, Herr Augustin? Habe ich was Falsches gesagt?

Herr Augustin: Nein, nein, überhaupt nicht, ganz im Gegenteil. Ich bin nur überrascht, dass Sie von Sprachgefühl reden. Ehrlich gesagt, ich hatte das Wort schon die ganze Zeit auf der Zunge, habe mich aber nicht getraut, es zu äußern. Sie müssen wissen, ich habe eine gute Bekannte von der sprachwissenschaftlichen Zunft, und die hält von Sprachgefühl wenig. Einmal habe ich versucht, sie aufs Glatteis zu führen, indem ich sie gefragt habe, wieso wir in der Lage seien, stilistische Unterschiede zwischen Texten zu erkennen und stilistisch unterschiedliche Texte zu schreiben. Ihre Antwort war, das beruhe auf unserem Sprachwissen, auf unserer Beherrschung der Konventionen oder Regeln, auf unseren Erfahrungen im Umgang mit der Sprache. Siehst du, habe ich erwidert, dies alles nenne ich Sprachgefühl.

Herr Christoph: Und war sie damit einverstanden?

Herr Augustin: Na, so richtig nicht. Aber immerhin hat sie zugegeben, dass man es so nennen könnte, zumal das Sprachwissen weithin implizit sei. Damit meint sie, dass wir die Regeln oder Konventionen, nach denen unsere Sprache funktioniert, bis in viele ihrer Facetten hinein zwar beherrschen, aber keineswegs nennen können. Der Gebrauch, den wir von unserer Sprache machen, beruht auf eintrainiertem Können und nicht auf reflektiertem Wissen, sagt meine Bekannte.

Frau Friedrich: Das leuchtet mir sofort ein. Wenn Sie mich fragen würden, wie ich es fertig bringe, dass meine

Briefe stilistisch ganz ansprechend sind – Sie verzeihen mir die kleine Eitelkeit –, dann hätte ich keine Antwort parat. Offenbar kann ich es, aber ich kann nicht sagen, wie ich es mache, außer: Ich mache es nach Gefühl.

Herr David: Wohl dem, der dieses Sprachgefühl besitzt! Aber was machen die anderen, denen es nicht in die Wiege gelegt wurde?

Herr Christoph: Nun ja, am liebsten würde ich sagen: Die müssen an ihrem Sprachgefühl arbeiten, aber das 1
geht ja nicht. Deshalb sage ich: Sie müssen ihr Sprachwissen verbreitern!

Herr David: Klingt einleuchtend. Im Deutschunterricht versuchen wir ja die Schreibkompetenz der Schülerinnen und Schüler zu formen und zu erweitern.

Herr Benedict: Es wäre aber ein Irrtum, zu glauben, mit dem Abitur in der Tasche hätte man das Schreiben im Griff. Wer studiert, wer eine Berufsausbildung durchläuft, der muss sich auch im Schreiben weiterbilden, das gilt nicht nur für ein Zeitungsvolontariat. Ich spitze einmal zu: Was die Beherrschung unserer Muttersprache angeht, da lernen wir nie aus. Unseren Schreibstil fortzuentwickeln, ist eine Lebensaufgabe.

Frau Friedrich: Gewiss, gewiss, in dieser Allgemeinheit klingt das natürlich sehr gut. Aber ich stelle mir eine Person vor, die das Bedürfnis hat, sich stilistisch zu verbessern. Was kann die konkret tun?

Herr Augustin: Vielleicht klingt es ja blöd, aber als Erstes fällt mir dazu ein: »Üben! Üben! Üben!« Immer nützlich ist natürlich auch die Lektüre eines flüssig geschriebenen Buchs. Sich an guten Autoren zu schulen, propagierte schon die antike Rhetorik. Es muss jedoch nicht unbedingt ein Schriftsteller sein, denn Dichter nehmen sich oft große Freiheiten mit der Sprache heraus. Wenn beispielsweise Arno Schmidt schreibt »Graue Wimmel däuten«, dann mögen das seine Verehrer bemerkenswert finden, Vorbild für uns Alltagsschreiber ist das natürlich nicht.

Herr Christoph: Und dann gibt es die Briefsteller.

Herr Augustin: Ja, die können auch hilfreich sein.

Wichtiger sind mir noch die Ratgeber, die zum guten Deutsch anleiten wollen.

Herr David: Also, mit denen kann ich mich überhaupt nicht anfreunden. Mit ihren Verboten und Geboten wirken sie auf mich wie Kochrezepte, die sich nicht nachkochen lassen.

Herr Benedict: Dennoch finde ich die Idee eines Ratgebers gut. Nur was soll, was kann er leisten?

Herr Augustin: Wenig und viel zugleich! Was das we-
1 nige betrifft: Wir hatten ja kurz davon gesprochen, wie unterschiedlich und vielfältig gutes Deutsch aussieht. Da liegt es für mich auf der Hand, dass in einem Ratgeber nur eine kleine Auswahl dieser Möglichkeiten angesprochen werden kann.

Herr David: Umso zweifelhafter kommt mir ein solcher Ratgeber vor!

Herr Augustin: Nur gemach, Herr David. Aus dieser zwangsläufigen Beschränkung ergibt sich eine Anforderung, und wenn die erfüllt wird, dann ist es viel. Herr Christoph hat vorhin so provokativ davon gesprochen, er sei für seine eigenen Normen, und im Anschluss daran haben wir festgestellt, es gebe keine übergeordnete Instanz, die entscheidet, was gutes Deutsch ist. Was es aber sehr wohl gibt, sind Prinzipien, die es uns erlauben, Stil zu bewerten. Die schon angesprochene Verständlichkeit gehört zum Beispiel dazu. Wir selber sind es also, die diese Bewertungen vornehmen, und zwar im Hinblick auf den Stil anderer wie auf unseren eigenen. Das bedeutet aber auch, dass jeder von uns für seinen Stil selbst verantwortlich ist, eine Verantwortung, die uns niemand abnimmt. Wenn wir diese Verantwortung beim Schreiben bewusst wahrnehmen wollen, oder weniger pathetisch gesprochen: Wenn wir gutes Deutsch schreiben wollen, dann dürfen wir uns nicht allein auf unser Sprachkönnen verlassen, sondern brauchen auch ein gewisses Maß an reflektiertem Sprachwissen. Dieses Sprachwissen erlaubt es uns, zu beurteilen, ob eine Wendung, ein Satz, ein Text stilistischen Ansprüchen genügt; und wenn wir mit dem Ergebnis nicht zufrieden sind, soll uns das Sprachwissen ermöglichen herauszufinden, woran es noch mangelt. – Jetzt bin ich geradezu ins Dozieren geraten und habe mich so richtig warm geredet.

Ich bitte um Verzeihung. Auf jeden Fall, Herr David, ist das meine Antwort auf ihre Zweifel. Ein Ratgeber für gutes Deutsch kann uns – wie gesagt – nicht auf jede unserer Fragen eine Antwort geben, er sollte uns aber dazu befähigen, unsere eigenen Antworten zu finden. Er sollte uns zu einem sprachreflexiven Bewusstsein verhelfen, wie meine Bekannte von der Linguistenzunft sagen würde, denn nur wenn wir bewusst mit unserer Sprache umzugehen lernen, lernen wir gutes Deutsch zu schreiben. Überflüssig zu betonen, dass das natürlich nicht für die Naturtalente gilt.

Herr Christoph: Ich finde das spannend. Denn dahinter steht eine Einsicht, die mir sehr sympathisch ist, nämlich dass unsere Sprache nicht diesem oder jenem gehört, sondern uns allen, oder genauer gesagt: jedem Einzelnen von uns. Und da finde ich es überhaupt nicht pathetisch, wenn Sie von Verantwortung sprechen. Für mich hat dann ein Ratgeber sein Ziel erreicht, wenn er uns für sprachstilistische Probleme sensibilisiert, indem er uns Tipps und Hinweise gibt, im Einzelfall auch alternative Vorschläge macht, Vor- und Nachteile von Formulierungen abwägt, uns auf kommunikative Klippen aufmerksam macht. Wie wir das beim Schreiben umsetzen, bleibt unsere Angelegenheit.

Frau Friedrich: Alles ungeheuer interessant, was Sie da sagen. Aber ich hätte doch noch gerne etwas zu den Ratgebern erfahren. Die entstehen ja nicht von selbst, sondern werden von Leuten geschrieben. Ja, wenn ich das alles richtig verstanden habe, dann vertreten die doch auch nur ihre eigene Auffassung vom guten Deutsch.

Herr Augustin: Sie haben völlig Recht. Insofern sollten wir immer genau prüfen, ob wir uns der im Ratgeber vertretenen Meinung anschließen können oder nicht. Falls da aber doch jemand den Anschein erwecken möchte, er sei eine stilpäpstliche Autorität, die alleine weiß, wo es in Stilfragen langgeht, dann sollten wir diesem Jemand auf die Finger klopfen.

Herr Benedict: Wir sollten auch darauf achten, ob jemand in seinem Ratgeber ein Steckenpferd reitet, etwa ausschließlich die Briefe Bismarcks als Stilideal propagiert oder überhaupt nur Beispiele aus der schönen Literatur verwendet. Das soll aber nicht heißen, dass in einem solchen Ratgeber Dichter nichts zu suchen hätten, ebenso wenig dass in ihm kein Stilideal vertreten werden dürfte. Es sollte aber eine Form des Sprachgebrauchs sein, die wir bei sehr vielen und ganz unterschiedlichen Schreibanlässen verwenden können, eine »Normalsprache« gewissermaßen oder eine Gebrauchssprache im besten Sinne des Wortes.

1 Herr David: Gerade Ihre letzten Bemerkungen, Herr Benedict, festigen bei mir einen Eindruck, der sich während unserer Unterhaltung eingestellt hat. Die vielen Wenn und Aber, die zur Sprache gekommen sind, zeigen mir, dass es mit unserer Sprache eine heikle Sache ist. Man muss sich fast wundern, dass wir es überhaupt fertig bringen, miteinander zu kommunizieren. Im Übrigen hatte ich da kürzlich so einen Fall, ein völlig unverständliches Rundschreiben aus dem Oberschulamt ...

Als hätte sich eine Schleuse geöffnet, folgte jetzt Beispiel auf Beispiel, sodass die Zeit wie im Flug verging. »Heinrich Heine« erreichte Leipzig pünktlich, und nachdem die Reisenden sich voneinander verabschiedet hatten, ging jeder seiner Wege. Frau Friedrich wurde von ihrem Sohn erwartet, dem sie die davoneilenden Herren nur noch von hinten zeigen konnte. Während sich die beiden zur Regionalbahn nach Riesa begaben, meinte Frau Friedrich: Das war nicht uninteressant, das Gespräch mit den Herren. Lustig finde ich ihre Namen, es sind nämlich alles Vornamen, die auch noch den ersten vier Buchstaben des Alphabets entsprechen – Augustin, Benedict, Christoph und David.

Ach, erwiderte der Sohn ironisch, Friedrich ist ja ausschließlich ein Nachname. Und wenn du deinen Vornamen Esther dazunimmst, dann ist sogar die alphabetische Reihe wieder geschlossen. Übrigens, mich erinnert dein Reiseerlebnis recht lebhaft an die »Monatsgespräche« des Christian Thomasius. Da fahren vier Männer, die wie deine Reisegenossen heißen, mit der Postkutsche von Frankfurt nach Leipzig. Allerdings ist noch keine Frau dabei, zudem stürzt die Kutsche um, und alle vier landen im Dreck.

# Kapitel 2

**Die stilistische Entscheidung** Wie jede Sprache ist auch das Deutsche überreich an sprachlichen Mitteln. Aus dieser Fülle greifen wir heraus, was uns für die Gestaltung unserer Texte angemessen erscheint. Bei der Auswahl lassen wir uns leiten von den Ansprüchen, die der konkrete Schreibanlass stellt. Weiterhin orientieren wir uns an allgemeinen Stilprinzipien, die den unterschiedlichen Anforderungen entsprechen, denen wir beim Schreiben gerecht werden müssen. Das ist nicht immer einfach. Nicht umsonst gibt es eine umfangreiche und vielfältige Ratgeberliteratur, in der sich die Interessierten über Stilfragen informieren können. Es wäre allerdings ein Irrtum zu glauben, in den Ratgebern fänden sich Patentrezepte, denen wir blind folgen könnten. Denn eines nehmen uns die Ratgeber nicht ab: Die stilistische Entscheidung müssen wir in jedem Falle selber treffen und verantworten.

## Sprachlicher Reichtum
### Voraussetzung für stilistische Vielfalt

Die deutsche Sprache ist kein einheitliches Gebilde, sondern vielfältig in sich differenziert. So kennen wir alle neben der hochdeutschen Standardsprache regionale Umgangssprachen und Mundarten; viele sprechen sogar Umgangssprache und Mundart. Bei genauerem Hinsehen erweist sich auch die hochdeutsche Standardsprache keineswegs als einheitlich, denn es lässt sich zwischen einem geschriebenen und einem gesprochenen Standard unterscheiden. Und blicken wir auf die geschriebene Standardsprache, so lehrt uns der Alltag, dass ganz unterschiedlich geschrieben wird. Behörden schicken uns staubtrockene Schreiben, Versandhäuser und andere auf Umsatz bedachte Unternehmen locken uns mit flott formulierten Angeboten zum Kauf. Und selbst wenn es nur um Postkarten aus dem Urlaub geht, dann sehen die an enge Freunde adressierten anders aus als die an die Chefin oder den Chef. Vergleichbares begegnet uns bei der Zeitungslektüre, wobei nicht nur die enorme stilistische Distanz zwischen einer überregionalen Tageszeitung und einer Boulevardzeitung gemeint ist; auch innerhalb einer Zeitung steht die nüchtern faktenorientierte Nachricht neben dem eloquenten Kommentar und dem ausgefeilten Feuilleton. All das und vieles mehr ist Deutsch; ob es immer auch gutes Deutsch ist, steht auf einem anderen Blatt. Die stilistische Vielfalt gründet auf einer schier unüberschaubaren Zahl an sprachlichen Mitteln, von denen wir auf unterschiedliche Weise Gebrauch machen können. Allein der standardsprachliche Wortschatz beläuft sich auf geschätzte 300 000 bis 500 000 Wörter. Von denen beherrscht ein Erwachsener zwar nur zwischen 3 000 und 10 000 aktiv, doch auch das bedeutet noch eine ziemliche Fülle an Wörtern, über die wir beim Sprechen und Schreiben verfügen.

Eigentlich müsste uns das beim Schreiben ständig Probleme bereiten, doch erstaunlicherweise kommen wir damit ganz gut zurecht, zumindest solange wir uns auf die eingespielten Schreibroutinen verlassen und ohne weiter nachzudenken Wort an Wort und Satz an Satz fügen. Beim routinierten Schreiben ergeben sich die Sätze scheinbar wie von selbst und setzen sich zu einem Text zusammen. Wollen wir aber an unserem Stil arbeiten, dann dürfen wir uns auf diese Art von Routine nicht mehr verlassen. Denn Arbeit am Stil bedeutet, bewusst zu schreiben. Wir können nicht einfach die erstbeste Formulierung hinschreiben, die uns einfällt – selbst wenn sie sich im Nachhinein als die allerbeste erweisen sollte.

## Zeit, Energie und Frust
## Der Preis für gutes Deutsch



Sich um gutes Deutsch zu bemühen, heißt, Formulierungsalternativen auszuprobieren. Wir prüfen sie sorgfältig und entscheiden uns schließlich für eine von ihnen. Das bedeutet zuerst einmal, dass wir uns für das Schreiben Zeit nehmen müssen. Weiterhin müssen wir lernen, Distanz zu unserem Text zu gewinnen. Wer schreibt, sollte auch sein erster Leser sein, und zwar ein kritischer, der die Schwächen seines Textes erkennt und bereit ist, sich mit ihnen auseinander zu setzen. Wer sich nicht von seinen Formulierungen trennen kann, weil er in sie verliebt ist, oder gar glaubt, alles sei Gold, was er schreibt, der hat schon verloren. Nicht umsonst lautet eine Kernaussage der Schreibforschung: »Writing is rewriting« – Schreiben verlangt zu überarbeiten, wenn nicht sogar neu zu schreiben. Vielen fehlt schlicht ein Bewusstsein dafür, dass Schreiben ein zeitaufwendiges Geschäft sein kann.

Das ist kein Vorwurf, denn niemand hat uns dieses Bewusstsein vermittelt – ganz im Gegenteil, wir haben von früh an nur die Erfahrung gemacht, dass Schreiben unter Zeitdruck erfolgt. Obwohl wir alle in der Schule Lesen und Schreiben gelernt haben, uns in die verschiedenen Aufsatzformen eingeübt haben und in Klassenarbeiten zeigen mussten, dass wir sie beherrschen, eines haben wir im Schreibunterricht nicht erfahren, ja konnten es gar nicht erfahren, eben dass Schreiben Zeit kostet. Die Schule – so urteilt der Deutschlehrer Wilfried Kochheim – gibt Kindern und Jugendlichen gar nicht den Schonraum, den sie brauchen, um Schreibaufgaben angemessen zu bewältigen:

> Man darf sich nicht ungestraft erst einmal vortasten und notfalls auch verheddern; Kladde, Ausprobieren, Verwerfen,

> Umstellen, Ganzandersanfangen, Garnichtanfangenkönnen, plötzlich etwas ganz anders sehen lernen, erst einmal nachdenken, bevor man schreibt, bevor man wissen kann, ob man überhaupt etwas schreiben kann: all das ist dem Schüler verwehrt. Er kann nicht meditieren, grübeln, erst einmal versuchsweise etwas durchspielen; er kann nicht immer und immer wieder sein Schreiben unterbrechen, sein Geschriebenes drei-, vier-, fünfmal durchlesen [...]. Zu all
> 2 dem, das heißt aber, zu billigsten normalen Bedingungen bedeutsamen Schreibens fehlt ihm die Zeit.[1]

Natürlich bietet uns unser Schreiballtag diesen Freiraum nur selten; vor allem beim beruflichen Schreiben stehen wir gewöhnlich unter Zeitdruck und können erst zur Feder greifen, wenn sich im Arbeitsablauf eine Lücke ergibt. Da ist es ein Trost, dass viele Schreibaufgaben Routineangelegenheiten sind, die wir auf eingespielte Weise erledigen; schließlich ist nicht jedes Schreiben auch »bedeutsames Schreiben«. Dennoch sehnen wir uns selbst in der Alltagsroutine manchmal nach ein wenig Muße, um in Ruhe noch mal über eine Textstelle nachzudenken oder hier und da noch ein besseres Wort zu finden. Das muss ja nicht gleich dazu führen, dass wir ununterbrochen um Formulierungen ringen wie beispielsweise Faust bei seinem Vorhaben, das Neue Testament aus dem Griechischen ins Deutsche zu übertragen. Dank Johann Wolfgang von Goethe ist es uns möglich, Faust bei seiner Übersetzertätigkeit zu beobachten, da er seine Überlegungen in einen Monolog gekleidet hat. Die moderne Schreibforschung könnte Faust deshalb sogar als einen ihrer Vorläufer reklamieren; er bedient sich nämlich einer Methode, die als »begleitendes Sprechen« bezeichnet wird. Der Schreiber beobachtet sich beim Schreiben selbst und sagt laut, was er im Einzelnen tut. Was also hat uns Faust zu sagen?

> Geschrieben steht: Im Anfang war das Wort!
> Hier stock ich schon! Wer hilft mir weiter fort?
> Ich kann das Wort so hoch unmöglich schätzen,
> Ich muss es anders übersetzen,

1 Winfried Kochheim. Zur Veränderung des Schulaufsatzes. In: Diskussion Deutsch 37. 1977, S. 464f.

Wenn ich vom Geiste recht erleuchtet bin.
Geschrieben steht: Im Anfang war der Sinn.
Bedenke wohl die erste Zeile,
Dass deine Feder sich nicht übereile!
Ist es der Sinn, der alles wirkt und schafft?
Es sollte stehn: Im Anfang war die Kraft!
Doch, auch indem ich dieses niederschreibe,
Schon warnt mich was, dass ich dabei nicht bleibe.
Mir hilft der Geist! Auf einmal seh ich Rat 2
Und schreibe getrost: Im Anfang war die Tat!

Und was erfahren wir über Fausts übersetzendes Schreiben? Faust bemüht sich um die angemessene Wortwahl. Dazu sucht, prüft und verwirft er Alternativen, bis er die optimale Übersetzung gefunden hat. Das Verfahren kennen wir beispielsweise vom Kauf eines Kostüms oder eines Anzugs. Wir suchen uns verschiedene Modelle aus, probieren sie nacheinander an und entscheiden uns schließlich für eines von ihnen. Aber manchmal funktioniert das auch ganz anders. Unser Blick fällt zufällig auf ein Kleidungsstück, und wir wissen sofort, ohne auch nur eine Sekunde zu zögern: dieses oder keines. Ja, und dann sehen wir durch Zufall ein zweites Kleidungsstück und uns passiert das Gleiche: Das muss es sein.

Genauso ergeht es Faust. Er lässt nicht die gesammelten Alternativen vor seinem inneren Auge Revue passieren, um sich endlich für eine von ihnen zu entscheiden, sondern ihm kommt zuerst das eine Wort in den Sinn und dann das andere. Deshalb sagt er »Auf einmal seh ich Rat«, als ihm das Wort *Tat* einfällt. Und seiner Äußerung »Mir hilft der Geist!« können wir entnehmen, dass er diese Lösung nicht dem eigenen Suchen und Entscheiden verdankt, sondern dass der Geist ihn erleuchtet hat; salopp gesagt: Faust ist ein Licht aufgegangen. Ihm geht es hier wie vielen, die nach einer optimalen Formulierung suchen. Wie intensiv sie ihre Suche betreiben mögen, das Gesuchte will und will sich nicht einstellen, eine missliche Situation, die uns gut vertraut ist. Trotz aller Kraft, die wir in die Suche investieren, wir finden das Gesuchte nicht, und zwar aus dem einzigen Grund, weil wir das Finden nicht erzwingen können. Doch dann – wir haben eigentlich schon resigniert – passiert es, ganz plötzlich haben wir den entscheidenden Einfall. Er fliegt uns zu wie aus heiterem Himmel, und manchmal sind wir sogar überrascht, wie einfach die Lösung ist.

Festzuhalten bleibt: Gutes Deutsch zu schreiben, kostet Zeit und Mühe, verlangt Energie, manchmal auch die Fähigkeit, Frust zu ertragen, wenn sich keine gute Formulierung einstellen will.
2 Doch deshalb brauchen wir nicht zu verzweifeln, denn wir dürfen immer ein klein wenig auf unser Glück und unsere Intuition hoffen.

## Stilistische Nuancen und Bedeutungsunterschiede

Fausts Ringen um die richtige Übersetzung lehrt uns noch ein Weiteres. Er verwirft ja die verschiedenen Alternativen nicht, weil ihm die Wörter *Wort*, *Sinn* und *Kraft* nicht gefallen oder gar schlechtes Deutsch sind. Vielmehr sucht er nach dem treffenden Ausdruck. Wie die Überlegungen Fausts zu den einzelnen Alternativen zeigen, ist für ihn diese Suche kein Selbstzweck, sondern sie ist zugleich eine Suche danach, wie der Sinn des griechischen Originals am besten wiederzugeben ist. Seine Überlegungen zur Wortwahl haben also etwas mit dem Inhalt zu tun; mehr noch, das, was er sagen will, steht in einem unauflöslichen Zusammenhang mit den Wörtern, deren er sich bedient. Verallgemeinernd heißt das: Verändern wir den sprachlichen Ausdruck, so verändern wir gleichzeitig den Sinn des Textes. Das ist selbstverständlich kein überraschender Befund, vielleicht ist er sogar schlicht trivial. Schließlich weiß doch jeder, dass mit dem Wort *Katze* eine andere Art von Tier gemeint ist als mit dem Wort *Hund*. Und welchen Unterschied es macht, wenn jemand sagt »Halten Sie Ihren *Hund* zurück!« oder »Halten Sie Ihren *Köter* zurück!«, wissen wir auch.

Schwieriger wird es dagegen, wenn beispielsweise jemand seinen Freund bittet, bei einer schweren Kiste mit anzupacken. *Pack mal bitte an!* oder *Würdest du bitte mal anpacken?* oder *Kannst du bitte mal anpacken?*, könnte er sagen. Auch wenn die Unterschiede zwischen den drei Äußerungen nicht unmittelbar auf der Hand liegen mögen, so spüren wir doch, wie die drei Aufforderungen in unterschiedlichem Maße direkt formuliert sind. Obwohl mit *bitte* höflich abgefedert, wird mit dem Befehlssatz die Aufforderung offen ausgedrückt, die angesprochene Person wird direkt angegangen. Mit den beiden Fragesätzen wird die Aufforderung dagegen indirekt ausgedrückt, indem mit dem ersten gefragt wird, ob die angesprochene Person zum Anpacken bereit ist, und mit dem zweiten, ob sie zum Anpacken in der Lage ist. 2

Aus dem Grad der Direktheit können wir nun beispielsweise ablesen, wie der Auffordernde seine Beziehung zum Aufgeforderten sieht. So kann er mit dem Befehlssatz beispielsweise anzeigen, dass er seiner Einschätzung nach ohne Umstände zur Hilfe auffordern und auch erwarten darf, die erwünschte Hilfe zu bekommen. Mit den Fragesätzen kann der Auffordernde dagegen eine andere Sicht auf die Beziehung anzeigen, der zufolge es dem Aufgeforderten zu entscheiden bleibt, je nach Umständen zu helfen oder nicht.

Wir entnehmen diesen Beispielen: Auch geringfügige Veränderungen in der Formulierung führen zu Veränderungen in der Bedeutung, auch wenn wir dies häufig gar nicht bewusst wahrnehmen. Gerade diese Unauffälligkeit hat manche Stiltheoretiker in der Meinung bestärkt, man könne das Gleiche auf unterschiedliche Weise sagen. Das ist aber ein Irrtum, denn selbst bei feinen stilistischen Nuancen lassen sich Unterschiede in der Bedeutung erkennen; wir müssen nur genau hinschauen. Insofern haben wir es nie mit dem Gleichen zu tun, wenn wir stilistisch variieren, sondern nur mit Ähnlichem, häufig sogar mit fast ununterscheidbar Ähnlichem. Wer beim Schreiben Formulierungsvarianten auf ihre stilistische Qualität hin prüft, wer an seinem Text stilistisch feilt, der sollte deshalb immer daran denken, dass mit jeder stilistischen Wahl auch über Inhaltliches entschieden wird.

## Stilistische Orientierung

### Die Angemessenheit des Sprachgebrauchs

Kehren wir nach diesem Ausflug zu den Auswirkungen, die mit der stilistischen Wahl verbunden sind, noch einmal zum Reichtum unserer Sprache zurück. So erfreulich, ja beglückend eine solche Fülle auch erscheinen mag, sie könnte auch bedrohlich wirken. Das wäre der Fall, wenn wir uns die sprachlichen Mittel als einen riesigen Haufen zu denken hätten, aus dem wir das jeweils Geeignete mühsam herausklauben müssen, fast so wie aus dem Heuhaufen die Stecknadel. Wir sollten uns jedoch von einer solchen Vorstellung nicht lähmen lassen, denn sie geht völlig in die falsche Richtung. Erstens fängt jeder, der sich um gutes Deutsch bemüht, nicht bei null an. Er hat vielmehr eine Menge Schreiberfahrung; und was noch wichtiger ist, er hat ein Gespür für seinen eigenen Sprachgebrauch, denn sonst hätte er nicht das Bedürfnis, an ihm zu arbeiten. Beides – Erfahrung und Gespür – bilden eine gute Basis für die weitere Arbeit.

Zweitens bilden die sprachlichen Mittel nicht einfach einen wilden Haufen, sondern unsere Sprache ist in sich geordnet. Sicherlich dürfen wir sie uns nicht vorstellen wie eine Apotheke, deren Wände aus ordentlich beschrifteten Schubladen bestehen, denen wir das Benötigte einfach entnehmen können. Etwas komplizierter ist die Sprache schon, denn ihre Ordnung erschließt sich keineswegs auf den ersten Blick und außerdem weist sie Brüche und Verwerfungen auf. Der Sprachphilosoph Ludwig Wittgenstein fasst das in ein anschauliches Bild, wenn er die Sprache mit einer alten Stadt vergleicht:

> Ein Gewinkel von Gässchen und Plätzen, alten und neuen Häusern und Häusern mit Zubauten aus verschiedenen Zeiten; und dies umgeben von einer Menge neuer Vororte mit geraden und regelmäßigen Straßen und mit einförmigen Häusern.

Dennoch gibt es in jeder Stadt, auch der unübersichtlichsten, markante Punkte, an denen man sich orientieren kann oder von denen aus Überblick zu gewinnen ist. Auf die Sprache angewendet wäre ein solcher Orientierungspunkt die Angemessenheit des Gebrauchs, den wir von ihr machen. Wir schreiben aus einem bestimmten Anlass, wir wenden uns an eine bestimmte Person oder Personengruppe, wir verfolgen bestimmte Ziele. Das sind die drei Hauptkriterien, die als Maßstab für die Angemessenheit des Sprachgebrauchs dienen.

Ein konkreter Fall wäre ein Brief, den wir an die Hausverwaltung schreiben, da sie die Nebenkosten nicht termingerecht abgerechnet hat. Nehmen wir an, es wäre eine Rückzahlung zu erwarten, dann wäre es das Ziel, die Hausverwaltung dazu zu bewegen, die Abrechnung prompt vorzulegen. Für ein solches Mahnschreiben gelten nun bestimmte Konventionen, an die wir uns halten können. Diese Konventionen betreffen ganz grob die Gestaltung von Anschrift und Absender, die Anrede und Grußformel, den Textaufbau und nicht zuletzt Satzbau und Wortwahl. Halten wir uns an diese Konventionen, so wird das Ergebnis nicht nur aus der Sicht des Schreibers, sondern auch aus der Sicht des Empfängers ein angemessener Brief sein.

Unsere Sprache hält eine große Zahl solcher Konventionen für Texte zu den unterschiedlichsten Schreibanlässen bereit. Wer solche Textmuster oder Textsorten, wie man diese Konventionen in der Sprachwissenschaft nennt, beherrscht, der ist auf dem Weg zum guten Deutsch schon ein erhebliches Stück vorangekommen, ja hat unter Umständen das Ziel schon erreicht. Wer sich um gutes Deutsch bemüht, für den stellt sich damit eine klare Aufgabe: Er sollte die Textmuster für die verschiedenen Schreibanlässe einüben, mit denen er es zu tun hat. An eine Anleitung zum guten Deutsch stellt sich dann eine ebenso klare Forderung: Sie muss die Textmuster mit all ihren Eigenschaften und Besonderheiten vor dem Ratsuchenden ausbreiten. Doch was als theoretische Forderung so einfach klingt, wirft ein kaum lösbares praktisches Problem auf. Selbst wenn wir Textmuster mit gleichartigen stilistischen Eigenschaften zu Gruppen zusammenstellen, bleibt der Stoff viel zu umfangreich, als dass er in einer Darstellung zum guten Deutsch erschöpfend behandelt werden könnte – zumindest in einer Darstellung, die in ihrem Umfang überschaubar bleiben soll.

## Kommunikationsmaximen und Stilprinzipien

Deshalb wird in der Einführung »Wie schreibt man gutes Deutsch?« ein anderer Weg beschritten. Nicht die fast unüberschaubare Zahl von Textmustern mit ihren jeweiligen stilistischen Besonderheiten wird ausgebreitet, auch nicht eine Auswahl dieser Textmuster. Stattdessen werden solche sprachlichen Erscheinungen behandelt, die immer eine Rolle spielen, wenn es um gutes Deutsch geht, und zwar ganz unabhängig vom konkreten Schreibanlass. Sie lassen sich ableiten aus grundsätzlichen kommunikativen Anforderungen, die beachten sollte, wer erfolgreich kommunizieren will. Solche Anforderungen hat der Logiker und Sprachphilosoph H. Paul Grice in einer Reihe von Maximen formuliert.[1] Sie sind zwar recht allgemeiner Art, außerdem hat Grice bei ihrer Ausarbeitung gewiss nicht an Stilprobleme gedacht. Dennoch lassen sich ihnen Stilprinzipien zuordnen, die uns eine grobe Orientierung bieten, wenn wir uns um gutes Deutsch bemühen.

Die erste Maxime bildet eine Art Generalklausel, der zufolge wir unsere Texte so schreiben sollen, dass sie dem Anlass und Zweck unserer kommunikativen Bemühungen entsprechen. Schlichter formuliert heißt das: »Schreibe so, wie es sich gehört!« Diese Forderung ist uns schon begegnet, als davon die Rede war, der Schreibanlass, der Adressat und das verfolgte Ziel böten den Maßstab für den Sprachgebrauch. Auch das Stilprinzip, das hier greift, wurde schon genannt: die Angemessenheit. Und zu diesem Stichwort wurde klargestellt: Von Angemessenheit zu reden, ist einfach; konkret zu bestimmen, was Schreiber und Adressat als angemessen betrachten, ist dagegen ein schwieriges Geschäft. Da die Forderung nach Angemessenheit von so großer Allgemeinheit ist, lässt sie sich als das zentrale Stilprinzip betrachten oder als das stilistische »Superprinzip«, das es weiter zu konkretisieren gilt. Dazu reichen aber nicht ein paar Worte, sondern das ergibt sich erst aus dem Zusammenspiel der restlichen griceschen Maximen und den ihnen zugeordneten Stilprinzipien.

1 **H. Paul Grice.** Logic and Conversation. In: Peter Cole/J. L. Morgan (eds.).: Syntax and Semantics 3: Speech Acts. New York 1975, 41–58

Die erste dieser Maximen handelt von der Wahrheit dessen, was wir schreiben. Wir sollen unsere Texte wahrheitsgemäß machen; das heißt, wir sollen nichts schreiben, was wir für falsch halten, ja noch nicht einmal etwas, was zwar richtig sein könnte, aber wofür wir keinen Beweis haben. Die Verwandtschaft mit dem neunten der Zehn Gebote liegt auf der Hand: »Du sollst kein falsch Zeugnis reden wider deinen Nächsten.« Aber diese Maxime beinhaltet noch mehr als das, zumal der Umgang mit der Wahrheit komplizierter ist, als im neunten Gebot angesprochen. So halten es viele für durchaus gerechtfertigt, beispielsweise einem Kranken die Schwere seiner Krankheit zu verheimlichen, um ihn zu schonen. Wir begeben uns hier auf das heikle Gebiet einer kommunikativen Ethik, was vom eigentlichen Thema – dem guten Deutsch – wegführt. Deshalb nur so viel: Wir können diese Maxime auch umschreiben mit »Schreibe wahrhaftig!«, ohne in allen Details auszuloten, was das alles bedeuten kann. Die geforderte Wahrhaftigkeit ist jedenfalls nicht einfach identisch mit der Vermeidung von Lüge, bemisst sie sich doch keineswegs ausschließlich an der Wahrheit des Geschriebenen. Wahrhaftigkeit meint auch, dass sich der Schreiber mit seinem Text identifiziert. Das ist eine Frage der persönlichen Haltung zu dem, was man schreibt, aber auch zu dem, wie man schreibt, und nicht zuletzt, wie man glaubt, mit dem Leser umgehen zu sollen. Dementsprechend lässt sich hier das Stilprinzip der Individualität zuordnen. Diese Individualität spiegelt sich in den Texten wieder, aber nicht unbedingt in dem Sinne, dass sie einen Individualstil aufweisen, wie er Texte bedeutender Schriftsteller und Dichter auszeichnet. Für uns Alltagsschreiber bedeutet stilistische Individualität vielmehr Natürlichkeit oder Authentizität. Gemeint sind damit die an eine Person gebundenen Eigenarten, die durchaus sehr unauffällig sein können, aber ihr Profil dennoch mit ausmachen. Wer von Natur aus dazu neigt, Sachverhalte möglichst einfach und schlicht darzustellen, überflüssiges Rankenwerk und ein aufwendiges Vokabular zu vermeiden, wer so schreibt, sollte es immer tun. Denn nur so wirken seine Texte authentisch, einfach weil sie zu ihm passen. Wer aber Sachverhalte umständlicher darstellt, es liebt, auch einmal einen Nebengedanken einzufügen und hier und da ein nicht alltäglich gebrauchtes Wort zu verwenden,

der sollte es ebenfalls tun und sich nicht zu Stilverrenkungen zwingen, die seinem Charakter fremd sind. Bei aller Individualität im Schreiben muss aber jeder aufpassen, seine Eigenarten nicht zur Marotte verkommen zu lassen. Ein Übermaß an Schlichtheit und Sachlichkeit, ein durchgängig einfaches Vokabular können dem Gegenstand unangemessen sein; schlimmer noch, sie können den Leser langweilen, ja anöden. Gleichermaßen unangemessen sein und den Leser abstoßen können eine komplizierte
2 Darstellung, ein unkontrolliertes Abschweifen, ein hochgestochenes Vokabular.

Das Prinzip der Individualität betrifft vorrangig das Verhältnis zwischen dem Schreiber und seinem Text. Es geht darum, ob und in welchem Maß der Stil Ausdruck der Schreiberpersönlichkeit ist. Mit dem Stilprinzip der Verständlichkeit kommt dagegen das Verhältnis von Text und Adressat in den Blick. Die dazugehörige Maxime hält uns dazu an, so zu schreiben, dass unser Text für den Adressaten verständlich ist. Das liegt natürlich auch im Interesse des Schreibers, denn der will ja dem Leser etwas zu verstehen geben.

Verständlich zu schreiben ist gar nicht so einfach, wie man glauben könnte. Denn Verständlichkeit ist keine absolute Größe, von der sich sagen ließe, wer so und so schreibt, der schreibt auch verständlich. Wenn wir einmal von ganz simplen Texten absehen, die jeder verstehen kann, dann bleibt das Problem, dass ein Text für den einen Adressaten verständlich ist, für den anderen jedoch nicht. Deshalb besteht für den Schreiber grundsätzlich die Aufgabe, sich ein Bild vom potenziellen Leser zu machen. Nur dann ist er in der Lage, begründet zu entscheiden, was er dem Leser inhaltlich und sprachlich zumuten kann und was nicht. Auch diese Forderung ist leicht gestellt und schwer einzulösen, da sich der Schreiber oft kein klares Bild von den Kenntnissen und Fähigkeiten des Lesers machen kann. Zur Quadratur des Kreises wächst sie sich für den aus, der Texte für eine Leserschaft schreiben muss, die sich aus Menschen mit ganz unterschiedlichen Kenntnissen und Fähigkeiten zusammensetzt.

Die weiteren Maximen und Stilprinzipien konzentrieren sich auf den Text und seine Gestalt. So lassen sich dem Prinzip der Funktionalität und Sachlichkeit zwei Maximen zuordnen. Die erste verlangt, den Text so informativ wie nötig zu machen, die zweite, sich auf das Wesentliche zu beschränken. Es geht um die Quantität und Relevanz der Information; ein Zuviel ist ebenso schädlich wie ein Zuwenig. Wir müssen deshalb darauf achten, nichts von dem zu vergessen, was für unser Schreibziel wesentlich ist, und alles fortzulassen, was dafür unwesentlich ist. Wer beispielsweise erzählen will, wie aufregend der nächtliche Ausflug auf einem Fischerboot war, und dabei noch nicht einmal bis zu dem Punkt gelangt, an dem das Boot den Hafen verlassen hat, der verstößt gewiss gegen das Prinzip der Funktionalität. Gegen das Prinzip der Sachlichkeit verstößt dagegen, wer die Organisationsstruktur eines Unternehmen erläutern soll, stattdessen jedoch ständig über einzelne Abteilungsleiter schimpft. Ihm wäre entgegenzuhalten, er möge – zurückhaltend gesagt – auf die Relevanz seiner Ausführungen achten.

Als letzte Maxime ist noch die der Art und Weise zu betrachten, die sicher die konkreteste ist. Sie bezieht sich darauf, wie wir schreiben sollen, nämlich klar und genau. Deshalb schlagen sich die beiden Forderungen »Vermeide Unklarheit!« und »Schreibe wohl geordnet!« unmittelbar in dem Stilprinzip von Klarheit und Ordnung nieder. Diese Forderungen gelten sowohl für den Textaufbau insgesamt als auch für einzelne Abschnitte, ja selbst für die einzelnen Sätze. Es gesellen sich die Genauigkeit und Begriffsschärfe als weiteres Stilprinzip hinzu. So sollen Mehrdeutigkeit in den Formulierungen vermieden und solche Wörter verwendet werden, die die gemeinten Sachen treffend bezeichnen. An die noch in den Siebzigern knappe Zahl öffentlicher Telefonzellen mögen sich die Älteren bei der letzten Anweisung erinnert fühlen: »Fasse dich kurz!« Knappheit im Ausdruck oder Sprachökonomie lautet das entsprechende Stilprinzip. Obwohl Knappheit und Ökonomie keineswegs ein »Superprinzip« bilden wie die Angemessenheit, wird ihnen in der Stildiskussion eine prominente Rolle zugeschrieben. Es herrscht nämlich die Meinung, dass dieses Prinzip ein generelles Kennzeichen für heutiges Schreiben sei. Wird ihm noch das Prinzip der Sachlichkeit und Funktionalität zur Seite gestellt, so lassen sich beide zusammen als das Wesensmerkmal des heutigen Sprachgebrauchs betrachten. Kürze, Knappheit im Ausdruck, Nüchternheit, Sachlichkeit, Rationalität, Zweckmäßigkeit – das sind Merkmale der modernen Gebrauchssprache im Gegensatz zur veralteten Weitschweifigkeit, zu Gefühlsüberschwang, Übertreibung, Wichtigtuerei oder Pathos.[1] Wem diese Gegenüberstellung von »modern« und »veraltet« zu plakativ ist, der sei damit beruhigt, dass gerade die Forderung nach Kürze und Knappheit im Ausdruck diskussionswürdig ist. Diese Frage wird vor allem im fünften Kapitel wieder aufgenommen, wenn es um die Satzlänge geht.

2 Zugegeben: Die Kommunikationsmaximen und Stilprinzipien sind sehr abstrakt. Unmittelbare Hinweise für das Schreiben lassen sich ihnen kaum entnehmen. Für alle, die sich mit ihrem Schreibstil auseinander setzen wollen, ist es dennoch nützlich, sich mit solchen grundsätzlichen Überlegungen vertraut zu machen. Außerdem kommen die Stilprinzipien in den folgenden Kapiteln immer wieder vor, und zwar in doppelter Weise. Zum einen werden sie durch die Beschreibung und Diskussion der sprachstilistischen Mittel anschaulich gemacht, zum andern dienen sie auch dazu, die behandelten sprachstilistischen Mittel in ihrer Leistung einzuordnen und zu charakterisieren. Das ist nicht nur da der Fall, wo Stilprinzipien ausdrücklich angesprochen werden; auch da, wo sie nicht expressis verbis genannt werden, sind sie im Spiel.

## Ratgeber ja – Patentrezepte nein

Wer sich um gutes Deutsch bemüht, dem bietet sich vielfältige Hilfestellung. Es wäre aber ein großer Irrtum zu glauben, das Lesen von Anleitungen zum guten Deutsch, die Konsultation von Briefstellern und anderen Werken mit stilistisch vorbildlichen Texten führe automatisch zum Ziel. Das Gegenteil ist der Fall, denn den Schreibstil zu verändern, hat seinen Preis. Nur wer übt und an seinen Texten feilt, kommt voran. Zur Unterstützung dieser Bemühungen ist es zweifellos nützlich, eine Anleitung zum guten Deutsch zu konsultieren; denn in ihr finden sich Erfahrun-

1 **Willy Sanders.** Gutes Deutsch – Besseres Deutsch. Praktische Stillehre der deutschen Gegenwartssprache. Darmstadt 1986, S. 156

gen im Umgang mit der Sprache zusammengestellt, die den Ratsuchenden manchen Umweg oder gar Irrweg ersparen können.

Allerdings ist sofort vor einem weiteren Irrtum zu warnen: Eine Anleitung zum guten Deutsch bietet Rat, aber keine Patentrezepte. Wer Rat sucht, muss trotzdem für sich entscheiden, ob er ihm im konkreten Fall tatsächlich folgen möchte oder nicht, denn die stilistische Entscheidung müssen wir selbst treffen, und zwar immer. Wir selbst sind in der Verantwortung für die stilistische Qualität unserer Texte, und die nimmt uns niemand ab, ja kann uns niemand abnehmen. Wer anderes verspricht, wer beispielsweise behauptet, das Studium seiner Stillehre garantiere den Erfolg so sicher, wie die Sonne im Gebirge bräunt, der überschätzt seine Rolle maßlos. Nicht umsonst hat der Stillehrer Georg Möller schon 1970 vor nicht erfüllbaren Erwartungen gewarnt:[1]

> Eine Stillehre kann nur an die Schwelle solcher [stilistischer] Entscheidungen heranführen; sie kennzeichnet dabei die besonderen Zonen der Gefährdung und warnt vor möglichen Fehlern.

Eigentlich ist dieser Befund sehr beruhigend, zeigt er uns doch, dass das Bemühen, uns mithilfe von Ratgebern im guten Deutsch fortzubilden, uns nie zu nachäffenden Schreibrobotern macht, sondern uns zu unserem eigenen Stil, zu unserer eigenen Sprache führt.

1 **Georg Möller.** Praktische Stillehre. Leipzig 1970, S. 17

KAPITEL 3

Die Schreiber und ihre Adressaten Wer schreibt, ist einsam. Das scheinbare Gegenüber ist das weiße Blatt oder der leere Bildschirm, denen etwas anvertraut werden soll. Dennoch schreiben wir in der Regel an andere, die allerdings abwesend sind. Deshalb bedeutet Schreiben auch immer, Kontakt zu den Lesern zu knüpfen und eine Beziehung zu ihnen aufzubauen. Das sind nicht zu unterschätzende Aufgaben, deren Lösung mit über Erfolg oder Misserfolg unserer Texte entscheiden. Wir reden die Leser nicht nur an und grüßen sie, sondern wir zeigen ihnen, dass wir sie wertschätzen. So bleiben wir beispielsweise höflich, selbst wenn es hart zur Sache geht, und werden auch dann nicht ausfällig, wenn wir uns geärgert haben. Außerdem schreiben wir personenzugewandt, das heißt, wir lassen die Leser und uns selber im Text vorkommen. Das ist für den Brief selbstverständlich, gilt aber auch für andere Textarten wie Rundschreiben, Verfügungen oder populäre Sachtexte. Ebenfalls legitim sind Formen des unpersönlichen Schreibens. In reinen Sachdarstellungen treten Schreiber und Leser in den Hintergrund oder bleiben sogar ganz ausgeklammert. Ist aber in unseren Texten von Menschen die Rede, müssen wir sie sprachlich angemessen behandeln und vor allem sprachliche Diskriminierung vermeiden.

3

## Für sich schreiben und an andere schreiben

Beim Schreiben lassen sich zwei Hauptfälle unterscheiden: Zum einen schreiben wir für uns selbst, zum andern schreiben wir an oder für andere. In die erste Abteilung gehören Texte wie der Notizzettel oder das Tagebuch. Es liegt in der Natur der Notiz, dass wir ihr – was die sprachliche Gestalt angeht – keine Aufmerksamkeit schenken, ist sie doch eine stichwortartige schriftliche Aufzeichnung, die als Gedächtnisstütze dient. Etwas anders steht es mit dem Tagebuch, sofern es sich nicht auf das bloße Notieren von Dingen beschränkt, die der Tagebuchschreiber für erinnernswert hält, oder auf das rein kalendermäßige Registrieren von wahrgenommenen Terminen, durchgeführten Arbeiten, Begegnungen oder das tägliche Wetter. Schreibt jemand jedoch ein Tagebuch, in dem er bemerkenswerte Erlebnisse und Erfahrungen, Gespräche und Auseinandersetzungen, seine Nöte und Überlegungen festhält, dann wird er auch mehr Sorgfalt auf die sprachliche Ausgestaltung verwenden, alleine schon deshalb, weil er zusammenhängende Texte verfasst. Doch wie diese stilistisch aussehen sollen, darüber lässt sich nichts Verbindliches sagen. Das Tagebuch ist ein ganz persönlicher Text, der gewöhnlich nicht für die Augen anderer Leser bestimmt ist. Deshalb braucht der Schreiber auf keine Adressaten Rücksicht zu nehmen, er kann sich so ausdrücken, wie es dem gerade behandelten Gegenstand entspricht, seiner augenblicklichen Stimmung, auch der Zeit, die zur Verfügung steht. Das alles führt dazu, dass sich im Tagebuch nicht nur unterschiedliche Stilformen finden, sondern auch Passagen, die sorgfältiger oder flüchtiger ausgearbeitet sind.

Tagebücher werden vermutlich nur wenige führen, und insofern spielt diese Form des Schreibens in unserem Schreiballtag nur eine Rolle am Rande. Wichtiger ist da schon eine andere Form dieses Schreibens für sich selbst. Gemeint ist die Praxis des bewusst machenden Schreibens, bei der man seine ersten Gedanken und Überlegungen zu einem Problem niederschreibt. Auf diese Weise zwingt man sich dazu, was einem im Kopf herumgeht, in deutliche Worte zu fassen. Und stehen diese Worte erst einmal auf dem Papier oder dem Bildschirm, dann sieht man leichter, wo die Gedanken noch unscharf, die Ideen noch nicht ausgereift sind. Damit eng verwandt ist das problemlösende Schreiben, das in der Wissenschaft auch »epistemisches« Schreiben genannt wird. Hat jemand ein Problem, kann er sich in seinen Denkersessel setzen, die Stirn in Falten legen und auf dem Bleistift herumkauen, bis ihm die Lösung eingefallen ist. Eine andere Möglichkeit, das Problem zu lösen, besteht darin, dass dieser Jemand sich den Startpunkt überlegt und dann zu schreiben beginnt in der Hoffnung, dass sich die Ideen während des Schreiben einstellen werden. Ob sich jemand vor der Niederschrift alles genau überlegt oder ob er gleich mit dem Schreiben anfängt und seine Gedanken beim Schreiben entwickelt, ist eine Frage des Temperaments. Jedenfalls ist die Tatsache, dass wir uns der Sprache bedienen können, wenn wir nach Problemlösungen suchen, keine Entdeckung der modernen Schreibforschung, sondern sie ist schon früher bekannt gewesen, so zum Beispiel dem Schriftsteller Heinrich von Kleist, der vermutlich 1805 oder 1806 eine Abhandlung »Über die allmähliche Verfertigung der Gedanken beim Reden« verfasst hat.

In die zweite Abteilung gehören alle Texte, die einen Adressaten haben wie der persönliche Brief, der an eine bekannte, aber auch unbekannte Einzelperson geschrieben wird, das Rundschreiben, das sich an einen begrenzten Personenkreis richtet, dessen Mitglieder wiederum bekannt sein können, aber nicht müssen, oder der im Massenmedium Zeitung verbreitete Nachrichtentext, der für ein unspezifisches Publikum geschrieben wird, von dem der Verfasser allenfalls vage Vorstellungen hat. Im Weiteren geht es nur um solche Texte, die einen Adressaten haben, wie konkret oder abstrakt dieser auch immer sein mag. Es handelt sich also um Texte, mit deren Hilfe wir mit anderen kommunizieren.

## Kontakt und Beziehung

Für jede Art von Kommunikation gelten eine Reihe grundlegender Bedingungen: Es sind immer mindestens zwei Personen daran beteiligt, diese treten in Kontakt miteinander, und sie bauen eine kommunikative Beziehung auf, die sie auszugestalten haben.

Zur Beziehungsgestaltung gehört nicht nur, dass die an der
Kommunikation Beteiligten einander deutlich machen, wie sie
zueinander stehen, sondern sie haben auch ein Klima zu schaf-
fen, das einen möglichst ungestörten Fortgang der Kommunika-
tion erlaubt. Dazu sollten sie unter anderem ein Mindestmaß an
Höflichkeit an den Tag legen, Interesse an ihrem Kommuni-
kationspartner bekunden und auch Sympathie entgegenbringen,
wenn es einigermaßen geht. Wir kennen die getrübte Atmosphä-
3 re, wenn in einer Unterhaltung einer der Beteiligten ständig ver-
letzend reagiert oder ununterbrochen von sich redet und ganz
offensichtlich an dem, was wir selber zu sagen hätten, kein Interes-
se zeigt oder aber seine Ablehnung dessen signalisiert, was wir
sagen, wenn wir doch einmal zu Wort kommen. Zur Beziehungs-
gestaltung gehört auch, dass sich die an der Kommunikation
Beteiligten selbst positiv darstellen. Das ist gar nicht immer ein-
fach, denn es verlangt, eine Mittellinie zu finden zwischen Über-
treibung und Untertreibung. »Eigenlob stinkt«, sagt der Volks-
mund; doch die Volksweisheit rät auch, man solle sein Licht nicht
unter den Scheffel stellen. Angeberei ist der Kommunikation
ebenso abträglich wie unterwürfige Bescheidenheit.

Normalerweise bewältigen wir die Beziehungsgestaltung ziemlich unauffällig und ohne große Anstrengung: Wir erkundigen uns danach, wie es dem anderen geht; wir bedanken uns für seine Frage nach unserem Wohlergehen; wir machen Komplimente und loben; wir danken für Komplimente, schwächen sie ab oder weisen sie höflich als übertrieben zurück; wir zeigen Verständnis für Probleme des anderen; wir stimmen seinen Urteilen zu, und wenn wir das nicht können, dann vermeiden wir Schroffheit in unserer Ablehnung und erklären, warum wir anderer Meinung sind; wir entschuldigen uns, wenn wir etwas Falsches gesagt oder getan haben. Wird das Kommunikationsklima einmal getrübt, so verfügen wir im Gespräch über den unschätzbaren Vorteil, es unmittelbar klären zu können. Wenn wir es nicht schon von selbst merken, dass wir den anderen durch eine Äußerung provoziert oder gar verletzt haben, dann signalisiert er es uns mehr oder weniger deutlich. Sind wir an einem ungestörten Fortgang des Gesprächs interessiert, werden wir uns für das Gesagte entschuldigen oder erklären, dass es gar nicht so gemeint war. In der Regel ist dann so ein Zwischenfall wieder bereinigt, die gestörte Beziehung ist repariert und das Gespräch kann weitergeführt werden.

Anders sieht das jedoch in der schriftlichen Kommunikation aus, in der Schreiben und Lesen zeitlich und räumlich voneinander getrennt sind. Damit entfällt für den Leser die Möglichkeit, sich direkt an den Schreiber zu wenden, wenn er beispielsweise ein Verständnisproblem hat. Er kann auch nicht mehr korrigierend eingreifen, falls der Schreiber sich irrt und falsche Daten verwendet. Ebenso wenig kann der Leser dem Schreiber signalisieren, dass er sich durch den Ton des Schreibens verletzt fühlt. Eine Störung auf der Beziehungsebene, die von den Beteiligten nicht unmittelbar behoben wird, erhält unter Umständen ein viel größeres Gewicht, als ihr eigentlich zukommt. Zwar weiß jeder, dass sich auch mündlich Geäußertes nicht ungesagt machen lässt, aber es besteht immer die Möglichkeit, es direkt zurechtzurücken. Und ist eine Korrektur einmal akzeptiert, dann ist das Problem auch aus der Welt. Geschriebenes wiegt da schwerer, und zwar nicht alleine, weil es unverrückbar auf dem Papier steht, sondern weil die Beteiligten nicht die Möglichkeit haben, sich sofort damit auseinander zu setzen. Nicht umsonst ist es oft so mühsam und langwierig, Irritationen auf schriftlichem Wege wieder zu besänftigen.

Aus dieser Sachlage ist nur eine Konsequenz zu ziehen: Wir müssen uns beim Schreiben in ganz besonderer Weise auf den Adressaten einstellen. Er soll in jedem Fall erkennen, dass wir sorgsam und pfleglich mit ihm umgehen, auch dann, wenn wir Kritisches und Unangenehmes zu schreiben haben. Sachliche Konflikte lassen sich nicht unter den Tisch kehren, sondern müssen ausgetragen werden, aber auf sachliche, die Person nicht verletztende Weise. Fragen wir uns deshalb lieber einmal zu viel als zu wenig, was dem Adressaten missfallen, was ihn unangenehm berühren könnte; vermeiden wir nach Möglichkeit alles, wodurch er sich herabgesetzt fühlen könnte. Je vertrauter uns der Adressat ist, desto einfacher ist diese Aufgabe; und umgekehrt gilt, je weniger wir vom Adressaten wissen, desto schlechter können wir uns auf ihn einstellen. Das ist nicht nur bei der Beziehungsgestaltung der Fall, sondern gleichermaßen bei einer ganzen Reihe anderer

Punkte, in denen wir den unbekannten Adressaten schlecht einzuschätzen vermögen: Über welches Wissen verfügt er? Was kann als bekannt vorausgesetzt werden? Was muss ihm erklärt werden? Wie viele Fremdwörter ist er bereit zu ertragen? Welche Fachwörter kennt er? Lässt er sich eher durch eine saloppe Schreibart ansprechen oder eine sachlich-neutrale? Obwohl sich in vielen Fällen auf solche Fragen keine konkrete Antwort findet, gibt es speziell für die Kontaktaufnahme und die Beziehungsgestaltung eine Reihe von Grundsätzen, die wir beachten sollten. Sie gelten ganz unabhängig davon, wie bekannt uns der Adressat ist. Und wenn wir sie beachten, erhöht sich die Wahrscheinlichkeit, dass wir keinen Fauxpas begehen.

## Kontakt herstellen und beenden

### Anrede und Gruß

Miteinander zu kommunizieren verlangt, dass die an der Kommunikation Beteiligten einen Kontakt herstellen und ihn beenden. Treffen sich Leute zufällig auf der Straße, haben sie sich im Café verabredet oder kommen sie einfach an den Frühstückstisch, beginnen sie nicht einfach zu reden, sondern sie begrüßen sich; erst dann können sie in das Gespräch eintreten. Umgekehrt laufen sie nicht einfach auseinander, wenn das Gespräch beendet ist, sondern sie verabschieden sich. Wer das nicht tut, der erweist sich als »Schnösel«. Sich zu begrüßen und zu verabschieden sind notwendige Rituale. Damit wir uns nicht jedesmal zu überlegen brauchen, wie wir sie ausführen, stehen uns Routinen zu Verfügung: Händeschütteln, Verbeugungen, Kopfnicken, den Hut ziehen und außerdem feste sprachliche Wendungen – so genannte Routineformeln – wie *Guten Tag* und *Auf Wiedersehen* oder *Grüß dich* und *Tschüs*.

Ganz anders verhält es sich in der schriftlichen Kommunikation. In keiner Zeitungsausgabe wird der Leser auf der ersten Seite begrüßt und auf der letzten verabschiedet, ebenso wenig in Werbeprospekten, Sachbüchern oder Lyriksammlungen. Das gedruckte Wort, zumal wenn es massenhaft verbreitet wird, dient nicht dem persönlichen Kontakt zwischen den Schreibern und ihren Lesern, auch wenn das Sachbuch und die Lyriksammlung einen Autor haben oder die Artikel in der Zeitung namentlich gezeichnet sind. Daran ändert auch die Praxis mancher Chefredakteure von Zeitschriften und Magazinen nichts, die ihre Editorials mit *Liebe Leserin, lieber Leser* eröffnen und mit ihrer Unterschrift beschließen. Sie machen sich vielmehr die Kommunikationsform des Briefs zunutze, die noch deutlich Eigenschaften des persönlichen Gesprächs aufweist. Zum Brief gehören die Anrede, mit der der kommunikative Kontakt hergestellt wird, und die Grußformel, mit der er beendet wird. 3

Anders als in der persönlichen Begegnung sind wir im Brief ganz auf das Wort angewiesen. Und selbst da sind wir noch in bestimmter Weise eingeschränkt. So haben wir in der persönlichen Begegnung die Wahl, ob wir den anderen mit oder ohne Namen ansprechen wollen. Im Brief dagegen müssen wir den Namen schreiben oder ihn beispielsweise durch *Damen und Herren* ersetzen, wenn wir ihn nicht kennen. Verabschieden können wir uns nicht, indem wir der Grußformel den Namen des Adressaten hinzufügen, im Gegenteil, wir schreiben unseren eigenen. Einmal abgesehen von Briefen an vertraute Personen, in denen wir in der Anrede frei sind, sind heute zwei Standardformeln üblich. Die höflich-distanzierte Anrede lautet *Sehr geehrte Frau Meier* oder *Sehr geehrter Herr Meier.* Sie ist auf jeden Fall zu verwenden, wenn zur Adressatin oder zum Adressaten keinerlei persönliche Beziehung besteht. Ebenfalls höflich, aber doch mit einem Mindestmaß an Vertrautheit verbunden ist die Anrede *Liebe Frau Meier* oder *Lieber Herr Meier.* Wer eine Nuance von Respekt in die Anrede bringen möchte, kann auch *Sehr verehrte Frau Meier* oder *Sehr verehrte, liebe Frau Meier* schreiben; er sollte dabei aber bedenken, dass nicht jede Frau diese Formeln schätzt. Dies gilt gleichermaßen für *Sehr verehrte gnädige Frau.* Hier wird die respektvolle Distanz nicht nur durch die Attribute *verehrte* und *gnädige* ausgedrückt, sondern auch durch die Verwendung von *Frau,* obwohl der Name bekannt ist. Besitzt jemand einen akademischen Grad wie den Doktortitel, so wird er auch geschrieben, außer wir sind mit dieser Person näher bekannt, also *Sehr geehrte Frau Dr. Meier,* aber *Liebe Frau Meier.* Völlig unüblich geworden ist mittlerweile die Anrede mit einer Berufsbezeichnung wie beispielsweise *Sehr geehrter Herr Studienrat* oder *Sehr geehrte*

*Frau Akademische Oberrätin.* Bekleidet jedoch ein Person ein herausgehobenes Amt und schreiben wir an sie in dieser Funktion, so verwenden wir auch die Amtsbezeichnung: *Sehr geehrte Frau Oberbürgermeisterin, Sehr geehrter Herr Präsident, Sehr geehrte Frau Vorsitzende.*

Seit einiger Zeit begegnen wir ab und an einer neuen Anrede, mit der die Leserin oder der Leser wie auf der Straße oder am Telefon begrüßt werden, nämlich *Guten Tag, Frau Meier* oder *Guten
3 Tag, Herr Meier.* Ursprünglich war diese Formel auf Werbebriefe beschränkt, hat aber auch das Wohlgefallen anderer Briefschreiber gefunden. Ob sich diese Anleihe bei der gesprochenen Sprache durchsetzen wird oder nur eine Eintagsfliege bleibt, muss sich erst erweisen. Ein *Auf Wiedersehen* am Ende des Briefes, das ja durchaus konsequent wäre, hat sich übrigens noch nicht gezeigt. Welche Anrede auch gewählt wird, auf eines ist sorgfältig zu achten: Der Name sollte richtig geschrieben sein. Es macht zwar nur einen kleinen Unterschied zwischen *Meier* und *Meyer,* aber auf der Beziehungsebene kann eine falsche Schreibung große Folgen haben. Vielen Menschen ist es nämlich keineswegs gleichgültig, wie man mit ihrem Namen umgeht. Wird er falsch geschrieben, so kann der Betroffene sehr empfindlich reagieren, weil er eine solche Schludrigkeit als mangelndes Interesse an der eigenen Person versteht. Wie für die Anrede gilt auch für den Gruß am Briefschluss, dass wir bei uns vertrauten Personen in der Wahl der Formulierung ziemlich frei sind. Ansonsten ist die höfliche Normalformel *Mit freundlichen Grüßen* oder auch *Mit freundlichem Gruß.* Ein Mehr an Distanz drückt das schon fast aus der Mode gekommene *Hochachtungsvoll* aus.

Beim Umgang mit Formeln wie *Mit freundlichem Gruß* und *Hochachtungsvoll* mag der eine oder andere denken, dass der Hinweis recht und gut sei, die erste Wendung sei höflich-normal und die zweite distanziert. Das ändere aber nichts daran, dass in der einen das Adjektiv *freundlich* und in der anderen das Substantiv *Hochachtung* »drinstecke«. Gerade im Briefverkehr mit Behörden und Verwaltungen, aber auch mit Personen, die wir überhaupt nicht schätzen, sträubt sich manchmal etwas in uns, *geehrt* oder *freundlich* zu schreiben, wo doch *Sehr verachteter Herr* oder *Mit unfreundlichem Gruß* der Stimmung des Schreibers erheblich besser entspräche. Von solchen zwiespältigen Empfindungen zeugt auch die bewusst zweideutige Formel *Mit der Ihnen gebührenden Hochachtung*. Es mag im konkreten Fall schwer fallen, aber es sollte sich niemand durch den Wortlaut solcher Routineformeln irre machen lassen. Wem der Groll auf den Adressaten an der Seele nagt, sollte immer bedenken, dass er mit *geehrte* und *Hochachtungsvoll* niemandem Ehre erweist oder Hochachtung entgegenbringt, sondern lediglich ein Mindestgebot des zivilisierten Umgangs miteinander erfüllt. Bei diesen Routineformeln kommt es gar nicht darauf an, welche Gefühle wir gegenüber unseren Adressaten hegen, sondern sie dienen lediglich dazu, den Kontakt auf eingespielte Weise herzustellen und zu beenden. Außerdem signalisieren sie noch etwas über die Art der Beziehung, ob sie nämlich eher neutral oder distanziert gesehen wird.

## Die eigene Person
### Ich – man – wir

Wenn wir uns selbst nennen, dann benutzen wir das Personalpronomen *ich*; nur Kinder auf einer frühen Entwicklungsstufe reden von sich selber mit dem Namen. Stellt jemand die eigene Person in den Mittelpunkt eines Textes, berichtet er beispielsweise in einem Brief über seine Urlaubserlebnisse oder schildert er seine augenblickliche Situation, so häuft sich zwangsläufig das Wörtchen *ich* mit seinen Verwandten *mich* und *mein*. Das galt nicht nur im Brief als unfein, vermutlich weil die eigene Person so deutlich sichtbar im Vordergrund steht, sondern es wurde vor allem von preußischen Militärs auch im Gespräch vermieden. Man ließ einfach das Pronomen *ich* aus. Diese Auslassung war das auffälligste Merkmal eines abgehackten, telegrammähnlichen Stils, wie ihn Theodor Fontane in der Novelle »Schach von Wuthenow« König Friedrich Wilhelm III. sprechen lässt:

> Habe Sie rufen lassen, lieber Schach ... Die Carayon; fatale Sache. Spiele nicht gern den Moralisten und Splitterrichter, mir verhasst; auch meine Verirrungen.

Leute, die sich ständig in den Vordergrund spielen, fallen natürlich noch heute unangenehm auf. Dennoch dürfen wir längst ungeniert *ich* sagen und auch im Brief und Lebenslauf schreiben, sogar ganz am Anfang:

> Liebe Frau Meier,
> *ich* habe mich über Ihre gute Nachricht riesig gefreut.

Mit einer solchen Eröffnung lenkt der Schreiber den Blick zuerst auf sich, was durchaus legitim ist – vorausgesetzt, es ist ihm nicht einfach so passiert, sondern er hat es sich überlegt: Es ist ihm
3 wichtig, Frau Meier zu zeigen, wie sehr er sich gefreut hat. Ist ihm jedoch anderes wichtig, zum Beispiel den Blick auf die Ursache der Freude zu lenken oder auf die Überbringerin der guten Nachricht, so lässt sich das mit einfachen Mitteln bewerkstelligen. Entweder wird die Reihenfolge der Wörter im Satz so verändert, dass die Ursache am Anfang steht:

> Liebe Frau Meier,
> *über Ihre gute Nachricht* habe ich mich riesig gefreut.

oder der Satz wird leicht umformuliert, sodass die Adressatin direkt angesprochen wird:

> Liebe Frau Meier,
> *Sie* haben mir mit Ihrer guten Nachricht eine riesige Freude gemacht.

Solche Alternativen können problemlos diejenigen nutzen, denen der Start mit *ich* doch nicht ganz geheuer ist. Unternehmen favorisieren in Briefen an ihre Kunden die Möglichkeit, deren Person an den Anfang zu rücken. Sie betrachten diesen Einstieg als Beitrag zu einem kundenorientierten Schreibstil, bei dem sich der Adressat als Person im Text wiederfinden soll.

Neben dem *ich* hält unsere Sprache noch eine Reihe weiterer Personalpronomen bereit, mit denen sich eine Person selbst bezeichnen kann, nämlich *du/ihr, wir* und *man.* Beim Schreiben spielt *du* anstatt *ich* wohl kaum eine Rolle, aber im mündlichen Sprachgebrauch ist dieser Tausch durchaus anzutreffen. Berichtet beispielsweise jemand von seinen Erlebnissen, wechselt er manchmal vom *ich* zum *du,* um die Zuhörenden unmittelbarer daran teilhaben zu lassen:

> Also, *ich* bin zuerst durch das Vorderhaus gegangen. Dann kommst *du* in einen Innenhof mit einem wunderschönen Brunnen und gelangst von da durch eine kleine Tür ins Hinterhaus ...

Dieser Wechsel kann im Übrigen recht irritierend sein, wenn ein Zuhörer nicht richtig aufgepasst hat und sich plötzlich mit *du* angesprochen fühlt, obwohl er sich mit dem Erzähler gar nicht duzt.

Anders sieht es dagegen mit *wir* aus, das Schreiber aus unterschiedlichen Gründen anstatt *ich* benutzen. Ein erster Fall ist das *wir* aus Bescheidenheit oder der Pluralis Modestiae. Hat beispielsweise jemand etwas Gutes getan, so kann er sich mit *wir* in einer Gruppe »verstecken«, um seinen eigenen Anteil zu verschleiern oder herunterzuspielen. Umgekehrt kann dieses Versteckspiel aber auch dazu genutzt werden, die Verantwortung für etwas Unangenehmes mit einem solchen Gruppen-*wir* auf mehrere Schultern zu verteilen, wobei es gar nicht darauf ankommt zu sagen, wem denn die anderen Schultern gehören. Ein zweiter Fall ist das Autoren-*wir* oder der Pluralis Auctoris. Gerade in Fach- und Sachbüchern galt es lange als verpönt, *ich* zu schreiben, weil das der wissenschaftlichen Objektivität abträglich sei. Allein auf die Sache komme es an und nicht auf die Person, so die Begründung. Diese Einstellung zum *ich*-Gebrauch lässt sich noch heute beobachten, spielt aber keine große Rolle mehr. Wer eine geistige Leistung vollbringt, dem wird jetzt weithin zugestanden, sich mit *ich* als deren Urheber zu erkennen zu geben, anstatt sich hinter einem *wir* verstecken zu müssen. Ein dritter Gebrauch von *wir* findet sich vor allem in Schreiben von Unternehmen, Verbänden und Behörden. Manchmal kennt der Adressat den Verfasser des Briefs persönlich, und falls nicht, so erfährt er zumindest dessen Namen, da es heutzutage üblich ist, dass dieser neben der Unterschrift noch im Betreff erscheint. Dennoch findet sich im Text nicht *ich*, sondern *wir*. Zwar schreibt erkennbar ein Individuum, aber offenbar nicht in seinem eigenen, sondern im Namen einer Institution, und deshalb heißt es *wir*. Ein vierter Fall ist noch zu nennen, auch wenn er in unserem Schreiballtag keine Rolle spielt. Es ist der Pluralis Majestatis, den die absolutistischen Herr-

scher gebrauchten, um ihre einzigartige Stellung auch sprachlich hervorzuheben – *Wir, Friedrich, von Gottes Gnaden.* Dieses *wir* nutzen wir allenfalls, wenn wir einen Scherz machen wollen. Sollte jemand den Pluralis Majestatis ernsthaft gebrauchen, so darf er sich nicht wundern, als Prahlhans eingeschätzt zu werden. Im Übrigen: Wenn es eben *nutzen wir* und *wenn wir* hieß, dann handelt es sich dabei um eine Variante des Autoren-*wir,* mit dem ich mich als Autor mit meinen Leserinnen und Lesern in eine
3 Gruppe einreihe. Es ist das Gemeinsamkeit stiftende *wir,* mit dem ich beispielsweise Erfahrungen mit dem Schreiben anspreche, die jeder Schreiber gemacht hat, oder mit dem ich Einschätzungen von Sprachgebräuchen thematisiere, die so gut wie alle Schreiber teilen. Die Schreiber sind aber nicht jeweils die anderen, sondern ich gehöre jedesmal dazu.

Wie schon der Wechsel vom *ich* zum Gruppen-*wir* dient der Gebrauch von *man* anstelle von *ich* dazu, die eigene Person in den Hintergrund zu rücken. Der Schreiber verbirgt sich hinter dem unpersönlichen *man,* um beispielsweise auszudrücken, dass eine unangenehme Entscheidung nicht im eigenen Ermessen liegt, sondern von jedem anderen auch so getroffen worden wäre:

> So leid es *mir* tut, lieber Freund, in diesem Falle
> kann man keine Ausnahme machen.

Das Wörtchen *man* dient aber auch dazu, sich bescheiden sprachlich zurückzuziehen, zum Beispiel, wenn man auf ein Lob für eine gute Tat mit dem Satz *Man tut, was man kann* reagiert und nicht etwa mit *Ich tue, was ich kann.* Schließlich kann mit *man* eine Erfahrung verallgemeinert werden, wie es exemplarisch ein märkischer Adeliger in Theodor Fontanes Roman »Der Stechlin« tut, der vom neuen Krematorium in Berlin erzählt:

> Aber wenn man in Berlin is (und ich habe da neulich auch
> so was mitgemacht), is es doch noch schlimmer.

Gerade das letzte Beispiel zeigt, dass dieses *man* keineswegs immer für eine Einzelperson steht; vielmehr können wir mit ihm auch eine unbestimmte Personengruppe bezeichnen, zu der sich der Schreiber zählen kann, aber nicht muss.

## Die andere Person

### Du und Sie

Reden wir unsere Gesprächspartner an, so tun wir es mit dem jeweiligen Namen und den Personalpronomen *du, ihr* und *Sie;* das gilt gleichermaßen für die Adressaten unserer Briefe. Traditionellerweise zeigen *du* und *ihr* Nähe an und bilden die vertrauliche Anrede, während *Sie* höflich und respektvoll ist sowie größere Distanz signalisiert. Heute besitzen *du* und *ihr* neben der Vertraulichkeit allerdings noch eine weitere Bedeutungskomponente in Form des sogenannten Gruppen-*du*. Seit dem Ende der 60er-Jahre duzen sich beispielweise Studierende durchgängig, auch wenn sie einander unbekannt sind und nur durch Zufall gemeinsam in der Mensaschlange stehen. Weithin üblich ist das Duzen mittlerweile auch in Büros, Vereinen oder auf Partys zumindest unter jüngeren Leuten. Mit Nähe und Vertraulichkeit hat das jedoch wenig zu tun, sondern es drückt vor allem die Zugehörigkeit zur gleichen Gruppe aus oder ein Zusammengehörigkeitsgefühl in einer bestimmten Situation. Speziell das gruppensolidarische *du* ist keine moderne Erfindung, es hat eine lange Tradition. So bildete sich schon zu Anfang des 19. Jahrhunderts ein Solidaritäts-*du* unter den Studenten heraus, das jedoch zum Ende des Jahrhunderts wieder verschwand. Einen starken Rückhalt fand es dagegen in der Arbeiterbewegung, in der das solidarisierende *du* gepflegt wurde und deshalb bis heute als Genossen-*du* in den Linksparteien üblich ist. Auch wenn das Gruppen-*du* vorrangig im mündlichen Sprachgebrauch üblich ist, wirkt es sich dennoch auf das Schreiben aus. Ganz besonders bei dem Situations-*du* müssen wir jedoch aufpassen, da es leicht zu Konflikten führen kann. Hat sich jemand auf einer Party mit verschiedenen ihm an sich unbekannten Personen ganz zwanglos geduzt und kommt am nächsten Tag auf den Gedanken, einem dieser neuen Bekannten zu schreiben, so sollte er sorgfältig überlegen, ob er *du* oder *Sie* schreibt. Nicht jeder, der sich auf einer Party duzen lässt, möchte das im Alltag fortgesetzt sehen.

Weiter oben hieß es, mit der Anrede *Sie* sei neben Distanz auch Höflichkeit und Respekt verbunden. Diese Feststellung erlaubt selbstverständlich nicht den Umkehrschluss, *du* und *ihr* sei-

en unhöflich oder gar frech. Das wären sie nur gegenüber Personen, die zu duzen einfach ungezogen wäre. Bis vor kurzem haben wir gerade im Brief über ein besonderes Mittel verfügt, besonders hervorzuheben, dass auch mit dem Gebrauch von *du* und *ihr* Höflichkeit und Respekt verbunden sind. Wir haben die beiden Pronomen im Brief großgeschrieben. Doch mit der Neuregelung der deutschen Rechtschreibung von 1996 ist uns diese Besonderheit genommen worden, indem diese Konvention abgeschafft worden
3 ist. Eine Begründung für diese Änderung lautet, es sei unnötig, einer Person, die man duze, durch Großschreibung besonderen Respekt zu zollen.

So wie wir uns als Schreibende hinter einem *man* oder *wir* »verstecken« können, um von der eigenen Person abzulenken, besteht auch die Möglichkeit, von der Person des Adressaten rücksichtsvoll abzulenken, indem wir *du* oder *Sie* ebenfalls durch *man* ersetzen. Dieses *man* schafft eine gewisse Distanz, da es verallgemeinernd wirkt und auf diese Weise die angesprochene Person geschont wird. Für die Beziehung ist es sicherlich vorteilhaft, so beispielsweise einen Tadel abzuschwächen:

> *Du* solltest deinen Nachbarn nicht unnötig reizen.
> *Man* sollte seinen Nachbarn nicht unnötig reizen.

oder einen Ratschlag weniger direkt vorzubringen:

> In einer solchen Situation sollten *Sie* nicht zu forsch an die Sache herangehen.
> In einer solchen Situation sollte *man* nicht zu forsch an die Sache herangehen.

Der abschwächende Effekt beruht darauf, dass mit diesem *man* nicht nur die angesprochene Person gemeint ist, sondern eine ganze, wenn auch unbestimmte Zahl von Personen, zu denen auch der Tadler oder Ratgeber zählt.

## Der verschwundene Autor
## **Unpersönlich schreiben**

Mit manchen Personalpronomen lassen sich die eigene oder die angeredete Person sprachlich in den Hintergrund rücken. Daneben gibt es eine Reihe weiterer Verfahren, um Personen vollständig aus dem Text verschwinden zu lassen. Das bekannteste Mittel ist das Passiv. Bilden wir einen Aktivsatz, dann ist unausweichlich die Person oder Personengruppe zu nennen, die die beschriebene Handlung ausführt:

> *Ich* konnte Ihrer Bitte nicht entsprechen.
> *Die Geschäftsleitung* konnte Ihrer Bitte nicht entsprechen.

Bei Formulierungen dieser Art ist es lediglich möglich zu verhindern, dass der Blick des Lesers als Erstes auf die handelnde Person fällt, indem diese weiter nach hinten im Satz gerückt wird. Der Aufschub währt aber nicht lange:

> Ihrer Bitte konnte *ich* nicht entsprechen.
> Ihrer Bitte konnte *die Geschäftsleitung* nicht entsprechen.

Anders sieht es dagegen im Passivsatz aus, der zwei Varianten erlaubt. In der ersten Version bleibt die handelnde Person sichtbar, rückt aber im Satz nach hinten:

> Ihrer Bitte konnte *von mir* nicht entsprochen werden.
> Ihrer Bitte konnte *von der Geschäftsleitung* nicht entsprochen werden.

In der zweiten Version dagegen verschwindet die handelnde Person völlig aus dem Satz, da das entsprechende Satzglied problemlos ausgelassen werden kann:

> Ihrer Bitte konnte nicht entsprochen werden.

Das Passiv wird häufig als Leideform bezeichnet, aber in unserem Beispiel erscheint es eher als eine Form der »Täterverschweigung«. Geben wir uns jedoch keinen Illusionen hin: Im Passivsatz mag sich zwar der Verantwortliche für die Ablehnung versteckt haben, für den Leser bleibt die Botschaft dennoch klar, und er weiß natürlich auch, wem er die Ablehnung verdankt. Dennoch hat die unpersönliche passivische Formulierung einen anderen Ton als das Aktiv, da die Dynamik des dargestellten Sachverhalts, sein Handlungscharakter, abgeschwächt wird. Dem Leser wird der Eindruck vermittelt, als ob da etwas wie von selbst geschehen sei. Das Passiv kann auch aus Gründen der Höflichkeit verwendet werden, um beispielsweise einen Vorwurf abzuschwächen oder um überhaupt nicht den Eindruck aufkommen zu lassen, es solle ein Vorwurf erhoben werden. Vergleichen wir die beiden Sätze:

> Wir können die Entscheidung nicht treffen, da *Sie* die notwendigen Unterlagen zurückhalten.
> Wir können die Entscheidung nicht treffen, da die notwendigen Unterlagen *von Ihnen* zurückgehalten werden.

3 Zugegeben, der Aktiv- und der Passivsatz unterscheiden sich nur in Nuancen, aber es ist doch zu spüren, dass eine andere Art der Beziehungsgestaltung vorliegt. Im ersten Satz mit *Sie* als Subjekt wird viel direkter auf die angesprochene Person gezielt, während es im zweiten Satz mit *die notwendigen Unterlagen* als Subjekt um die Sache geht. Aus dem Aktivsatz lässt sich auch stärker ein Vorwurf herauslesen als aus dem Passivsatz.

Täterverschweigung und Höflichkeit sind nicht die einzigen Gründe, aus denen das Passiv dem Aktiv vorgezogen wird. Wir greifen gerne zum Passiv, wenn wir nicht wissen, wer eigentlich die handelnde Person ist. Schreibt jemand an die Polizei *Mein Auto ist beschädigt worden,* ist daraus zu entnehmen, dass der Täter unbekannt ist. Wer das ganz deutlich machen wollte, könnte noch *von Unbekannt* hinzufügen. Manchmal sind die Handelnden durchaus bekannt, aber es ist für den Leser uninteressant, sie zu erwähnen. Wenn es in einem Bericht heißt *Die Unfallopfer wurden auf die umliegenden Krankenhäuser verteilt,* werden sich die Leser kaum fragen, wer das eigentlich gemacht hat. Sie interessieren sich für die Opfer und was mit ihnen geschehen ist. Oft meint der Schreiber aber auch, dass es gar nicht nötig, vielleicht noch nicht einmal sinnvoll ist, handelnde Personen zu nennen, da es nicht um konkrete Menschen geht, sondern um eine namenlose Gruppe. Diese Einstellung findet sich beispielsweise bei Gebrauchsanleitungen, für die das unpersönliche Passiv typisch ist:

> Das Gerät muss unbedingt alle drei Monate entkalkt werden.

Mittlerweile gibt es eine Tendenz, auch in solchen Texten personenzugewandt zu schreiben, weshalb sich Formulierungen finden wie:

Man muss das Gerät unbedingt alle drei Monate entkalken.

Hier kommt der handelnde Mensch ins Spiel, aber er bleibt vage. Denn wer ist *man*? Außerdem wird in der dritten Person von ihm gesprochen, als ob es um Abwesende ginge. Dabei geht es doch um diejenige Person, an die sich die Handlungsanweisung richtet. Deshalb bevorzugen mittlerweile viele Verfasser von Gebrauchsanleitungen eine direkte Ansprache:

Sie müssen das Gerät unbedingt alle drei Monate entkalken.



Wie so oft, wenn es um sprachstilistische Feinheiten geht, stoßen wir auch bei dem Bestreben, das Passiv durch das Aktiv zu ersetzen, auf ein Für und Wider. Dabei geht es wieder einmal um die Beziehung zwischen Schreiber und Leser. Wird einem Leser ständig gesagt, er müsse dies und jenes tun oder lassen, läuft der Schreiber Gefahr, als Oberlehrer mit erhobenem Zeigefinger dazustehen. Beim Leser kann sich dagegen der Eindruck einstellen, man halte ihn für ein wenig »blöd«; außerdem kann er sich gegängelt fühlen.

### Die Sachdarstellung
### **Angemessenheit des Passivs**

Wie die Beispiele zeigen, lassen sich Aktiv und Passiv nicht einfach gegeneinander ausspielen. Schon gar nicht ist eine einseitige Verurteilung des Passivs gerechtfertigt; allenfalls die gezielte Täterverschweigung durch das Passiv ist kritisch zu betrachten, da sie sprachlicher Manipulation dient. Ansonsten haben beide grammatischen Formen ihre Vorteile, die es beim Schreiben gezielt zu nutzen gilt. Darüber hinaus gibt es sogar Bereiche, in denen das unpersönliche Passiv systematisch eingesetzt wird. Charakteristischerweise finden sich Passivkonstruktionen gehäuft in einer Textform, die zu schreiben wir zwar nie in die Verlegenheit kommen, von der wir aber massiv betroffen sind, nämlich dem Gesetzestext. Das liegt daran, dass Gesetze sehr allgemein und abstrakt formuliert werden und das Passiv dazu beiträgt. Typisch sind die folgenden Beispiele aus dem Grundrechtekatalog des Grundgesetzes der Bundesrepublik Deutschland:

> In diese Rechte darf nur aufgrund eines Gesetzes eingegriffen werden. (Art. 2,2)
> Niemand darf wegen seines Geschlechtes [...] benachteiligt oder bevorzugt werden. (Art. 3,3)
> Die ungestörte Religionsausübung wird gewährleistet. (Art. 4,2)
> Niemand darf gegen sein Gewissen zum Kriegsdienst mit der Waffe gezwungen werden. (Art. 4,3)
> 3 Die Pressefreiheit und die Freiheit der Berichterstattung durch Rundfunk und Film werden gewährleistet. (Art. 5,1)

Indem offen gelassen wurde, wer etwas gewährleisten muss oder andere nicht benachteiligen oder bevorzugen darf, ist dafür gesorgt, dass niemand sagen kann, auf ihn treffe der entsprechende Artikel nicht zu, da man ihn zu nennen vergessen habe.

Ein weiterer Bereich, der unserem Schreiballtag viel näher liegt, ist die Zwecksprache, wie Georg Möller sagt.[1] Damit sind Sach- und Fachtexte gemeint, in denen Herstellungsverfahren, Produktionsabläufe, Experimente und sonstige Vorgänge beschrieben werden. Gegen die Behauptung, die zunehmende Verwendung des Passivs sei eine Modeerscheinung, setzt Möller die Beobachtung, dass das Passiv einem Bedürfnis bei der Sachdarstellung entgegenkomme. Wie schon der Bestandteil *Sach-* in *Sachdarstellung* besagt, geht es um Sachverhalte, für deren Beschreibung ein personenabgewandter und sachzugewandter Stil angemessen ist. Die Konzentration auf die Sache kann die Erwähnung von Menschen überflüssig machen. Ein Beispiel von Möller:

> Bei -20° C *werden* die sauber präparierten Drüsen im Tiefkühlschrank [...] *eingelagert* und danach im Hochvakuum *gefriergetrocknet*. Zur Weiterverarbeitung *werden* sie fein *zerkleinert*, und das so gewonnene Pulver *wird* mit der zehnfachen Menge eisgekühlten Azetons *übergossen* [...]. Danach *werden* die Drüsen vom Azeton *befreit*, an der Luft *getrocknet*

1 **Georg Möller.** Praktische Stillehre. Leipzig 1970.

> und 48 Stunden [...] *aufbewahrt*. Aus diesem stabilen Rohprodukt *wird* [...] das Wachstumshormon *gewonnen*.

Entscheidend an diesem Text ist die Beschreibung eines Vorgangs, sodass der Leser ihn nachvollziehen kann. Die Personen, die die Präparate einlagern, die Gefriertrocknung veranlassen und die Weiterverarbeitung besorgen, sind für die Beschreibung völlig überflüssig, ja ihre Berücksichtigung würde den Text nur unnötig aufschwellen und den Leser womöglich vom Wesentlichen ablenken.



Obwohl das Passiv Vorgangsbeschreibungen durchaus angemessen ist, bringt es einen Nachteil mit sich. Denn Texte, in denen eine Passivkonstruktion der anderen folgt, wirken schnell eintönig und ermüdend. Um hier Abwechslung zu schaffen, bieten sich Ersatzformen an, die das Deutsche glücklicherweise bereithält. Natürlich sind diese Alternativen nicht nur zur stilistischen Auflockerung zu gebrauchen, sondern sie können auch sonst eingesetzt werden. Die wichtigsten dieser Ersatzformen sind:

- die *lassen*-Konstruktion
  An diesem Beispiel *kann gezeigt werden,* wie ... – An diesem Beispiel *lässt sich zeigen,* wie ...
- der modale Infinitiv, das heißt eine Konstruktion aus *sein* + Infinitiv + *zu,* die eine Notwendigkeit oder Möglichkeit ausdrückt
  Es *muss beachtet werden,* dass ... – Es *ist zu beachten,* dass ...
  Natürlich *können* diese Alternativen nicht nur zur stilistischen Auflockerung *gebraucht werden.* – Natürlich *sind* diese Alternativen nicht nur zur stilistischen Auflockerung *zu gebrauchen.*
- ein Adjektiv, das aus einem Verb abgeleitet ist und die Endung *-bar* oder *-lich* besitzt
  Die Würde des Menschen *darf* nicht *angetastet werden.* –
  Die Würde des Menschen *ist unantastbar.*
  (Grundgesetz Art. 1,1)
  Die Freiheit der Person *darf* nicht *verletzt werden.* –
  Die Freiheit der Person *ist unverletzlich.*
  (Grundgesetz Art. 2,2)

- ein substantiviertes Verb + *finden* oder *erfahren*
  Dieses Verfahren *wird* in der Chemie *angewendet.* –
  Dieses Verfahren *findet* in der Chemie *Anwendung.*
  Der Autor *wird* von der Kritik *anerkannt.* –
  Der Autor *erfährt* von der Kritik *Anerkennung.*

## Sprache und Geschlecht

3 **Von Menschen reden**

Unter den Mitteln, mit denen sich die eigene Person sprachlich in den Hintergrund rücken lässt, ist auch das Pronomen *man* genannt worden. Vielleicht hat »frau« an dieser Stelle die Erwähnung von *frau* vermisst, die unterblieben ist, weil *frau* als Pronomen einfach ungebräuchlich ist. Sprachfeministinnen plädieren seit mehr als zwanzig Jahren dafür, ergänzend zu *man* auch *frau* zu verwenden, haben sich mit dieser Forderung bislang aber nicht durchgesetzt. Vermutlich sind sie nicht am Widerstand der Männer gescheitert, sondern daran, dass ein zusätzliches Pronomen *frau* für die Kommunikation keinen Nutzen bringt. *Man* benutzen wir ja, weil es so unbestimmt ist, wir können uns alles oder nichts darunter vorstellen. Gebrauchten wir jedoch *frau* und *man* nebeneinander, so würde diese Unbestimmtheit eingeschränkt, da entweder eine unbestimmte Gruppe von Frauen oder von Männern gemeint ist. Das aber widerspricht den kommunikativen Zwecken, die mit dem Gebrauch von *man* verbunden sind.

Wenn Feministinnen fordern, *frau* und *man* zu sagen und zu schreiben, geht es um die Gleichbehandlung der Geschlechter, die nicht nur im Grundgesetzt verbürgt sein, sondern auch gesellschaftliche Realität werden soll. Diese Veränderungen müssen sich nicht zuletzt im Sprachgebrauch widerspiegeln, da Sprache eines der Mittel ist, mit denen Frauen diskriminiert werden. Dies geschieht dadurch, dass an Stellen, wo eigentlich von Frauen und Männern die Rede ist, nur Männer genannt werden. Nicht nur Feministinnen vertreten deshalb die Forderung, dass Frauen und Männer in der Sprache gleichermaßen sichtbar werden oder – falls nicht anders möglich – gleichermaßen unsichtbar bleiben. Ein Streitpunkt bildet allerdings die Frage, was im Einzelnen tatsächlich sprachlich diskriminierend ist und was nicht. Sprachfeministinnen ziehen verständlicherweise die Grenze möglichst weit, wobei sie in Kauf nehmen, dass sich viele der monierten Sprachgebräuche nicht verändern, zumindest seit den Siebzigerjahren nicht verändert haben. Dazu gehört auch der pronominale Gebrauch von *frau*, der sich nicht durchgesetzt hat.

Anderes hat sich dagegen sehr wohl verändert, auch wenn es uns kaum auffällt. So heißt es heute in der Lokalzeitung eher *Mitglieder des Stadtrates* oder *Stadträtinnen und Stadträte* als *Stadtväter* oder *Ratsherren;* es ist die Rede von *Presseleuten* oder einfach *der Presse* anstelle von *Pressemännern;* geladen werden *Frau Meier und Herr Meier* und nicht mehr *Herr Meier mit Frau* oder gar *Herr Meier mit Gattin;* gesucht wird eine *Fachkraft* und nicht ein *Fachmann, eine Kauffrau* und nicht ein *weiblicher Kaufmann.* Nur ein hartgesottener Macho wird seine Zuhörerschaft, die aus Frauen und Männern besteht, noch mit *Sehr geehrte Herren* oder *Liebe Kollegen* anreden anstatt mit *Sehr geehrte Damen und Herren* oder *Liebe Kolleginnen und Kollegen.* So hat es sich mittlerweile auch eingespielt, dass die Standardanrede in Briefen an eine Firma, Behörde oder Verwaltung *Sehr geehrte Damen und Herren* lautet, falls unbekannt ist, ob eine Adressatin oder ein Adressat angesprochen wird. Das heißt, wir rechnen prinzipiell damit, dass entweder eine Frau oder ein Mann unseren Brief liest, und wir bringen das auch zum Ausdruck.

Diese und viele andere Fälle sind nicht nur unstrittig, sie sind für gutes Deutsch sogar selbstverständlich – so sollte man wenigstens meinen. Denn schon mit ein wenig Nachdenken wird einsichtig, dass es alleine die Höflichkeit gebietet, Menschen auf eine ihrer Person angemessene Weise zu bezeichnen. Und dazu gehört auch, ihr Geschlecht zu berücksichtigen. Wenn zu einer Regierung Frauen und Männer gehören, dann sollte selbstverständlich von *Ministerinnen und Ministern* gesprochen werden; und wenn eine Frau einen Antrag stellt, die Nachfolge von jemandem antritt, sich um etwas bewirbt oder ein Konto bei einer Bank besitzt, dann ist sie in allen Schriftstücken, die sie betreffen, als Antragsteller*in*, Nachfolger*in*, Bewerber*in* oder Kontoinhaber*in* zu bezeichnen und nicht als Antragsteller, Nachfolger, Bewerber oder Kontoinhaber. Strittig wird der Fall, wenn es nicht um konkrete Personen geht, sondern von abstrakten Personengruppen

die Rede ist, zu denen Menschen beiderlei Geschlechts zählen beziehungsweise für die die Unterscheidung von Frau und Mann keine Rolle spielt. Im Deutschen stehen dafür Substantive zur Verfügung, die ihrem Genus nach maskulin sind: *der Bürger, der Lehrer, der Säugling, der Student, der Wähler.* Das grammatische Geschlecht sagt nichts über das natürliche Geschlecht des bezeichneten Gegenstands aus; es bestimmt lediglich, wie wir das Substantiv beugen müssen. Genus und Sexus sind zwei verschie-
3 dene Dinge, die nicht miteinander zu vermischen sind. Wäre es anders, gäbe es eine Menge Verwirrung. Redeten wir von Pflanzen, wäre das Bezeichnete weiblich: *die Pflanze;* griffen wir die Bäume heraus, dann wären diese Pflanzen plötzlich männlich: *der Baum;* und sprächen wir über einzelne Baumarten, so wären die mal männlich und mal weiblich: *die Buche, der Ahorn.* Nicht zu vergessen, dass wir es auch mit einem sächlichen Geschlecht zu tun bekämen, das es – biologisch gesehen – gar nicht gibt: *das Vergissmeinnicht.*

Mit den maskulinen Personenbezeichnungen ist es dagegen etwas komplizierter. Viele von ihnen bezeichneten tatsächlich Personen männlichen Geschlechts. Solange Frauen bestimmte Rechte vorenthalten wurden wie das Bürger- oder Wahlrecht und solange ihnen bestimmte Berufe und Ausbildungsmöglichkeiten wie der Lehrberuf oder ein Studium verschlossen waren, bezeichneten *Bürger, Wähler, Lehrer* und *Student* ausschließlich männliche Personen. Die sozialen Verhältnisse haben sich verändert, heute haben Frauen wie Männer das Bürgerrecht, wählen, arbeiten in der Schule und studieren. Sprachfeministinnen vertreten nun offensiv die Meinung, die Personenbezeichnungen seien den veränderten Verhältnissen anzupassen, damit auch deutlich zum Ausdruck komme, dass es auch immer um Frauen gehe. Durchgesetzt werden soll dieser Anspruch dergestalt, dass in offiziellen Texten – Gesetzen, Verordnungen, Formularen – überall da, wo es um Personen geht, Doppelformen verwendet werden. Dies ist insofern sehr einfach, als im Deutschen mithilfe der Nachsilbe *-in* Personenbezeichnungen so verändert werden können, dass sie eindeutig Frauen bezeichnen. Die Sprachwissenschaft nennt dieses Verfahren Movierung: *Bürger – Bürgerin, Lehrer – Lehrerin, Student – Studentin, Wähler – Wählerin.* Werden nun solche Doppelformen in einen Text eingefügt, so hat das auch Folgen für die Artikel sowie die Personalpronomen und Possessivpronomen, die ebenfalls gedoppelt werden müssen:

> Der/die sterbende Patient/Patientin hat im besonderen Maße Anspruch auf eine seiner/ihrer Würde entsprechende Behandlung und Unterbringung. Hierzu gehört auch, ihm/ihr auf seinen/ihren Wunsch hin das Sterben zu Hause zu ermöglichen.

Solche Formulierungen beeinträchtigen eindeutig die Lesbarkeit eines Textes, ja sie können sogar bis zur Unverständlichkeit führen. Wird die Passage *Der Ministerpräsident beruft die Minister. Er ernennt seinen Stellvertreter* so umformuliert, dass konsequent beide Geschlechter genannt werden, so führt das zu dem folgenden Ergebnis:

> Der Ministerpräsident oder die Ministerpräsidentin beruft die Minister bzw. die Ministerinnen. Er ernennt seinen Stellvertreter bzw. seine Stellvertreterin bzw. sie ihren Stellvertreter bzw. ihre Stellvertreterin.

Um solchen Stilungeheuern zu entgehen, ist man auf die Idee gekommen, die Doppelnennung zusammenzuziehen und das *i* großzuschreiben: *BürgerIn*. Nach der neuen amtlichen deutschen Rechtschreibung ist das jedoch nicht vorgesehen, kann also in offiziellen Texten nicht verwendet werden. Diese Schreibung bringt zwar vermeintliche Erleichterungen mit sich, löst jedoch nicht das Problem mit den Artikeln und den Pronomen:

> *Der/die* Ministerpräsident*I*n beruft die Minister*I*nnen. *Er/sie* ernennt *seinen/ihren* Stellvertreter*I*n.

Ein anderer Ausweg besteht darin, solche Formen zu bilden, denen man nicht ansieht, ob Frauen oder Männer gemeint sind. Anstatt herauszustellen, dass es zwei Geschlechter gibt, wird darauf verzichtet, auf den Geschlechtsunterschied hinzuweisen. Damit ist von vornherein eine Einschränkung verbunden, die den Gebrauch solcher Wörter im Satz betrifft. Ersetzt man *der Student/die Studentin* durch *Studierende,* so muss dieses Wort im Plural gebraucht werden. Denn mit *der Studierende* bzw. *die*

*Studierende* ist noch nichts gewonnen, da der Hinweis auf das natürliche Geschlecht durch die unterschiedlichen Artikel erhalten bleibt. Erst wenn es *die Studierenden* lautet, ist die Bezeichnung geschlechtsneutral. Auch wenn man den ständigen Plural in Kauf nimmt, führt dieser Ausweg nicht sehr weit. Denn solche Bildungen sind nur bei Substantiven möglich, die aus Verben oder Adjektiven abgeleitet sind: *die Lehrenden, die Wählenden, die Kranken, die Stummen.* Für *Patient, Bürger, Ministerpräsident*
3 oder *Minister* bieten sie keine Lösung.

Die Verfahren, die beiden Geschlechter jeweils gesondert auszudrücken, sind sprachlich unbefriedigend. Deshalb hat sich der Gesetzgeber dafür entschieden, auf Doppelformen zu verzichten und die maskulinen Personenbezeichnungen zu verwenden – auch in dem Paragraphen des Bürgerlichen Gesetzbuches, in dem geregelt ist, wie die Personenbezeichnungen in Stellenausschreibungen aussehen sollen:

> Der *Arbeitgeber* soll einen Arbeitsplatz weder öffentlich noch innerhalb eines Betriebes nur für Männer oder nur für Frauen ausschreiben.

Für die Benutzung der maskulinen Formen spricht noch eine andere Überlegung, die daran anknüpft, dass das grammatische Geschlecht eines Wortes keineswegs etwas über das natürliche Geschlecht der damit bezeichneten Person aussagt. Das Substantiv *der Säugling* beispielsweise dient schon immer zur Bezeichnung von weiblichen und männlichen Babys, und umgekehrt dient der Ausdruck *die Person* zur Bezeichnung von Männern und Frauen. In Sätzen wie *Die Säuglinge werden von besonders geschultem Personal betreut* oder *Dieser Teil der Anlage ist Personen vorbehalten, die ruhen wollen* ist nicht von konkreten Säuglingen oder Personen die Rede, sondern es ist eine abstrakte Gruppe oder eine Gattung gemeint, zu der Lebewesen beiderlei Geschlechts gehören. Dieser Gebrauch von Substantiven heißt in der Sprachwissenschaft *generisch*, eine Bezeichnung, die vom lateinischen *genus* ›Art, Klasse‹ abgeleitet ist.

Generisch gebrauchen können wir auch Substantive wie *Bürger, Lehrer, Student* oder *Wähler,* oder genauer gesagt: wir können es heute in einer Gesellschaft, in der die so bezeichneten Gruppen grundsätzlich von Frauen und Männern gebildet werden. Die generisch gebrauchten maskulinen Substantive sind geschlechtsneutral. Daneben gibt es aber noch einen anderen Gebrauch solcher Substantive, der regelmäßig ins Spiel kommt, wenn von *Bürgerinnen und Bürgern, Lehrerinnen und Lehrern, Studentinnen und Studenten* oder *Wählerinnen und Wählern* die Rede ist. Hier beziehen sich die maskulinen Substantive ausschließlich auf Männer, während sich umgekehrt die auf *-in* abgeleiteten femininen Substantive auf Frauen beziehen.

Wer Substantive, aber auch Pronomen wie *wer* oder *jemand* generisch gebraucht, der meint damit Frauen und Männer zugleich. Insofern erübrigt es sich, jedesmal mit einer Doppelform auf beide Geschlechter zu verweisen. Die Nennung beider Geschlechter kann sich dann auf Fälle beschränken, in denen Unklarheit droht oder es wünschenswert ist zu differenzieren. Nicht umsonst wird im Artikel 3 des Grundgesetzes das generische *Mensch* verwendet, wenn es um die Gleichheit vor dem Gesetz geht:

Alle Menschen sind vor dem Gesetz gleich.

Es werden aber ausdrücklich Frauen und Männer genannt, wenn es um die rechtliche Stellung der Geschlechter in der Gesellschaft geht:

Männer und Frauen sind gleichberechtigt.

Die Praxis, maskuline Substantive generisch zu gebrauchen, findet sich in verschiedenen Formen öffentlichen Schreibens wie Gesetzestexten, Zeitungstexten, wissenschaftlichen Texten und Sachbüchern. Im Bereich des fachlich-sachlichen Schreibens weisen Autorinnen und Autoren häufig ausdrücklich darauf hin, dass mit dem generischen Gebrauch von Maskulina immer Frauen und Männer gemeint sind. Auch ich habe mich für diese Praxis entschieden, meine also mit *der Schreiber, der Leser, der Adressat,* mit *man, wer, jemand, jedermann* immer weibliche und männliche Personen, und zwar erwachsene Frauen und Männer, aber auch schreibende Kinder und Jugendliche, die wiederum Mädchen und Jungen sind. Ich habe damit eine stilistische Entscheidung getroffen, mit der ich die ständige Wiederkehr von

Substantiven in maskuliner und femininer Variante vermeiden will. Dazu gehören auch die Verkomplizierungen, die die Verdoppelung der Artikel und Pronomen mit sich bringt. Wie jede stilistische Entscheidung hat auch diese inhaltliche Konsequenzen, für die ich natürlich alleine verantwortlich bin. Ich unterlasse es, bei jeder Gelegenheit explizit zum Ausdruck zu bringen, dass Frauen wie Männer schreiben. Stattdessen verlasse ich mich darauf, dass die Leserinnen und Leser dieses Bandes
3 verstehen, dass mit den generisch gebrauchten Ausdrücken immer beide Geschlechter gemeint sind.

# Kapitel 4

**Der Text** Wer schreibt, muss seine Gedanken in eine sprachliche Form bringen. Dazu ist es notwendig, eine Vorstellung von der Textform zu besitzen, die dem konkreten Schreibanlass angemessen ist. Man muss wissen, wie der Text aufgebaut ist, wie angefangen und aufgehört werden kann und wie das Thema zu behandeln ist. Daneben gibt es weitere Aufgaben: das Gliedern, damit im Text Ordnung und Übersichtlichkeit herrschen, die Leserorientierung, damit der Leser sich im Text zurechtfindet, das Lenken von Aufmerksamkeit, damit der Leser Wichtiges nicht überliest, das Sichern des Verständnisses, damit der Leser nicht im Dunkeln tappt. All das und noch manches mehr muss beachten, wer einen guten Text schreiben will.

## Texte schreiben nach Mustern

Wenn wir schreiben, so reihen wir nicht einfach Wörter oder Sätze aneinander, obwohl wir immer nur ein Wort, einen Satz nach dem andern hinschreiben können. Vielmehr stellen wir einen Text her, dessen Plan wir mehr oder weniger genau im Kopf haben. Glücklicherweise müssen wir uns nicht bei jedem Schreibanlass überlegen, wie dieser Text aussehen soll. Denn in unserer Sprache
4 findet sich ein umfangreicher Bestand an Textmustern, auf die wir bei Bedarf zurückgreifen können. Jeder von uns beherrscht zumindest einige dieser Textmuster, und über diejenigen, die uns nicht so geläufig sind, können wir uns bei Bedarf in Ratgebern informieren. Die bekanntesten unter ihnen sind die Briefsteller. Diese Ratgeber bieten beispielhafte Texte, an denen man sich orientieren kann, da sie sprachstilistisch auf den besonderen Schreibanlass abgestimmt sind. Ein solcher Ratgeber sollte allerdings jüngeren Datums sein und nicht ein Erbstück womöglich noch von den Großeltern. In einer solchen Rarität zu schmökern, ist bestimmt unterhaltsam, stilistisches Vorbild für das heutige Schreiben kann sie jedoch nicht sein. In modernen Ratgebern finden sich neben Mustern für typische Briefe auch Muster für die unterschiedlichsten Schreibanlässe im privaten wie beruflichen Alltag; das Spektrum reicht von der Bewerbung über den Lebenslauf, das Protokoll, die Kleinanzeige, das Testament, das Zeugnis bis hin zur Pressemeldung.[1]

Neben den speziellen Textmustern verfügt die Sprache zudem über eine Reihe von allgemeinen Regeln für die Gestaltung von Texten. Diese gelten zwar nicht in gleicher Weise für jeden Text, aber doch für viele. Sich unter diesen Regeln auszukennen, ist ein wichtiger Schritt hin zum gut gestalteten Text. Deshalb werden wir uns ausführlicher damit beschäftigen, was alles bei der Textgestaltung zu berücksichtigen ist.

1 **Duden.** Briefe gut und richtig schreiben. Bearbeitet von der Dudenredaktion. 2., überarbeitete und erweiterte Auflage. Mannheim, Leipzig, Wien, Zürich 1997

## Die Teile des Textes

Gefragt, wie ein Text aufzubauen sei, wird den meisten die alte Schulweisheit einfallen: Ein Text besteht aus drei Teilen – der Einleitung, dem Hauptteil und dem Schluss. So richtig dieses Schema auch ist, so ist es doch nicht ganz einfach, über die drei Teile des Textes etwas Konkretes zu sagen, das darüber hinaus noch allgemein verbindlich ist. Zu unterschiedlich sind die Texte, die im privaten und beruflichen Alltag geschrieben werden. Den Liebesbrief, die Karte aus dem Urlaub, den Geschäftsbrief oder das Bewerbungsschreiben verbindet wenig miteinander, ebenso wie das Testament, die Kleinanzeige, das Protokoll oder die Pressemeldung. Daraus den Schluss zu ziehen, es ließe sich nun überhaupt nichts darüber sagen, wie wir einen Text anfangen und beenden können und wie wir zwischen Anfang und Ende am besten vorgehen, wäre jedoch über das Ziel hinausgeschossen. Nur müssen wir uns darüber im Klaren sein, dass es keine Patentrezepte gibt, die sich unbesehen und überall anwenden lassen. Doch bevor es um den Text und seine Teile geht, sei noch ein Blick auf das geworfen, was vielen Texten vorausgeht, nämlich die Überschrift.

### Die Überschrift
### Informieren und Anreizen

Wie schon angedeutet, brauchen viele, jedoch keineswegs alle Texte eine Überschrift. Unter denjenigen, über die eine Überschrift gehört, gibt es solche, bei denen wir uns die Überschrift selbst ausdenken müssen. Daneben existiert eine ganze Reihe, bei denen sie fest vorgegeben ist, sodass wir uns keine weiteren Gedanken zu machen brauchen. In unserem Alltag wären das beispielsweise Testament, Lebenslauf, Zeugnis, Vollmacht, Kaufvertrag oder Protokoll. Die dazugehörigen Überschriften lauten: *Testament* oder *Mein letzter Wille, Lebenslauf, Zeugnis, Vollmacht, Kaufvertrag, Protokoll (der Mitgliederversammlung)*. Aus diesen Überschriften geht hervor, um welches Textmuster es sich jeweils handelt und welche Funktion der Text hat.

Solche Überschriften finden wir auch in anderen Bereichen, etwa in unserer Tageszeitung, wo es heißt *Wetterbericht, Fernseh-*

*programm (von heute), Tipps (am Mittwoch)* auf der Service-Seite oder *Kochrezept (der Woche).* Daneben begegnen wir auch Überschriften – und die sind weitaus in der Überzahl – wie *Zoll nimmt* 150 *Milliarden ein, Gefechte in Dagestan* oder *Streif vor Übernahme.* Es sind »inhaltliche« Überschriften, aus denen wir als geübte Zeitungsleser entnehmen können, wovon der Artikel handelt. Auch die folgenden Beispiele sind »inhaltlich«, aber so richtig verstehen, um was es eigentlich geht, können wir nicht: *Bahn-Chef –*
4 *ein Sprachpanscher, Erst gezecht, nun zum Tausch bereit* oder *Der Bruder, der aus dem Auge kommt.* Hier müssen wir erst den Text anlesen, um zu verstehen, was gemeint ist: Der Vorstandsvorsitzende der Deutschen Bahn AG ist vom »Verein zur Wahrung der deutschen Sprache« zum Sprachpanscher des Jahres 1999 gewählt worden; ein Fußballstar hat über die Stränge geschlagen und damit Krach im Verein provoziert; in der Bonner Bundeskunsthalle ist eine Ausstellung über die Indianer-Kultur am Orinoko eröffnet worden. Überschriften dieser Art wollen nicht informieren, sondern sie zielen darauf, die Aufmerksamkeit des Lesers auf sich zu ziehen und ihn zur Lektüre anzureizen.

Die meisten von uns werden selten gefordert sein, Überschriften zu formulieren. Denn ein Buch, einen Aufsatz oder eine Denkschrift zu verfertigen, ist keineswegs eine alltägliche Aufgabe. Dennoch kann es auch im Alltagsschreiben sinnvoll sein, informierende Überschriften zu verwenden. Dabei ist vor allem an den Brief zu denken, nicht an den privaten Brief an uns nahe stehende Menschen, aber an Briefe an den Vermieter oder an ein Unternehmen, Briefe mit offiziellem oder geschäftlichem Charakter also. Erhalten wir ein solches Schreiben, so findet sich in ihm häufig eine Briefüberschrift, die an die Stelle des herkömmlichen Betreffs getreten ist. Sie informiert uns im Idealfall knapp über den Sachverhalt, der in dem Brief angesprochen wird. In unserem Antwortschreiben können auch wir eine solche Überschrift zwischen Adresse und Anrede platzieren, um unseren Adressaten vorab über das Briefthema zu informieren. Kündigt man dem Vermieter, legt man Widerspruch gegen dessen Kündigung ein oder gibt es Nachfragen zur Nebenkostenabrechnung, könnte die Überschrift lauten:

Kündigung
Widerspruch gegen Ihre Kündigung
Unklarheit in der Nebenkostenabrechung

Trägt ein Brief an ein Unternehmen eine der folgenden Überschriften, so erkennt der Adressat schon auf den ersten Blick, worum es geht:

Bewerbung als Trainee
Beschädigte Sendung
Ihr Kostenvoranschlag vom ...
Verspätete Lieferung

Ein anderes Textmuster, bei der informative Überschriften gefragt sind, ist die Pressemeldung. Große Unternehmen, Verbände aller Art oder Kammern haben eine Abteilung für Öffentlichkeitsarbeit, zumindest aber einen Pressesprecher, also geübtes Personal, das für das Abfassen dieser Texte zuständig ist. Anders dagegen ein Verein, der nicht nur durch Mundpropaganda, sondern auch in der Medienöffentlichkeit auf sich aufmerksam machen möchte, oder ein traditionsreicher Handwerksbetrieb, der seinem Kundenkreis das Firmenjubiläum über die Zeitung bekannt geben will. Sie sind darauf angewiesen, dass ein Vereins- oder Familienmitglied die Pressemeldung für die Lokalzeitung verfasst und sich dabei natürlich auch Gedanken über die Überschrift macht. Mit *Wieder Schulfest in Pluwig, Festliches Konzert des Musikvereins Gusterath, Tag der offenen Tür bei der Lebenshilfe* könnten Vereinsmeldungen überschrieben sein und das Firmenjubiläum mit *Schreinerei Müller feiert Jubiläum* oder *Seit drei Generationen Schreinerei Müller.*

Noch einmal zugegeben, in die Situation, uns eine Überschrift ausdenken zu müssen, kommen wir nicht allzu oft. Dennoch ist es gewiss nicht überflüssig, sich wenigstens kurz mit ihren beiden Haupteigenschaften beschäftigt zu haben, nämlich knapp und zugleich informativ zu sein. Vielleicht nützt das einmal bei einer ganz anderen Gelegenheit, und zwar dann, wenn ein langer Brief zu verschiedenen Themen zu schreiben ist. Der lässt sich sehr gut übersichtlich gestalten, indem den einzelnen Themen eine Überschrift vorangestellt wird. Doch dazu mehr, wenn es um die Textgliederung geht. Denn jetzt wird es Zeit, die Frage zu beantworten, wie ein Text aufzubauen ist.

## Einleitung und Schluss
### Der Rahmen des Textes

Einleitung und Schluss umrahmen den Hauptteil, weshalb sie auch zusammen behandelt werden sollen. Nicht umsonst lautet ein gängiger Rat, Einleitung und Schluss aufeinander abzustimmen. Beispielsweise kann die am Anfang aufgeworfene Fragestellung abschließend wieder aufgenommen werden, indem sie beantwortet oder modifiziert wird, indem unter Umständen auch klargelegt wird, was an Antwort gegeben werden kann und was offen bleiben muss. Außerdem bilden Einleitung und Schluss prominente Stellen im Text, sind sie doch wie Pforten, durch die der Leser den Text betritt und wieder verlässt. In der Einleitung nimmt der Schreiber seinen Leser in Empfang; er geleitet ihn nicht nur in den Text hinein, sondern schafft auch eine Atmosphäre, die den Leser dazu anregen sollte weiterzulesen. Wenn der Schreiber hier nicht aufpasst, kann er seinen Leser aber auch abschrecken. Auf eine Kurzformel gebracht: »Der erste Eindruck entscheidet!« Ganz entsprechend verabschiedet der Schreiber seinen Leser im Schluss und nutzt vielleicht noch die Gelegenheit, ihm Dinge zu sagen, auf die es ihm ankommt, und von denen er möchte, dass der Adressat sie nicht überliest. Auch hier eine Kurzformel: »Der letzte Eindruck bleibt haften!«

## Der Briefanfang
### Persönlich oder sachlich

Allerdings brauchen wir nicht bei jeder Art von Text eine Einleitung, ganz im Gegenteil, bei vielen Texten verbietet sich sogar ein gesonderter Einleitungsteil, auf einer Postkarte aus dem Urlaub etwa. Wo fänden wir sonst noch ein Plätzchen für die obligaten Grüße? Aber auch Texte ohne besondere Einleitung müssen einen Anfang haben, und den zu finden, ist unter Umständen gar nicht so einfach. Wer noch nie vor dem leeren Blatt saß und über den ersten Satz grübelte, der kann von Glück reden. Dabei gibt es den einfach klingenden Rat, den Anfang schlicht Anfang sein zu lassen und sich dem weiteren Text zuzuwenden. Das klappt nicht immer, aber die Erfahrung lehrt doch, dass sich der Einstieg leichter findet, wenn wir ausgeführt haben, was uns eigentlich am Herzen liegt. Das mag nicht allen einleuchten, vor allem denjenigen nicht, die es gewohnt sind, ihren Text von vorne nach hinten niederzuschreiben. Aber neben dieser linearen Schreibstrategie gibt es eine andere, nicht lineare Strategie, die darin besteht, den Text portionsweise zu erarbeiten und dann zu einem Ganzen zusammenzufügen. Nicht umsonst hieß es von den Journalisten im vorelektronischen Zeitalter, ihr Handwerkszeug seien Schere und Kleister, mit deren Hilfe sie die Nachrichten zusammenstückeln. Der Computer erleichtert mittlerweile das nicht lineare Schreiben erheblich, weil wir jetzt problemlos hin- und herspringen und einzelne Sätze oder ganze Textstücke verschieben können. Ob wir nun den Anfang am Anfang schreiben oder erst später, eines ist auf jeden Fall zu vermeiden: Wir dürfen unsere Leser nicht mit Gemeinplätzen langweilen und nicht mit umständlichen Vorbereitungen aufhalten. Was aber stattdessen?

Privatbriefe an uns vertraute Personen anzufangen, ist gewiss kein Problem; Menschen, die sich nahe stehen, verfügen über viele Gemeinsamkeiten, an die sich locker anknüpfen lässt, und wenn nur mit der Bemerkung, man habe wirklich lange nichts mehr von sich hören lassen oder umgekehrt vom andern nichts gehört und wolle sich deshalb wieder einmal melden. Doch wenn wir an das Stromunternehmen, die Stadtverwaltung, die Krankenkasse oder den Rechtsanwalt schreiben, sieht es schon anders aus. Unsere Unbefangenheit ist schnell verflogen, und wir legen die Stirn in Falten, zumindest wenn wir über keine Routine beim Schreiben solcher Briefe verfügen. Da kann uns die Gewissheit wenig trösten, dass vermutlich nicht der Rechtsanwalt, aber doch die Leute im Stromunternehmen, bei der Stadtverwaltung oder bei der Krankenkasse manchmal ebenfalls ratlos sind, wenn sie an uns schreiben müssen. Doch die Sachbearbeiterinnen und Sachbearbeiter haben einen Vorteil, sie werden vielfach geschult. Und das ist wiederum von Nutzen für uns, denn die Ratschläge, die beruflich Schreibenden erteilt werden, sind auch für schreibende Privatleute nicht falsch.

Für alle, die gerne direkt auf ihr Ziel zusteuern, bietet es sich an, ohne Umschweife mit der Sache zu beginnen, wie die folgenden Beispiele zeigen:

> Sehr geehrte Damen und Herren,
> wie ich der aktuellen Werbung entnehme, senken viele Stromunternehmen die Preise. Ich stehe nun vor der Frage, ob auch Sie mir ein attraktives Angebot machen
> 4 können oder ob ich besser den Lieferanten wechsele.

> Sehr geehrte Damen und Herren,
> ich wohne in der Egon-Lehmann-Straße, die ein starkes Gefälle aufweist. Trotzdem wird bei Schneefall und Eisglätte nicht geräumt und gestreut.

> Sehr geehrte Damen und Herren,
> mein Arzt hat mir empfohlen, mein nervöses Leiden in einem Heilbad auszukurieren. Bitte informieren Sie mich, in welchem Umfang Sie die Kosten für den Kuraufenthalt übernehmen.

Nicht jeder liebt es, so mit der Tür ins Haus zu fallen, und diese Zurückhaltung hat ihre guten Gründe. Im 3. Kapitel war ja ausführlich davon die Rede, dass wir auch beim Schreiben zu unseren Adressaten eine Beziehung aufbauen müssen. Am Briefanfang, so hieß es, stellen wir den Kontakt her, indem wir den Adressaten begrüßen. Den Einstieg in den Text können wir dann nutzen, um die frisch angeknüpfte Beziehung auszubauen. Wenn wir also die eigentliche Sache noch etwas aufschieben, dann reden wir nicht um den heißen Brei herum, sondern wir tun etwas für die Beziehungsgestaltung. In diesem Zusammenhang sei noch an etwas anderes erinnert, nämlich an die kommunikativen Routinen, mit deren Hilfe wir wiederkehrende Schreibaufgaben auf bewährte Weise bewältigen. Zu diesen Routinen gehören glücklicherweise eine Reihe von »Eröffnungszügen«, denen wir immer wieder begegnen und die wir selbst benutzen können. Dabei sollten wir jedoch sorgfältig darauf achten, dass der gewählte Routineeinstieg auch zum Schreibanlass passt. Dies gilt ganz besonders für den Beginn mit einem Dank, den wir nur dann aussprechen sollten, wenn es wirklich etwas zu danken gibt:

> ich danke Ihnen für Ihre *Anregung* ...
> haben Sie vielen Dank für Ihr *Engagement* ...
> vielen Dank für Ihr *Interesse* an ...
> Sie haben mir einen *wichtigen Hinweis* gegeben.
> Vielen Dank!

Für die schlichte Tatsache, dass wir einen Brief bekommen haben, sollten wir jedenfalls nicht danken. Und natürlich auch nicht für einen unverschämten Brief oder eine Nachricht, die nur Negatives enthält.

Mit einem Dank bezeugen wir dem Adressaten unsere Wertschätzung. Wir können aber auch versuchen, ihn in die Pflicht zu nehmen, indem wir beispielsweise um sein Verständnis werben oder an seinen Großmut appellieren:

> bitte haben Sie Verständnis für meine verspätete Reaktion. Doch um Ihr Angebot richtig einschätzen zu können, musste ich erst noch einige Informationen einholen.

> entschuldigen Sie bitte, dass ich Ihnen erst heute antworte. Ich war verreist und habe Ihren Brief erst bei meiner Rückkehr vorgefunden.

Mit solchen Formulierungen gestehen wir ein, dass wir etwas falsch gemacht haben, und liefern uns gewissermaßen der Gnade des anderen aus. Zugleich üben wir damit auf den anderen einen zarten Druck aus, mit uns auch tatsächlich gnädig umzugehen, will er sich nicht als ungehobelter Geselle profilieren.

Mit dem Einstieg können wir also etwas für die Beziehung tun, und das ist gut. Dennoch müssen wir darauf achten, den Adressaten zugleich auf das einzustimmen, was ihn erwartet. Hier ist Vorsicht geboten! Besonders deutlich wird dies beim Einstieg mit einem Bedauern, das den Leser nichts Gutes ahnen lässt:

> ich bedauere, dass ...
> zu meinem großen Bedauern ...
> leider kann ich nicht ...

So eingestimmt wird er wenig geneigt sein, den Brief mit Wohlwollen weiterzulesen und selbst stichhaltige Begründungen für den negativen Sachverhalt ruhigen Blutes zur Kenntnis zu nehmen. Manche Schreiber ziehen es deshalb vor, das Bedauern an das Briefende zu setzen. Problemlos ist dagegen die Verkündung einer guten Nachricht:

> ich freue mich, Ihnen ...
> es wird Sie sicherlich freuen, ...
> Sie können sich freuen! Ihr ...
> freuen Sie sich! Ihr ...

Gerade die beiden letzten Beispiele zeigen aber, dass auch mit Freudenbekundungen sorgsam umgegangen werden muss, damit sie nicht marktschreierisch ausfallen.

Hat uns jemand geschrieben und uns fällt für die Antwort überhaupt kein Anfang ein, dann bleibt als Notlösung immer noch, den Eingang zu bestätigen, um dann zur eigenen Stellungnahme oder zur Sache überzugehen:

> Ihr Schreiben vom 10.09.1998 habe ich erhalten.
> Einverstanden bin ich damit aber nicht.

> ich bestätige Ihnen den Eingang Ihres Schreibens vom 10.09.1998. Die von Ihnen erbetenen Auskünfte will ich gerne geben.

Besonders einfallsreich ist das nicht, aber hilfreich, weil auf diese Weise die erste Hürde genommen ist. Wer dann in einem zweiten Anlauf diese Hürde ein wenig eleganter überspringen will, der braucht oft nur einen kleinen zusätzlichen Schritt zu tun. Es reicht nämlich vielfach, die rein formale Bestätigung inhaltlich anzureichern, indem an das erhaltene Schreiben angeknüpft wird:

> Sie haben mir geschrieben, dass Sie die Kosten für meinen Kuraufenthalt nicht übernehmen. Mit dieser Entscheidung bin ich nicht einverstanden.

> in Ihrem Brief vom 10.09.99 heißt es, dass Sie die Kosten für meinen Kuraufenthalt nicht übernehmen. Damit bin ich nicht einverstanden.

Damit sind wir letztlich wieder beim direkten Einstieg mit der Sache angelangt. Denn die Verbindung von Eingangsbestätigung und inhaltlichem Anknüpfen ist hierzu nur eine Variante. Der direkte Einstieg empfiehlt sich auch für diejenigen, die ihm eher distanziert gegenüberstehen, wenn ihre Suche nach Alternativen nicht zu einem befriedigenden Ergebnis führt. Lieber unmittelbar mit der Sache eröffnen, als sich in gequälten Formulierungen verlieren.

## Die Einleitung
### Informieren und Orientieren

Bei umfangreicheren Texten, in denen ein komplizierteres Thema oder gar mehrere Themen behandelt werden, bietet es sich an, eine regelrechte Einleitung zu schreiben. Eine Form der Einleitung besteht darin, dem Leser eine knappe Vorschau zu geben auf das, was ihn erwartet, zum Beispiel in Form einer kurzen Inhaltsangabe. Auf diese Weise wird der Leser schon mit dem Wesentlichen vertraut gemacht, sodass er die weiteren Ausführungen besser einzuordnen vermag. Für den ökonomischen Leser bietet dieses Verfahren sogar die Möglichkeit, grundsätzlich zu entscheiden, ob er den Text überhaupt lesen will oder nicht. Deshalb wird wissenschaftlichen Aufsätzen häufig ein Abstract vorangestellt, in dem in geraffter Form das Ergebnis vorweggenommen wird, zu dem der Schreiber in seinem Text gelangt. Der Leser kann dann entscheiden, ob die weitere Lektüre für ihn von Interesse ist oder nicht.

Auch viele Nachrichtentexte sind so aufgebaut, dass die Hauptinformation am Anfang steht, und zwar in doppelter Weise. Zum einen wird sie in knappster Form in der Schlagzeile geboten, die häufig als Ellipse formuliert ist; zum andern eröffnet sie als Vorspann oder Lead, wie die Journalisten sagen, den Fließtext. Der Vorspann konzentriert sich noch immer auf das Wesentliche, fällt aber doch schon informativer aus als die Schlagzeile. Dann schließen sich im Hauptteil oder Body die weiteren Details an:

**Staatsanwalt fühlt sich von Kripo getäuscht**
MAINZ. Schweres Geschütz hat der Leitende Oberstaatsanwalt Horst Roos gegen den im vergangenen Jahr abgelösten Chef der Trierer Kripo aufgefahren.

Über den Einsatz eines V-Mannes der Polizei und die
Ermittlungstour nach Polen sei die Staatsanwaltschaft
getäuscht worden, so Roos vor dem Rotlicht-Ausschuss des
4 Landtages. Die Frage, »wer was warum verschwiegen hat«,
beschäftige ihn heute noch, sagte der Behördenleiter. In
Rage gebracht hatte ihn unter anderem, dass [...].

Viele Leser überfliegen die Zeitungsseiten und bleiben nur da hängen, wo sie etwas interessiert. Und genau für diese Leser sind Zeitungstexte der eben beschriebenen Bauart gemacht. Sie bieten in der Schlagzeile und dem Vorspann selbst dem flüchtigen Leser ausreichend Information, sodass er nur weiterzulesen braucht, falls er an weiteren Details interessiert ist.
Wer eine Pressemeldung zu verfassen hat – sei es am Arbeitsplatz oder für seinen Verein –, der kann seinen Text ebenfalls nach diesem Schema planen. Zwei Fragen hat er sich dabei zu stellen: Was genau ist das Ereignis, über das berichtet werden soll? Was ist an dem Ereignis so wichtig, dass es in der Pressemeldung stehen sollte?

Das Ereignis Der Schulverein Gusterath-Pluwig veranstaltet auch dieses Jahr am Erntedankfest sein Schulfest.

Wichtige Details Nach dem Gottesdienst in der Pluwiger Kirche Umzug der Grundschule St. Martin,
Kapelle der Freiwilligen Feuerwehr Pluwig
Mittagessen, Malteser Hilfsdienst
Spezialitäten: frischgekelterter Apfelsaft und »Kromberenschnietscher«
Am Nachmittag: Kaffee und Kuchen,
Musikverein Gusterath
Kinderbelustigung, Spiele, Tombola

Aus dieser Stoffsammlung könnte beispielsweise der folgende Text formuliert werden:

> **Wieder Schulfest in Pluwig**
> Der Schulverein Gusterath-Pluwig veranstaltet auch dieses Jahr am Erntedankfest sein Schulfest in Pluwig.
>
> Nach dem Gottesdienst ziehen die Kinder der Grundschule St. Martin mit ihren geschmückten Wagen durch Pluwig. Sie werden von der Kapelle der Freiwilligen Feuerwehr Pluwig begleitet. Anschließend bietet sich auf dem Festplatz neben der Kirche Gelegenheit zum Mittagessen, das vom Malteser Hilfsdienst zubereitet wird. Außerdem gibt es die schon traditionellen Spezialitäten: Kromberenschnietscher und Apfelmost, den die Kinder selbst keltern. Am Nachmittag treffen sich dann alle zu Kaffee und Kuchen; der Musikverein Gusterath spielt dazu auf. Und nicht zu vergessen: Unterhaltung und Spiele für die Kinder und eine Tombola mit vielen Gewinnen.

Der Text reißt niemanden vom Hocker? Den Lokalredakteur, der ihn für den Druck zu redigieren hätte, vermutlich auch nicht. Er würde sicherlich manches an der Ankündigung ändern, ob sie dadurch sprachlich besser würde, bleibe einmal dahingestellt. Vereinsnachrichten sind selten der Stoff, aus dem sich Funken schlagen lassen.

Es gibt noch einen zweiten Weg, einen Text mit komplexem Inhalt zu eröffnen, nämlich die »vorausgreifende Strukturierung«. Der Schreiber gibt dem Leser einen Überblick über das, was ihn erwartet, und erklärt dabei sein Vorgehen: Was mache ich zuerst, was dann und was zum Schluss? Diese Form der »Leserorientierung« findet sich häufig in Sach- und Fachbüchern und wissenschaftlichen Aufsätzen, aber auch in schriftlichen Arbeiten von Studierenden wie Seminararbeiten, Magisterarbeiten und Dissertationen. Relativ ausführlich ist das folgende Beispiel ausgefallen. Da es nicht um inhaltliche Fragen geht, wird es in einer filetierten Version präsentiert, sodass nur noch die vom inhaltlichen Fleisch befreiten Gräten übrig sind. Adverbien, adverbiale Bestimmungen und Verben dienen dazu, das Nacheinander in der Vorgehensweise und den Zusammenhang zwischen den einzelnen Schritten zu verdeutlichen:

> Im Rückgriff auf derart unterschiedliche Quellen stellt Kapitel 2 *zunächst* die wesentlichen Merkmale [des ...] dar.

> *Nach* diesem ersten Überblick sollen *im Weiteren* die Rolle [der ...] bestimmt werden. Vor diesem Hintergrund werden *sodann* [...] erörtert. Schwerpunkt bilden dabei in den Kapiteln 2.3.1. und 2.3.2. *zunächst* [...]. Ein Vergleich [beider ...] in Kapitel 2.3.3. *schließt* die allgemeinen Ausführungen [zu ...] *ab.*
> *Es folgt* eine [...] Annäherung an das Thema in Kapitel 3. Kapitel 3.1. gibt *zunächst* einen kurzen Überblick über bisherige Forschungsergebnisse [zu ...]. *Im Anschluss daran* beschreibt Kapitel 3.2. die Vorgehensweise für die in Kapitel 4 durchgeführte Analyse [der ...].

Wem dieses Verfahren zu unübersichtlich ist, der kann auch die Form einer Aufzählung wählen. Man sollte meinen, dass die Aufzählung mit Nummerierung ausreicht, um die Vorgehensweise zu verdeutlichen. Trotzdem verzichtet der Schreiber im folgenden Beispiel nicht darauf, Abfolge und Zusammenhang der einzelnen Schritte zusätzlich sprachlich zu benennen:

> Um diesen Anforderungen zu genügen,
> werde ich in fünf Schritten vorgehen:

1. *Zunächst* möchte ich einige Definitionen oder Explikationen vorschlagen, die ...
2. *Auf der Grundlage* des auf diese Weise gewonnenen Verständnisses ... möchte ich zeigen, wie ...
3. *Daran anschließend* schlage ich eine Definition ... vor, die ...
4. *Schließlich* ist die Frage zu beantworten, ob ...
5. *Abschließend* möchte ich noch kurz auf ... eingehen.

Solche expliziten Orientierungen werden notwendig, wenn die Texte ihrem Inhalt nach komplex sind und wenn sie von der Länge her unübersichtlich ausfallen. Das kommt in unserem normalen Schreiballtag sicherlich nicht allzu oft vor, aber dieses Verfahren kann sich gelegentlich sogar im Brief als nützlich erweisen, falls in ihm mehrere Gegenstände zur Sprache kommen:

> *Sehr geehrter Herr Meier,*
> Sie haben in Ihrem Brief eine Reihe von Aspekten angesprochen, auf die ich alle eingehen werde. Sie schreiben,

> die Frage, ob ..., liege Ihnen am meisten am Herzen. Deshalb werde ich damit auch beginnen. Die anderen Punkte behandele ich dann in der Reihenfolge, die Sie in Ihrem Schreiben vorgegeben haben.

Die zuletzt vorgeschlagenen Eröffnungen sind sehr sachlich, um nicht zu sagen staubtrocken. Dennoch tragen auch sie einiges zur Beziehungsgestaltung bei, da sich der Schreiber deutlich erkennbar um seinen Leser bemüht. Er ebnet dem Leser nicht nur den Weg in den Text hinein, sondern er bemüht sich auch darum, ihm die weitere Lektüre zu erleichtern. Anders steht es mit dem Schreiber, der für seine Texte um Leser werben muss. Er hat ihre Aufmerksamkeit auf den Text zu lenken und muss ihnen Leseanreiz bieten.



## Der Aufhänger
### Leseanreiz bieten

Mit Mitteln zur Aufmerksamkeitslenkung sucht uns die Werbung ununterbrochen in ihren Bann zu ziehen; das Bild als Blickfang und der flotte Spruch, der unser Interesse wecken soll, sind die gängigen Verfahren. Die Boulevard-Zeitung lockt ihre Leser mit sensationslüsternen Schlagzeilen in überdimensionierten Buchstaben und der Farbe Rot. Und in allen Zeitungstypen begegnen wir den so genannten weichen Nachrichten oder Softnews, die uns mit Katastrophen, Skandalen, Liebesgeschichten oder Verbrechen unterhalten. Anders als bei den Hardnews werden diese Texte nicht mit einer Zusammenfassung des Ereignisses eröffnet, sondern mit einem markanten Zitat, einem Detail oder einer reißerischen Ankündigung, kurzum mit einem Aufhänger:

> hwl. Bonn, 27. Juni Die Flieger-Uhr von Grenzschutz-Oberst Erwin Knorr (52) zeigt genau 12 Uhr mittags. »Freispruch!« verkündet Richter Quirini.

> Von der Fankfurter BILD-Redaktion Wiesbaden, 2. Juni. Eine Nacht und einen Tag ertrug die 18-jährige Christine rasende Schmerzen: Ihr Gesicht und ihr Oberkörper waren durch siedend heißes Salatöl verbrüht und entstellt worden. Als sie ihren Tod ahnte, ließ sie die Polizei kommen.

> Rb, Bonn, 13. Juni Ein beispielloser Abhör-Skandal schlägt Wellen in Bonn: CDU-Chef Kohl und sein Generalsekretär Kurt Biedenkopf wurden im Herbst 1974 offenbar von einem amerikanischen Geheimdienst bespitzelt.

Doch auch der seriöse Hintergrundbericht bedient sich des Aufhängers, um den Leser in den Text hineinzuziehen:



> BERLIN. Der Sonnenaufgang über Positano dürfte in des Kanzlers Erinnerung endgültig verblasst sein. Kaum aus dem Urlaub in Italien zurück, kämpft Gerhard Schröder gegen die Dämmerung in seiner Partei.

Auf diese Weise wird Atmosphäre geschaffen, aber vor allem soll das Interesse der Leser geweckt werden. Diese Technik – besonders gern von Boulevard-Journalisten genutzt – kann auch anwenden, wer Pressemeldungen für seinen Verein schreibt. Keine Angst, es soll sich niemand als Sensationsjournalist versuchen! Es geht lediglich darum zu prüfen, ob sich nicht etwas Interessantes für den Textanfang finden lässt, das die Aufmerksamkeit der Leser auf sich zieht. Zu diesem Zweck müsste sich der Schreiber, der das Schulfest in Pluwig ankündigen will, überlegen: Was ist auf unserem Schulfest eine Attraktion, mit der ich besonders die Zeitung lesenden Eltern ansprechen kann? Tatsächlich hätte er gar nicht lange zu suchen, denn er bräuchte lediglich etwas aufzugreifen, was schon in seiner Stoffsammlung steht:

> Apfelmost frisch aus der Kelter – den gibt es für Kinder wie Eltern am nächsten Sonntag in Pluwig. Und wer will, kann keltern helfen! Das ist nur eine der Attraktionen auf dem Schulfest, das der Schulverein Gusterath-Pluwig wie jedes Jahr am Erntedankfest veranstaltet.

Reißerisch wirkt das wirklich nicht, aber markant ist es schon, zumindest in der kleinen Welt des Schulvereins Gusterath-Pluwig.

Lockerer dagegen sind Eröffnungen mit einer Anekdote, einem Witz, einer geistreichen oder witzigen Anspielung oder verblüffenden Bemerkung. All das zielt auf eine gelöste Atmosphäre, wie sie bei einem Firmenjubiläum, einer Hochzeit oder der Feier zum 90sten Geburtstag angebracht ist. Das zeigt aber

auch, dass solche Aufhänger sich vor allem für Reden im geselligen Kreis eignen. Trotzdem gibt es auch Schreibanlässe, bei denen wir von der einen oder anderen dieser Möglichkeiten Gebrauch machen können. So lässt sich etwa das Geleitwort für die kleine Festschrift zum Vereinsjubiläum mit einer Anekdote oder einer geistreichen Bemerkung beginnen, ebenso die Würdigung eines verdienten Mitarbeiters in der Betriebszeitung. Eine witzige Anspielung erleichtert vielleicht auch dem Lehrer den Einstieg, wenn er gebeten wird, für die Abizeitung etwas zu 4
schreiben, und gleichermaßen den journalistisch engagierten Abiturienten, falls ihnen spontan nichts anderes einfällt.

Gerade die Aufgabe, ein Gruß- oder Geleitwort zu verfassen, bereitet oft Kummer, zumal wenn sich kein überzeugender Einstieg findet. Schließlich sind wir in den seltensten Fällen geübte Geleitwortverfasser. Das Ringen um den Einstieg verschärft sich, wenn der Schreibanlass regelmäßig wiederkehrt und trotzdem das immer Gleiche auf abwechslungsreiche Weise behandelt werden soll. So bietet die Universität Trier seit über fünfundzwanzig Jahren einen Internationalen Ferienkurs an, zu dem stets eine Broschüre herausgegeben wird, und diese wird jedes Jahr nicht mit einem, sondern sogar mit drei Grußworten eröffnet. Wie sich der Universitätspräsident, der Kultusminister des Landes Rheinland-Pfalz und der Oberbürgermeister der Stadt aus der Affäre ziehen, zeigen drei typische Eröffnungen:

- Der Amtsinhaber oder Funktionsträger begrüßt die Teilnehmer, drückt seine Freude aus und spricht den Anlass an. Dabei kann er die Adressaten auch anreden:

  *Liebe Teilnehmerinnen und Teilnehmer,*
  als Präsident der Universität Trier heiße ich Sie zum 20. Internationalen Ferienkurs unserer Universität herzlich willkommen. Es ist mir eine große Freude, junge Menschen aus aller Welt begrüßen zu dürfen, die nach Trier kommen, um ihre Kenntnisse der deutschen Sprache und Kultur zu vertiefen und mehr über unser Land zu erfahren.

- Der Amtsinhaber oder Funktionsträger greift ein besonderes Detail auf, zum Beispiel ein rundes Datum:

Der diesjährige Ferienkurs ist der zehnte in der noch jungen Geschichte der Universität Trier, die im vergangenen Jahr ihr zehnjähriges Bestehen feiern konnte. Dass die Universität Trier dennoch eine lange Geschichte hat, erfahren Sie auf Seite 45. Ich freue mich daher ganz besonders, dass ich Sie, liebe Kursteilnehmerin/lieber Kursteilnehmer, zu diesem »Jubiläumskurs« hier in Trier begrüßen darf.

- Der Amtsinhaber oder Funktionsträger greift den Anlass auf und sagt etwas über seine Bedeutung:
  Ein Blick in das Vortragsprogramm zeigt, dass die Universität Trier gewillt ist, das von ihr gewählte Rahmenthema »Deutschland in den 80er-Jahren« gründlich anzugehen. Die Einzelthemen sind von fast brisanter Aktualität; sie beweisen, dass die Wissenschaftler, Lehrer und Studenten aus aller Welt, die zum Ferienkurs nach Trier kommen werden, nicht in die esoterische Idylle eines literarischen Arkadiens geführt, sondern mit der komplexen deutschen Gegenwart konfrontiert werden sollen.

Wer sich an dem dritten Einstiegsmuster orientiert, der muss besonders gut aufpassen. Denn die Absicht, etwas über die Bedeutung des Anlasses zu sagen, verleitet leicht dazu, sich im Ton zu vergreifen. Vielleicht hat bei der Lektüre des dritten Beispiels der eine oder andere den Kopf geschüttelt und sich gefragt, was eigentlich mit *fast brisanter Aktualität* gemeint sein könnte und ob es wohl angebracht ist, zu Deutsch lernenden Ausländern von der *esoterischen Idylle eines literarischen Arkadiens* zu sprechen. Es ist eine Gratwanderung zwischen feierlich-bedeutungsvollen Worten, die dem Anlass angemessen sind, und unfreiwilliger Komik. Doch dieser Unterschied hängt nicht alleine von den Formulierungen ab, sondern auch von den Lesern. Jäger und Jagdhornbläser werden das Grußwort des Landesjägermeisters zum zehnjährigen Jubiläum eines Jagdhornbläserkorps sicher anders lesen als Leute, denen die Jagd völlig fremd ist:

Dem Bläserkorps »x« sende ich zum 10-jährigen Bestehen meine besten Wünsche und Grüße.
Was wäre die Jagd ohne Hörnerklang?
Seit alters ein notwendiges Verständigungsmittel

> der Praxis, ist das Jagdhorn längst zu einem Instrument feststehenden abendländischen Kulturgutes geworden. Ein hohes Maß jagdlicher Ideale findet seine Verwirklichung in der künstlerischen Darbietung unserer Bläserkorps.

Zum Schmunzeln verführen aber nicht nur das *notwendige Verständigungsmittel der Praxis* oder das *feststehende abendländische Kulturgut*, auch sprachlich geschliffenere Grußworte entgehen 4
nicht unbedingt dieser Gefahr:

> Die zahlreichen Musikvereine in den saarländischen Gemeinden haben als Bewahrer musikalischer Werte einen festen Platz im Kulturleben unseres Landes. Sie öffnen den örtlichen Gemeinschaften den Zugang zu zahlreichen Werken der Tonkunst und geben mancher Feier besonderen Glanz. Zu den regelmäßig wiederkehrenden Veranstaltungen, die das kulturelle Angebot unseres Landes bereichern, gehört seit mehr als einem Jahrzehnt das in Zweijahresabständen stattfindende Internationale Grenzland-Musikfest, das der Musikzug Güdingen e.V. ausrichtet.

Wir stoßen hier im Übrigen auf ein grundlegendes Problem, für das es keine endgültige Lösung gibt: Wir haben nämlich keine Garantie dafür, dass wir mit unseren Texten auch tatsächlich die Wirkung erzielen, die wir anstreben. Wir können unseren Text noch so sorgfältig konzipieren, wir können noch so akribisch an den Formulierungen feilen, ob der Text die Adressaten beeindruckt, ob er sie kalt lässt oder ob er sie gar zum Lachen bringt, entzieht sich letztlich unserer Kontrolle. Das ist aber kein Grund zu resignieren, denn je mehr Sorgfalt und Mühe wir auf unsere Texte verwenden, auch was die sprachliche Gestalt angeht, desto größer ist die Wahrscheinlichkeit, dass wir mit ihnen auch erfolgreich sind.

### Der Schluss
## Den Absprung schaffen

Man sollte meinen, dass der Schluss eines Textes keine ernsthaften Schwierigkeiten mehr bereitet. Schließlich hat man die Hürde

des Textanfangs genommen und den Hauptteil bewältigt. Was sollten jetzt noch für Hindernisse auftauchen? Die Wirklichkeit sieht jedoch anders aus – nicht im Privatbrief, da wissen wir, was wir dem Adressaten alles wünschen und wen wir sonst noch grüßen lassen. Und wer seinem vertrauten Briefpartner zum guten Schluss noch etwas ganz Vertrauliches schreiben will, der braucht dazu keinen Ratschlag. Aber wie steht es mit Briefen an das Finanzamt, unseren Vermieter, das Versandhaus, mit Schrei-
4 ben also, die nicht privater Natur sind?

So wie uns der Briefanfang vor die Aufgabe stellt, Kontakt zum Adressaten herzustellen und eine Beziehung zu ihm aufzubauen, sind wir am Briefende mit der Aufgabe konfrontiert, Kontakt und Beziehung wieder zu beenden. Wir dürfen nicht einfach abbrechen, indem wir uns irgendwie in die Büsche schlagen, sondern haben uns von unserem Adressaten auf ordentliche Weise zu trennen. Wie wir das handhaben, hängt von Verschiedenerlei ab. Am leichtesten ist es, einen sachlich gehaltenen Brief an eine Institution zu beenden, deren Vertreter anonym sind. Legen wir beim Finanzamt Widerspruch gegen den Steuerbescheid ein, so beginnen wir in der Regel unmittelbar mit der Sache, und so können wir auch schließen. Haben wir geschrieben, was zu schreiben ist, brauchen wir keine besonderen Umstände mehr zu machen und gehen sofort zur Grußformel über. Anders verhält es sich schon mit einer Beschwerde an unseren Vermieter oder einer Reklamation an einen Lieferanten. Hier können wir das Briefende nutzen, um beispielsweise unsere Erwartungen zu formulieren, unsere Haltung zu verdeutlichen, Konsequenzen anzudrohen oder aber auch ein Fazit zu ziehen:

> Ich bitte Sie, diese Angelegenheit umgehend zu klären.
> Sie werden sicher verstehen, dass ich den Restbetrag erst überweise, wenn der Schaden behoben ist.
> Falls Sie die fragliche Summe nicht bis zum 11.11.1999 auf mein Konto überwiesen haben, werde ich meinen Anwalt mit der Angelegenheit betrauen.
> Wie Sie sehen, haben mich Ihre Erläuterungen nicht überzeugt. Deshalb werde ich die Rechnung nicht bezahlen, bis alle strittigen Punkte endgültig geklärt sind.

Diese Schlusswendungen lassen an Klarheit nichts zu wünschen übrig, zumal wenn mit ihnen die Bereitschaft zum Konflikt signalisiert wird. Doch nicht in jedem Konfliktfall müssen sich die Beteiligten unversöhnlich gegenüberstehen, gar mit dem Anwalt drohen. Gerade bei Reklamationen, die sich selbst bei einem zuverlässigen Unternehmen ergeben können, bietet es sich an, nicht sofort auf Konfrontationskurs zu gehen, sondern zuerst einmal verbindlich zu reagieren. Dazu können wir beispielsweise

- an den Adressaten appellieren, den Schaden so schnell wie möglich zu reparieren:
  Die Lieferung beschädigter Teile hat mich in große Schwierigkeiten gebracht. Bitte liefern Sie mir möglichst bald Ersatz.
  Bitte teilen Sie mir mit, wann ich mit der Ware rechnen kann. Vielen Dank!
- ihm Vorschläge machen, wie sich der Schaden reparieren lässt:
  Wenn Sie einverstanden sind, kann Ihr Botendienst die falsch gelieferten Teile mitnehmen, wenn er uns die richtige Ware anliefert.
  Vielleicht ist es am einfachsten, dass Ihr Botendienst die falsch gelieferten Teile mitnimmt, wenn er uns die bestellte Ware anliefert. Wir können sie aber auch an Sie zurücksenden.
- die gute Geschäftsbeziehung ansprechen:
  Ich bin mit dem Service Ihres Versandhauses immer zufrieden gewesen und hoffe, dass das auch in Zukunft so bleiben wird.
  Ihr Unternehmen ist für uns immer ein zuverlässiger Partner gewesen. Wir gehen davon aus, dass sich daran auch in Zukunft nichts ändern wird.

Gott sei Dank schreiben wir nicht nur Briefe, in denen wir etwas zu reklamieren haben oder unsere Rechte verteidigen. Andere Schreibanlässe, die nicht von vornherein konfliktträchtig sind, sind Anfragen, Bitten um Auskunft, das Einholen von Angeboten, die Unterbreitung von Angeboten, Bewerbungen, Entschuldigungen, Kündigungen, Absagen oder Bitten um einen Gesprächstermin; natürlich auch die Antworten auf solche Briefe. Hier fällt es sehr viel leichter, abschließend noch etwas Positives für die Beziehungsgestaltung zu tun, damit uns der Adressat in guter Erinnerung behält, vielleicht sogar motiviert wird, schnell und zustimmend zu reagieren. Der Schreiber kann

- um Verständnis für sich, seinen Standpunkt, sein Anliegen werben:
  Bitte haben Sie Verständnis dafür, dass ich mich erst so spät bei Ihnen gemeldet habe, aber...
  Bitte verzeihen Sie, dass ich Sie mit meinen Zweifeln behelligt habe, aber...
  Sie haben sicher Verständnis für meine Situation.
  Es würde mich freuen, wenn Sie meinen Standpunkt teilen könnten.
  Bitte glauben Sie mir, dass ich nicht anders entscheiden konnte.
- seinen Dank für die Bereitschaft des Lesers ausdrücken, etwas zu akzeptieren oder etwas zu tun:
  Ich danke Ihnen für Ihr Verständnis.
  Sie würden mir sehr helfen. Vielen Dank!
  Ich bedanke mich schon jetzt für ...
  Ich wäre Ihnen sehr dankbar, wenn Sie mich recht bald über die verschiedenen Möglichkeiten informieren würden.
- den Leser zum Handeln motivieren:
  Ich würde mich freuen, recht bald von Ihnen zu hören.
  Darf ich auf eine schnelle Antwort rechnen?
  Bitte antworten Sie schnell. Ich bin auf Ihre Auskünfte dringend angewiesen.
  Falls noch Fragen offen sind, wenden Sie sich ruhig an mich.
  Für weitere Auskünfte stehe ich gerne zur Verfügung.

Wie die Beispiele zeigen, verfügen wir nicht nur über Routineeinstiege, mit denen sich der Anfang bewältigen lässt, sondern auch über Routineausstiege für das Ende. Natürlich bilden die vorgestellten Formulierungen keine auch nur annähernd vollständige Liste, sie dienen lediglich der Anregung. Jeder Schreiber sollte sich für seine Zwecke weitere Wendungen zurechtlegen. Selbst wenn er auf vorgegebene Formulierungen zurückgreift, wird er sie nicht mechanisch übernehmen können. Denn er muss sie an seinen Adressaten und Schreibzweck anpassen und zudem so umformulieren, dass sie sich nahtlos in seinen Text einfügen.

Das Textende verbindet noch eine weitere Eigenschaft mit dem Textanfang. Die Einleitung – so hieß es weiter oben – ist der geeignete Ort, um den Leser über das zu orientieren, was ihn im Weiteren erwartet. Bei überschaubaren Texten wie Briefen erübrigt sich in der Regel eine solche Orientierung, aber bei umfangreicheren Darstellungen, in denen eine komplexere Fragestellung behandelt wird, ist sie hilfreich. Der Orientierung vergleichbar ist die Zusammenfassung am Schluss, in der der Schreiber die wesentlichen Punkte seines Textes für den Leser noch einmal zusammenstellt: Er hält die Ergebnisse fest, resümiert den Gang seiner Überlegungen, stellt die Punkte heraus, die er für besonders wichtig hält. Daneben kann er auch festhalten, welche Fragen ungeklärt geblieben sind, welche Punkte ihm weiterhin als strittig erscheinen, worin die Lösung eines Problems möglicherweise bestehen könnte. So gibt er dem Leser das Wesentliche seines Textes mit auf den weiteren Weg. Außerdem bilden die einleitende Orientierung und die ausleitende Zusammenfassung noch einen Rahmen, der den Hauptteil des Textes umschließt. Denn in der Zusammenfassung kann der Schreiber den Bogen zum Anfang zurückschlagen und Rechenschaft darüber ablegen, was er von den Ankündigungen in welcher Form eingelöst hat.

Einleitung und Schluss sind es wert, dass man ihnen besondere Aufmerksamkeit widmet, aber der beste Text taugt nichts, wenn das Dazwischenliegende zu wünschen übrig lässt. Denn da müssen Sachverhalte dargestellt werden, es geht also um die Sache oder, salopp gesprochen, ans Eingemachte, und das bedeutet: Jetzt wird es ernst!

## Der Hauptteil
## Sachverhalte darstellen

»Sachverhaltsdarstellung« ist ein sprachwissenschaftliches Fachwort, das ziemlich abstrakt und nichts sagend klingt. Was damit gemeint ist, lässt sich jedoch schnell erklären. Wenn wir schrei-

ben, schreiben wir immer über etwas. Wer schreibt, hat ein Thema, und dieses Thema kann ganz unterschiedliche Sachverhalte betreffen – Dinge, die wir erlebt oder uns ausgedacht haben, die wir beobachtet oder gespürt haben, die uns bewegen oder kalt lassen, die wir uns wünschen oder erreichen wollen. Alle Sachverhalte, die wir zum Thema machen, müssen in eine sprachliche Form gegossen werden, denn nur so sind sie kommunizierbar. Und dazu dienen die Muster der Sachverhaltsdarstellung.
4 Glücklicherweise ist deren Zahl überschaubar, da sich die Sachverhalte in wenigen Gruppen zusammenfassen lassen, die auf typische Weise sprachlich zu behandeln sind: Geschichten werden erzählt, über Ereignisse wird berichtet, Gegenstände und Vorgänge werden beschrieben, Probleme oder strittige Fragen werden erörtert und Unverständliches oder Kompliziertes wird erklärt. Falls sich bei dieser Aufzählung jemand an Aufsätze erinnert fühlt, die im Deutschunterricht zu schreiben waren, so ist das keine Täuschung. Tatsächlich lernt man im Aufsatzunterricht, wie mit bestimmten Themen sprachlich umzugehen ist und wie die entsprechenden Texte zu gestalten sind. Nun die Muster der Sachverhaltsdarstellung im Einzelnen.

## An Ereignissen teilhaben lassen
## **Erzählen und Berichten**

Überall da, wo eine Geschichte erzählt oder über ein Ereignis berichtet wird, stellt sich die Aufgabe, beteiligte Personen, Schauplatz und Zeit einzuführen; weiterhin ist darzustellen, was geschehen ist; möglicherweise sind auch Ursachen für das Geschehen anzugeben und die Umstände, unter denen es sich abgespielt hat. Journalisten haben für diese Aufgaben eine einfache Formel, nämlich die sechs *w*-Fragen, die Fragen nach dem Wer, Was, Wann, Wo, Wie und Warum. Sind Erzählung oder Bericht ordentlich geschrieben, so geben sie dem Leser befriedigende Antworten auf diese Fragen. In stark geraffter Form zeigt sich das in Zeitungsmeldungen wie der folgenden:

> Gegner der Patentierung von Lebewesen haben am Dienstag in München vor dem Europäischen Patentamt protestiert.

Antworten finden sich hier auf die folgenden *w*-Fragen

| | |
|---|---|
| Wer | Gegner der Patentierung von Lebewesen |
| Was | haben protestiert |
| Wo | in München vor dem Europäischen Patentamt |
| Wann | am Dienstag |



Auch auf die *wie*- und *warum*-Frage hätte der Text Antworten bieten können, wie die beiden Erweiterungen zeigen:

> Gegner der Patentierung von Lebewesen haben am Dienstag in München vor dem Europäischen Patentamt *friedlich* protestiert, *weil das Patentamt ab Mittwoch die Europäische Biopatent-Richtlinie übernimmt.*

Die Darstellung des Geschehens erfolgt im Prinzip chronologisch, also in der folgerichtigen Ordnung oder dem »ordo naturalis«, wie es in der Rhetorik heißt: Was geschah zuerst, was dann, wie endete das Ganze? Das ist ein ganz elementares Schema, das wir aus Märchen, Erzählungen und Romanen kennen und an das wir uns in der Regel selbst halten, wenn wir etwas erzählen. Der eine oder andere mag ungute Erinnerungen daran haben, wie ihm in der Grundschule ausgetrieben wurde, immer *und dann* zu schreiben. Der Notwendigkeit, auf die natürliche Ordnung zu achten, begegnen wir immer wieder. Einer der einfacheren Fälle ist das Verlaufsprotokoll, das die Sitzung eines Gremiums, eines Vereinsvorstandes, einer Mitgliederversammlung zum Gegenstand hat. In einem solchen Protokoll werden nicht nur die Ergebnisse, sondern auch der Gang der Verhandlungen festgehalten. Das Protokoll gehört zu den Texten, die eine Überschrift haben: *Protokoll der Vorstandssitzung des Schulvereins Gusterath-Pluwig.* Am Anfang sind Datum, Ort, Zeitpunkt und die Anwesenden wie die Entschuldigten notiert. Sodann schließt sich der eigentliche Bericht an, dessen Aufbau durch die Abfolge der Tagesordnungspunkte festgelegt ist. Eingerahmt wird der Berichtsteil durch die Feststellung, dass die Sitzungsleiterin oder der Sitzungsleiter die

Sitzung für eröffnet und geschlossen erklärt hat. Natürlich muss man sich auch bei einem Protokoll Gedanken machen, aber nicht über den Aufbau, sondern darüber, welche Diskussionsbeiträge zu den einzelnen Tagesordnungspunkten wie ausführlich wiederzugeben sind. Der Protokollant, der den folgenden Text schreibt, beschränkt sich offenbar darauf, nur wichtige Teile der Debatte festzuhalten; dennoch räumt er dem Tagesordnungspunkt eine Menge Platz ein:

4

> T o p 3: Öffentlichkeitsarbeit des Vereins
> Der erste Vorsitzende führte aus, dass der Bekanntheitsgrad des Vereins zu wünschen übrig lasse. Der zweite Vorsitzende schlug vor, das diesjährige Erntedankfest zum Anlass zu nehmen, eine groß angelegte Werbekampagne für den Schulverein durchzuführen. Der Vorschlag wurde von allen Vorstandsmitgliedern begrüßt, allerdings fragte der Schatzmeister, ob der zweite Vorsitzende an den Einsatz größerer Beträge denke, gegen den er sich angesichts der Finanzlage des Vereins schon jetzt ausspreche. Auf die Frage des ersten Vorsitzenden, wie sich der zweite Vorsitzende die Werbekampagne vorstelle, führte dieser aus, dass er an eine Plakataktion, die Verteilung von Handzetteln und einen Artikel in der Lokalzeitung denke. Die Papier- und Druckkosten sollten bei den örtlichen Firmen eingeworben werden. Der Vereinssekretär schlug außerdem vor, sich an die lokale Radiostation zu wenden. Nach ausführlicher Diskussion stellte der erste Vorsitzende den Antrag, der Vorstand des Schulvereins Gusterath-Pluwig möge beschließen, am diesjährigen Erntedankfest eine Werbeaktion für den Verein durchzuführen, die die folgenden Maßnahmen umfasst: [...]. Diesem Antrag stimmten alle Mitglieder des Vorstands zu.

Vielleicht hätte es ja auch völlig ausgereicht, das Ergebnis in seinen wichtigsten Punkten festzuhalten:

> Der Vorstand beschloss einstimmig, am diesjährigen Erntedankfest eine Werbeaktion für den Verein durchzuführen, die das Aushängen von Plakaten, die Verteilung von Handzetteln, Artikel in der Lokalzeitung und Auftritte in der loka-

len Radiostation umfasst. Zur Finanzierung der Maßnahmen sollen Gelder bei den örtlichen Firmen eingeworben werden.

Größte Sorgfalt, was den Aufbau angeht, hat aufzuwenden, wer für die Auto-Versicherung einen Bericht über einen Unfallhergang anfertigen muss. Schließlich kann von seiner Darstellung abhängen, ob der Betroffene seinen Schaden ersetzt bekommt oder nicht. Alles ging so schnell, aber so ungefähr hat er den Ablauf schon mitbekommen; den Rest rekonstruiert er:



> Im Rückspiegel sah ich, wie mich ein Wagen überholte. Er musste mindestens zwei oder drei Wagen hinter mir aus der Schlange ausgeschert sein. Als er ungefähr auf gleicher Höhe mit mir war, tauchte plötzlich auf der Gegenfahrbahn ein LKW auf. Der Überholer schoss in die Lücke zwischen mir und dem vorausfahrenden Fahrzeug und bremste scharf ab. Ich bremste auch, konnte aber nicht vermeiden aufzufahren.

Hoffentlich spielt das Erinnerungsvermögen dem Schreiber keinen Streich. Doch wie dem auch sei, er kann beim Abfassen seines Berichts auf zwei Hilfen zurückgreifen: Mit den *w*-Fragen kann er überprüfen, ob er alle Informationen berücksicht hat, die für das Verständnis des beschriebenen Vorgangs notwendig sind; die Chronologie nutzt er als Grundgerüst für den Textaufbau.

## Gegenstände und Vorgänge darstellen
### Beschreiben

Beschreiben lassen sich zwei Typen von Sachverhalten, zum einen statische Strukturen oder Gegenstände und zum andern Vorgänge und Tätigkeiten. Relativ einfach ist der Textaufbau bei der Beschreibung von Vorgängen, also zum Beispiel wie ein Gegenstand hergestellt wird, wie eine Tätigkeit ausgeführt wird oder wie ein Prozess abläuft. Zu diesem Zweck braucht der Gesamtvorgang lediglich in die wesentlichen Teilvorgänge zerlegt zu werden, die dann in ihrem zeitlichen und sachlogischen Nacheinander abzuhandeln sind. Gebrauchsanweisungen oder Bastelanleitungen folgen diesem Prinzip; ihr *Mache zuerst das und dann das* führt den Leser zum Erfolg, wenn die einzelnen Schritte wirklich stimmen. Auch Kochrezepte sind so aufgebaut: Am Anfang stehen üblicherweise der Name der zuzubereitenden Speise und die Zutaten. Dann folgen die Angaben zu ihrer Vorbereitung und schließlich zur Weiterverarbeitung. Ein Hinweis zum Servieren kann die Anleitung abschließen:

> Man nehme ...
> 4 Den Speck in kleine Würfel schneiden ...
> Alles zusammen bei 150° im Backofen garen ...
> Das Ganze auf einer Platte anrichten, mit zwei Minzeblättchen garnieren und möglichst heiß servieren.
> Dazu passt ein trockener Weißwein.

Vergleichbares müssen wir schreiben, wenn wir Verwandte und Freunde zu einer großen Feier an einen besonderen Ort einladen und ihnen noch eine Wegbeschreibung an die Hand geben. Naturgemäß orientiert sich diese an den Ortschaften, Kreuzungen und Abzweigungen, die nacheinander zu passieren sind, bis endlich das Ziel erreicht ist. Wer sicher gehen will, dass seine Wegbeschreibung wirklich stimmt und keine Abzweigung übersehen wurde, der sollte die Strecke nach seinen eigenen Anweisungen selber abfahren. Nicht unwahrscheinlich, dass er dabei doch die eine oder andere Überraschung erlebt.

Etwas komplizierter sieht es bei den Gegenstandsbeschreibungen aus. Da Gegenstände von ganz unterschiedlicher Beschaffenheit sind, bieten sich auch unterschiedliche Vorgehensweisen an. Prinzipiell geht es beim Beschreiben darum, über das Aussehen, die Merkmale und Funktion eines Gegenstandes zu informieren. Dazu ist einleitend zu nennen, um welche Art von Gegenstand es sich handelt, was für eine Form er besitzt, wie groß er ist, woraus er besteht, gegebenenfalls wozu er dient. Besondere Aufmerksamkeit ist dabei der Wortwahl zu schenken, da es bei der Gegenstandsbeschreibung auf Genauigkeit im Ausdruck ankommt. Wer beispielsweise das Schaufenster eines Hutgeschäfts beschreiben möchte, kann sich nicht mit dem sehr allgemeinen Ausdruck *Kopfbedeckung* begnügen, auch *Hut, Kappe* und *Mütze* reichen noch nicht, sondern er benötigt spezielle Bezeichnungen wie *Borsalino* oder *Panama* und viele zusammengesetzte Substantive wie *Strohhut, Sonnenhut, Trachtenhut, Jägerhut, Skimütze, Baskenmütze, Strickmütze oder Fellmütze.*

Für die konkrete Ausgestaltung der Gegenstandsbeschreibung ist das geläufigste Verfahren, vom Ganzen oder dem Gesamteindruck auszugehen und zu den Einzelheiten oder Merkmalen fortzuschreiten. Vielleicht erinnert sich der eine oder andere mit unguten Gefühlen daran, wie er in der Schule einen Wecker beschreiben musste, eine Übung, mit der auch heute noch die Schüler gequält werden. Begonnen wird die Beschreibung mit dem Weckertyp, ob es ein Reisewecker oder ein Wecker für den Nachttisch ist, ob er über eine Analog- oder Digitalanzeige verfügt, ob es ein Funkwecker ist oder nicht. Daran schließen sich dann die Angaben zur Form, zu den Abmessungen, zum Material und zur Farbe an. Handelt es sich um einen Wecker mit Analoganzeige, kann man mit der Beschreibung des Zifferblattes und der Zeiger zu den Einzelheiten übergehen, zu denen auch die Bedienknöpfe und -tasten gehören.

Wecker müssen wir glücklicherweise nicht mehr beschreiben, trotzdem ist das Muster sehr nützlich. Denn es gibt einen typischen Schreibanlass, der eine Gegenstandsbeschreibung erforderlich macht, nämlich wenn wir etwas suchen:

- Ist beispielsweise der Hund oder die Katze entlaufen, so wird das Tier oft mit einem Steckbrief gesucht, der in der Nachbarschaft verteilt wird. Je genauer die Beschreibung ausfällt, desto größer ist die Wahrscheinlichkeit, dass jemand das Tier identifizieren kann, wenn er ihm begegnet.
- Oder wir hoffen, über eine Zeitungsanzeige den Partner fürs Leben zu finden. Dazu müssen wir uns selbst darstellen und unsere Erwartungen an die gesuchte Person formulieren. Es soll Leute geben, die sich die Wochenzeitung »Die Zeit« nur kaufen, um sich an den originellen Suchanzeigen zu erfreuen.
- Oder wir suchen über ein Inserat einen Interessenten für ein wirklich teures Objekt, das wir anzubieten haben. In einem solchen Fall reicht es nicht aus, einfach nur die nüchternen Fakten zu nennen, sondern das Objekt muss

> einem potenziellen Käufer schmackhaft gemacht werden, indem seine Vorzüge herausgestellt werden.

Das letzte Beispiel schlägt schon eine Brücke zu einem Bereich, in dem wir ständig mit Beschreibungen konfrontiert sind; gemeint ist die tägliche Flut von Werbeanzeigen und Werbeprospekten. Dabei nutzt die Werbung das Mittel der Beschreibung auf höchst unterschiedliche Weise. Sie reicht von der sparsamen For-
4 mulierung *Eleganter Moccassin*, die unter dem Bild eines Schuhs steht, bis zu ausführlichen Texten:

> Optisch elegant präsentiert sich das Rundschwimmbecken von Müller (Foto rechts), das sowohl oberirdisch wie auch teilweise oder ganz versenkt Ihren Garten verschönert. Das Rundschwimmbecken (5 Meter ø, Wassertiefe 1,20 m) ist der ideale Pool zum Herumplantschen. Es kann mit üblichem em Werkzeug in wenigen Stunden auf- und abgebaut werden. Gewinnen können Sie das Rundschwimmbecken komplett mit Filteranlage, Skimmerpaket, Leiter, Bodenschutzplane, PVC-Abdeckplane und Nature 2, einem bahnbrechenden Entkeimungsmittel für Schwimmbadwasserpflege.

Beschreibungen dieser Art fertigen wir in unserem Schreiballtag eher selten an, was damit zusammenhängt, dass wir nur im Ausnahmefall etwas systematisch und detailliert darstellen wollen oder müssen. Viel häufiger beschränken wir uns darauf, einzelne Aspekte eines Gegenstands herauszugreifen, die es uns wert erscheinen, dass der Leser Genaueres über sie erfährt, und von denen wir annehmen, dass sie das Interesse des Lesers finden. Unsere Alltagsbeschreibungen unterscheiden sich von Beschreibungen in reinen Informationstexten wie Lexikonartikeln, Gebrauchsanweisungen oder technischen Dokumentationen. Natürlich sollen sie den Leser auch informieren, aber ebenso wichtig ist ihr Unterhaltungswert. Selbst wenn wir ein intensives Theatererlebnis, ein beeindruckendes Naturschauspiel oder eine schrille Person beschreiben, laufen wir Gefahr, den Leser zu langweilen, sofern wir uns zu sehr in den Details verzetteln. Wer sich da im Gestrüpp der Kleinigkeiten verliert, der wird rasch zum Schwätzer abgestempelt.

## Strittige Fragen klären
### Erörtern und Argumentieren

Ein Problem oder eine strittige Frage zu klären, verlangt von uns zu argumentieren. Doch bevor wir mit der Argumentation beginnen können, muss die Streitfrage klar formuliert werden, damit jeder weiß, wofür oder wogegen gestritten werden soll. Ist das geklärt, kann mit der eigentlichen Auseinandersetzung begonnen werden, in der wir unsere Argumente vorbringen in der Hoffnung, unsere Kontrahenten zu überzeugen. Ob uns das gelingt, hängt nicht alleine von der Qualität der Argumente ab, sondern auch davon, wie wir unsere Argumentation anlegen. Gut zu argumentieren, verlangt Dreierlei: Erstens gilt es eine Behauptung – auch These genannt – aufzustellen; zweitens ist diese These zu begründen; und drittens sollte sich ein Beispiel anschließen, mit dem die Begründung veranschaulicht wird. Nehmen wir als Beispiel die Streitfrage, ob schon kleinere Kinder ein Taschengeld erhalten sollen oder nicht. Jemand, der dies befürwortet, könnte folgendermaßen argumentieren:

Ein Taschengeld für kleinere Kinder erzieht früh zum sorgfältigen Umgang mit Geld. Denn die Kinder lernen frühzeitig, die zur Verfügung stehende Summe selber einzuteilen. So sind sie selbst dafür verantwortlich, ob sie ihr Geld mit Süßigkeiten vertändeln oder es für eine größere Anschaffung sparen.

Wie die Textteile den einzelnen Schritten der Argumentation zuzuordnen sind, zeigt das folgende Schema:

These Ein Taschengeld für kleinere Kinder erzieht früh zum sorgfältigen Umgang mit Geld.

Begründung Denn die Kinder lernen frühzeitig, die zur Verfügung stehende Summe selber einzuteilen.

Beispiel So sind sie selbst dafür verantwortlich, eine größere Anschaffung sparen.

Behandeln wir eine Streitfrage, so ist diese aus verschiedenen Richtungen zu beleuchten. Um zu einem Urteil zu gelangen, müssen wir Argumente anführen, die für und gegen eine bestimmte Position sprechen. So ergibt sich ein Wechselspiel von

Pro-Argument und Contra-Argument, von These und Gegenthese, die jeweils zu begründen und mit Beispielen zu veranschaulichen sind. Das Ganze wird dann abgeschlossen mit einer Abwägung der gegensätzlichen Standpunkte, die zur Entscheidung für eine der Meinungen führen kann, aber nicht muss.

Wird dagegen ein Problem erörtert, brauchen wir nur solche Argumente zusammenzutragen, die die aufgeworfene Frage stützen. Wer sich beispielsweise überlegt, was für eine Banklehre vor
4 dem Studium der Betriebswirtschaft spricht, dem fallen sicherlich eine ganze Reihe von Gründen ein, die für diesen Ausbildungsgang sprechen. Sind sie einmal gesammelt, dann gilt es, das Gefundene zu sortieren. Als Erstes ist zu entscheiden, ob alle Argumente eingesetzt werden sollen oder nur eine Auswahl der besten. Dann ist die Reihenfolge zu überlegen, in der sie präsentiert werden. Denn nur wenn sie in ihrer Abfolge sorgfältig aufeinander abgestimmt sind, können sie ihre optimale Wirkung entfalten. Nicht immer sind unsere Argumente alle gleich gut. Wollen wir dennoch auf keines verzichten, sollten wir mit dem schwächsten beginnen und mit dem stärksten enden. Sind unsere Argumente dagegen alle von gleichem Gewicht, besteht die Möglichkeit, das allgemeinste an den Anfang zu stellen und das ganz besondere an den Schluss. In beiden Fällen entsteht eine Klimax, eine Steigerung, die mit dem überzeugendsten Argument abschließt. Die Wirkung ist vergleichbar mit der des Briefendes, an das wir für den Leser einen »Merksatz« platziert haben: »Der letzte Eindruck bleibt haften.«

Wie wir gesehen haben, besteht das einzelne Argument aus mehreren Teilen: der These, der eigentlichen Begründung und dem Beispiel. Das führt dazu, dass eine Argumentation entweder aus mehreren Sätzen oder einem Satzgefüge besteht. In beiden Fällen ist darauf zu achten, dass der gedankliche Zusammenhang zwischen den Argumentteilen für den Leser deutlich angezeigt wird. Zu diesem Zweck verfügen wir über einige kleine Wörter, die vor allem den Beginn der Begründung signalisieren. Im folgenden Fall stehen These und Begründung in einem Satzgefüge. Sie werden deshalb mit der unterordnenden Konjunktion *da/weil* miteinander verbunden. Das Beispiel schließt mit *so* an:

4

> Die Patentierung gentechnisch veränderter Tiere, Pflanzen und Menschen muss verhindert werden, *da/weil* dies den »Ausverkauf des natürlichen Erbes aller Menschen an einige wenige Industrieunternehmen« bedeutet. *So* warten schon jetzt 700 Anträge auf pflanzliches und 500 Anträge auf tierisches Erbgut auf eine Patentierung.

Mit einer kleinen Veränderung bilden These und Begründung jeweils einen eigenen Satz; die gedankliche Verbindung leistet jetzt die nebenordnende Konjunktion *denn:*

> Die Patentierung gentechnisch veränderter Tiere, Pflanzen und Menschen muss verhindert werden. *Denn* dies bedeutet den »Ausverkauf des natürlichen Erbes aller Menschen an einige wenige Industrieunternehmen«. *So* warten schon jetzt 700 Anträge auf pflanzliches und 500 Anträge auf tierisches Erbgut auf eine Patentierung.

Etwas anders sieht es bei der dritten Möglichkeit aus. Bei ihr wird die Abfolge von These und Begründung umgekehrt, sodass die These als Schlussfolgerung aus den vorangegangenen Ausführungen erscheint. Dies wird mit dem Konjunktionaladverb *deshalb* signalisiert:

> Die Patentierung gentechnisch veränderter Tiere, Pflanzen und Menschen bedeutet den »Ausverkauf des natürlichen Erbes aller Menschen an einige wenige Industrieunternehmen«. *Deshalb* muss dies verhindert werden.

Neben *deshalb* findet sich noch eine Reihe weiterer Konjunktionaladverbien, mit denen die Schlussfolgerung markiert werden kann: *daher, darum, deswegen* und *nämlich,* auch *also* ist möglich.

## Unklares verständlich machen
### **Erklären**

Kinder in einem gewissen Alter können selbst die geduldigsten Eltern aus der Fassung bringen, wenn sie mit wachsender Begeisterung und ohne zu ermüden »Warum?« fragen. Sie verlangen für alles und jedes eine Erklärung, und genau das kann Eltern in die Verzweiflung treiben. Sie sollen plötzlich Erklärungen für Sachverhalte parat haben, die so selbstverständlich sind, dass eben nur Kinder auf die Idee kommen, eine Erklärung zu verlangen. Oder aber die so unerforschlich sind, dass auch Philosophen keinen Rat wissen.

Wenn wir etwas nicht verstehen, wenn uns etwas nicht einleuchtet, dann fragen wir also »Warum?« und erwarten, dass man uns eine Erklärung gibt. Und die funktioniert so: Es werden Fakten genannt, die zum Verständnis des zu erklärenden Sachverhalts führen sollen. Doch damit ist es noch nicht getan, da die Fakten für sich genommen noch gar nichts erklären. Es muss noch etwas hinzukommen, damit der Zusammenhang zwischen dem zu erklärenden Sachverhalt und den Fakten erkennbar wird. Diesen Brückenschlag leistet in vielen Fällen eine »allgemeine Gesetzmäßigkeit«. Wenn jemand beispielsweise nicht versteht, dass der Benzinpreis wieder angezogen hat, obwohl gar keine Steuern erhöht worden sind, könnte man ihm die folgende Erklärung geben:

> Die Benzinpreise haben sich erhöht, weil das Rohölangebot auf dem Weltmarkt zurückgegangen ist. Die OPEC-Staaten halten sich nämlich an die vereinbarten Fördermengen. Und du weißt ja, ein sinkendes Angebot bei gleich bleibender Nachfrage treibt die Preise.

Die einzelnen Textteile lassen sich den Bestandteilen einer Erklärung ganz einfach zuordnen:

**Der zu erklärende Sachverhalt**
Der Benzinpreis hat sich erhöht.

**Die Fakten**
Das Rohölangebot auf dem Weltmarkt ist zurückgegangen. Die OPEC-Staaten halten sich an die vereinbarten Fördermengen.

**Die allgemeine Gesetzmäßigkeit**
Ein sinkendes Angebot bei gleich bleibender Nachfrage treibt die Preise.

Der Zusammenhang zwischen dem zu erklärenden Sachverhalt und den herangezogenen Fakten muss nicht unbedingt durch eine allgemeine Gesetzmäßigkeit gestiftet werden, es können auch allgemeine Erfahrungen sein oder, salopp gesagt, der gesunde Menschenverstand. Und noch etwas: Weder die Gesetzmäßigkeit noch die allgemeinen Erfahrungen müssen ausdrücklich genannt werden; sie finden sich im Text häufig nur angedeutet oder kommen überhaupt nicht vor. Ein Beispiel dafür bietet der schon erwähnte Autofahrer, der seinen Bericht über den Unfallhergang verspätet abliefert und sich deshalb im Anschreiben entschuldigt; er führt auch Gründe für seine Säumigkeit an:

> bitte entschuldigen Sie, dass ich Ihnen meinen Unfallbericht erst so spät schicke. Weil ich mich nicht mehr richtig an den Straßenverlauf erinnern konnte, wollte ich nochmal zum Unfallort fahren, um mir Gewissheit zu verschaffen. Ich bin dann aber erkrankt und konnte deshalb erst Anfang dieser Woche die Besichtigung vornehmen.

Erklärt werden soll also die Verspätung, wozu zwei Fakten angeführt werden. Jedes Faktum für sich genommen erklärt jedoch gar nichts, sondern erst in Verbindung miteinander lassen sie die Verspätung begründet erscheinen. Zum einen geht es um die verblasste Erinnerung, die für einen korrekten Bericht aufzufrischen ist. Dazu ist es am einfachsten, den Unfallort noch einmal aufzusuchen, was der Schreiber gar nicht erwähnt, sondern als dem gesunden Menschenverstand unmittelbar einleuchtend unterstellt. Zum andern geht es um die Krankheit, die einen rechtzeitigen Besuch des Unfallorts verhindert hat. Auch bei diesem Faktum überlässt es der Schreiber dem Adressaten, es gemäß der allgemeinen Erfahrung »Wer krank ist, liegt im Bett und kann nicht in der Gegend herumfahren« einzuordnen. Damit stellen sich die Bestandteile der Erklärung folgendermaßen dar:

**Der zu erklärende Sachverhalt**
Ich schicke Ihnen meinen Unfallbericht erst so spät.

Das erste Faktum
Weil ich mich nicht mehr richtig an den Straßenverlauf erinnern konnte, wollte ich nochmal zum Unfallort fahren, um mir Gewissheit zu verschaffen.

[Der gesunde Menschenverstand
Wer sich ein Bild von einem Schauplatz machen will, besichtigt ihn am besten.]

4 Das zweite Faktum
Ich bin dann aber erkrankt und konnte deshalb erst Anfang dieser Woche die Besichtigung vornehmen.

[Die allgemeine Erfahrung
Krankheit fesselt ans Bett.]

Bisher wurde nur der Fall behandelt, dass jemand mit dem Warum einer Sache Probleme hat. Erklärungen erwarten wir jedoch auch, wenn sich Fragen der folgenden Art stellen:

Was hat es für Folgen, falls jemand den Verlust seiner Scheckkarte nicht umgehend meldet?
Wozu dienen die verschiedenen Schalter an der Mikrowelle?
Was bedeutet *Druckerwarteschlange*?
Wie sollte sich ein Ausländer verhalten, der sich in Tokio verläuft?

Erklärungen auf solche Fragen unterscheiden sich von *warum*-Erklärungen, da sie die Form von Beschreibungen haben. In den Antworten auf die vier gestellten Fragen werden dementsprechend beschrieben

- die Konsequenzen des Scheckkarten-Verlusts
- die Funktion der verschiedenen Schalter
- die Bedeutung des Wortes *Druckerwarteschlange* und damit auch, was das für eine technische Vorrichtung ist
- Erfolg versprechende Verhaltensweisen.

Wie diese Erklärungen sprachlich auszuführen sind, richtet sich nach dem schon behandelten Muster Beschreiben.

Die Muster der Sachverhaltsdarstellung sind bisher jedes für sich vorgestellt worden, was jedoch nicht heißt, dass sie sich im

Schreiballtag immer fein säuberlich trennen lassen. Gerade haben wir ja gesehen, dass bestimmte Erklärungen die Form von Beschreibungen haben. Hinzu kommt, dass in vielen Textmustern nicht nur jeweils eines dieser Muster für die Sachverhaltsdarstellung zu gebrauchen ist, sondern mehrere. Zwar gibt es Textmuster, in denen ein einziges Muster die herausragende Rolle spielt. So werden beispielsweise in einer Gebrauchsanleitung für ein Haushaltsgerät die Eigenschaften des Geräts, das Zubehör und seine Bedienung beschrieben, in einem Nachrichtentext wird über ein Ereignis berichtet und in einem Kommentar wird ein Ereignis erörtert. Aber in Erzählungen und Berichten wird nicht unbedingt nur erzählt und berichtet, sondern es wird auch beschrieben, zum Beispiel Personen, Schauplätze, wichtige Gegenstände, besondere Umstände oder Verhaltensweisen.

## Der Textbau
## Die Folgerichtigkeit der Teile

Zu Beginn dieses Kapitels war kurz von den Textmustern die Rede gewesen, die wir beherrschen oder über die wir uns in Ratgebern informieren können. In diesen Textmustern ist auch der Aufbau der Texte geregelt. So ist es für das Kochrezept obligatorisch, dass zuerst die Zutaten genannt werden, dann folgen die Hinweise für deren Vorbereitung und schließlich für die Zubereitung. Manchmal steht am Ende noch ein Vorschlag, wie das Gericht serviert werden könnte, oder die Angabe der Kalorienzahl. Ähnlich klar aufgebaut ist auch der Wetterbericht, der normalerweise mit einem Überblick über die Wetterlage eröffnet wird, an die sich dann Voraussagen für die Wetterentwicklung in der nächsten und weiteren Zukunft anschließen. Wir sehen, die Texte setzen sich aus einer Reihe von Bausteinen zusammen, die in einer bestimmten Reihenfolge aneinander gefügt werden.

Was für die Textmuster »Kochrezept« und »Wetterbericht« gilt, die von uns wohl kaum jemand schreibt, gilt auch für andere Textmuster. Näher an unserem Schreiballtag ist da beispielsweise eine Reklamation. Sinnvollerweise beschreibt der Beschwerdeführer zuerst den monierten Sachverhalt, um daran seine Wünsche oder Forderungen anzuschließen; schließlich kann er noch mitteilen, welche Schritte er unternehmen wird, wenn der Mangel nicht in einer bestimmten Frist behoben ist:

> Sie haben mir unter dem Datum vom 10. September 1998 eine Reihe von Büchern geschickt. Es fehlen jedoch die beiden Titel von Meier, Das Leben der Stubenfliege und Müller, Milben und ihre Welt. Beide Bücher haben Sie mir allerdings in Rechnung gestellt. Bitte liefern Sie mir die beiden Werke umgehend nach. Ich brauche sie dringend. Sie werden sicher verstehen, dass ich die Rechnung nicht begleichen werde, bevor die fehlenden Titel bei mir eingegangen sind.

Die Bausteine noch einmal im Überblick:

**Sachverhalt** Sie haben mir unter dem Datum vom 10. September 1999 eine Reihe von Büchern geschickt. Es fehlen jedoch die beiden Titel von Meier, Das Leben der Stubenfliege und Müller, Milben und ihre Welt. Beide Bücher haben Sie mir allerdings in Rechnung gestellt.

**Forderung** Bitte liefern Sie mir die beiden Werke umgehend nach. Ich brauche sie dringend.

**Weiterer Schritt** Sie werden sicher verstehen, dass ich die Rechnung nicht begleichen werde, bevor die fehlenden Titel bei mir eingegangen sind.

Oder jemand wendet sich an das Finanzamt oder die Bußgeldstelle. Drei Dinge sind in einem solchen Schreiben wichtig: zum Ersten eine möglichst präzise Beschreibung der Angelegenheit, sei es ein Antrag, ein Einspruch, eine Erklärung, eine Beschwerde, eine Frage oder auch nur eine Mitteilung; zum Zweiten eine Begründung und zum Dritten die Angabe von Beweismitteln, falls solche nötig sind:

> gegen den Einkommensteuerbescheid vom 10. September 1998 lege ich Widerspruch ein.
> Obwohl ich dargelegt habe, dass ich ein häusliches Arbeitszimmer benötige, haben Sie die dafür nachgewiesenen

Kosten nicht anerkannt. Ich gehöre aber zweifelsfrei zum Kreis der Personen, die ein Arbeitszimmer steuermindernd geltend machen können. Dies geht auch aus verschiedenen Urteilen hervor, deren Aktenzeichen lauten: ...

Und auch hier die Bausteine noch einmal im Überblick:

Widerspruch gegen den Einkommensteuerbescheid vom 10. September 1998 lege ich Widerspruch ein. 4

Begründung Obwohl ich dargelegt habe, dass ich ein häusliches Arbeitszimmer benötige, haben Sie die dafür nachgewiesenen Kosten nicht anerkannt. Ich gehöre aber zweifelsfrei zum Kreis der Personen, die ein Arbeitszimmer steuermindernd geltend machen können.

Beweismittel Dies geht auch aus verschiedenen Urteilen hervor, deren Aktenzeichen lauten: ...

Während es bei einem Kochrezept unsinnig wäre, die Zutaten erst am Schluss zu nennen, ist es bei dem Schreiben an das Finanzamt durchaus möglich, den Widerspruch am Ende zu formulieren, gewissermaßen als Fazit aus dem dargelegten Sachverhalt:

Obwohl ich dargelegt habe, dass ich ein häusliches Arbeitszimmer benötige, haben Sie die dafür nachgewiesenen Kosten nicht anerkannt. Ich gehöre aber zweifelsfrei zum Kreis der Personen, die ein Arbeitszimmer steuermindernd geltend machen können. Dies geht auch aus verschiedenen Urteilen hervor, deren Aktenzeichen lauten: ... Gegen den Einkommensteuerbescheid vom 10. September 1998 lege ich deshalb Widerspruch ein.

Das Beispiel zeigt, dass die Abfolge der Bausteine nicht in jedem Fall strikt festgelegt ist, sondern dass wir Spielraum bei ihrer Anordnung haben. Wir entscheiden nach unseren eigenen Vorstellungen darüber, ob wir etwas gleich am Anfang vorbringen oder es uns für den Schluss aufsparen. Allerdings herrscht auch dann keine schrankenlose Beliebigkeit, denn in jedem Fall ist auf die Sachlogik zu achten. So wäre es bei dem Schreiben an das Finanzamt nicht ratsam, die Beweismittel vor die Begründung zu setzen.

Für einen guten Text ist es notwendig, dass er folgerichtig aufgebaut ist. Nur so bleibt es dem Leser erspart, sich zusammensuchen zu müssen, was zusammengehört, oder im inhaltlichen Wust den roten Faden zu verlieren. Aber Folgerichtigkeit reicht noch nicht aus, denn der Schreiber muss für seinen Leser durchsichtig machen, wie sein Text aufgebaut ist. Nur die Ordnung, die der Leser problemlos wahrnehmen kann, ist für ihn wirklich hilfreich. Deshalb besteht eine weitere Aufgabe beim Schreiben darin, den Text angemessen zu organisieren.

## Die Textorganisation
### Ordnung schaffen im Text

Wer kennt nicht die leichte Irritation, wenn man ein Buch aufschlägt und auf eine grauschwarze Wand von Buchstaben blickt. Sie scheint undurchdringlich und abweisend; dem lesewilligen Auge bietet sie keine noch so kleine Lücke, durch die es hineinzuschlüpfen vermag. Wenigstens ein Absatz hätte sich auf der Seite doch finden können! Erst wenn Absätze fehlen, bemerken wir, wie sie den Text optisch auflockern und lesefreundlich machen. Das Auge findet an ihnen Halt, und sie bieten ihm Abwechslung. Außerdem kann der Leser sich im Gang seiner Lektüre an ihnen orientieren. Will er beispielsweise ermüdet eine kleine Pause einlegen, überblickt er mühelos die noch zu lesende Strecke bis zu einem sinnvollen Einschnitt – falls der Schreiber Absätze gemacht hat. Muss der Leser auf der Suche nach dem Absatzende jedoch umblättern und findet er auch auf der nächsten Seite keinen Einschnitt, kommt Unmut, vielleicht Verzweiflung auf. Doch optische Auflockerung und Anhaltspunkt für die Unterbrechung der Lektüre sind wahrlich nicht die wichtigsten Leistungen der Absätze. Wäre es so, dann bräuchten wir uns nie den Kopf zu zerbrechen, wo sinnvollerweise ein Absatz zu machen ist. Wir könnten sie nach Belieben über den Text verteilen und uns dabei ganz unserem ästhetischen Empfinden hingeben.

Natürlich kommt niemand auf die Idee, wir sollten unsere Texte nach dem optischen Eindruck gliedern. Schließlich wissen wir ja, dass die Kunst des Gliederns in der Bildung von Sinneinheiten besteht. Und um diese Sinneinheiten kenntlich zu machen, verfügen wir über verschiedene Mittel, unter denen der Absatz aus doppeltem Grund an erster Stelle steht. Der erste Grund beruht in der Eigenschaft des Absatzes, die kleinste Gliederungseinheit des Textes zu bilden. Er liefert sozusagen die elementaren Bausteine, aus denen wir unsere Texte fügen. Trotz oder gerade wegen ihrer elementaren Bedeutung ist der Absatzbildung gebührende Aufmerksamkeit zu schenken. Denn sie ist ständig auf die Gedankenführung abzustimmen, sodass der gedanklichen Einheit eine äußere Gliederungseinheit entspricht. Zugespitzt lautet das Prinzip: ein Gedanke – ein Absatz, oder auch: ein Komplex ganz eng miteinander zusammenhängender Gedanken – ein Absatz. Doch was genau ist ein in sich abgeschlossener Gedanke, der einen Absatz ausfüllen soll? Schön wäre es, wenn wir dafür eine Maßeinheit hätten und uns beispielsweise an der Zahl der Zeilen orientieren könnten nach dem Motto, es sollten mindestens zehn Zeilen sein und höchstens zwanzig. Da sich Gedanken nicht nach Zeilenlängen bemessen lassen, funktioniert das natürlich nicht. Dennoch sollte es den Schreiber nachdenklich stimmen, wenn er eine Reihe von Absätzen hingeschrieben hat, die jeweils nur zwei oder drei Sätze umfassen. Nicht dass dagegen grundsätzlich etwas einzuwenden wäre, aber es sollte doch überprüft werden, ob da nicht Inhaltliches auseinandergerissen wird, das sehr wohl eine Einheit bildet. Umgekehrt sollte jeder, der beim Schreiben das Gefühl hat, jetzt habe er aber schon langen keinen Absatz mehr gemacht, nachprüfen, ob sich das Textstück tatsächlich gedanklich rundet oder ob es nicht sinnvoller in mehrere Absätze aufzuteilen ist.

Der zweite Grund für die Prominenz des Absatzes besteht darin, dass er als alleiniges Gliederungsmittel dienen kann. Er ist nicht nur elementarer Baustein, sondern auch elementares Gliederungsprinzip. Wie jeder Brief zeigt, reicht es vollständig aus, Absätze zu machen; das gilt zumindest für kürzere Briefe. Drei Absätze genügen, um das schlichte Schema von Einleitung, Hauptteil und Schluss problemlos zu realisieren; und fällt der Hauptteil inhaltlich reichhaltiger aus, so wird er einfach um ein paar Absätze erweitert. Allerdings kann dieses Verfahren nicht beliebig lange betrieben werden, da es schnell an die Grenze dessen führt, was für den Leser noch übersichtlich ist. Deshalb sollte sich derjenige, der einen umfangreichen Brief von zwei oder

drei Seiten Länge verfassen muss, ernsthaft überlegen, ob er nicht von weiteren Gliederungsmitteln Gebrauch machen will. Es muss ja nicht gleich eine Aufteilung des Briefs in Kapitel sein, was sicherlich zu einer Übergliederung führen würde. Eine angemessenere Möglichkeit bietet die schon erwähnte »vorausgreifende Strukturierung«. Wird einem längeren Brief eine kurze Übersicht über die zu behandelnden Punkte vorangestellt, lässt sich diese nummerieren, und die Nummerierung kann im wei-
4 teren Verlauf des Briefes wieder aufgenommen werden. Der Leser erkennt dann daran, wann ein neues Thema beginnt.

Wer nicht nur mit Ziffern die Gliederung verdeutlichen will, sondern auch den Leser inhaltlich auf den folgenden Abschnitt vorbereiten möchte, der kann zum Mittel der Zwischenüberschrift greifen, das uns zum Beispiel aus umfangreicheren Zeitungsartikeln vertraut ist. Warum sollen wir nicht wie die Redakteure einen längeren Text auf diese Weise auflockern? Der Leser wird es danken, wenn er auf einen Blick sieht, worum es im Weiteren geht:

> Das Problem – Die rechtliche Situation – Lösung 1 – Lösung 2 – Vor- und Nachteile
> Ihre Wünsche – Unser Angebot – Der preisliche Rahmen – Lieferzeiten

Wem vom Fließtext abgesetzte Zwischenüberschriften zu massiv wirken, der kann diese auch mit in die Absätze hineinnehmen und durch Unterstreichen, durch Kursive oder mit einem Doppelpunkt vom Rest absetzen:

> Das Problem/*Das Problem*/Das Problem: ...
> Die rechtliche Situation/*Die rechtliche Situation*/
> Die rechtliche Situation: ...

Und wem das noch zu auffällig ist, der kann die Absätze mit Formulierungen eröffnen, die dem Leser die thematische Richtung vermitteln:

> Sie haben den Wunsch geäußert ...
> Wir können Ihnen anbieten ...
> Der preisliche Rahmen bewegt sich zwischen ...
> Die Lieferzeit beträgt ...

Gerade Zwischenüberschriften werden im Brief nicht allzu häufig genutzt. Typisch sind sie dagegen für stark formalisierte Textmuster wie den Lebenslauf oder das Protokoll. Bei Lebensläufen, die beispielsweise nach *Persönlichen Daten, Schulausbildung, Berufsausbildung* und *Berufspraxis* geordnet sind, lassen sich diese Stichworte auch als Zwischenüberschriften verwenden, wobei die erste Überschrift *Persönliche Daten* entfällt. Auch bei Sitzungs- oder Gesprächsprotokollen ergeben sich die Zwischenüberschriften vielfach von selbst, dann nämlich wenn es eine Tagesordnung gab:

Top 1 Festlegung der Tagesordnung
Top 2 Genehmigung des Protkolls der Sitzung am ...
Top 3 Mitteilungen des Vorstandes
Top 4 ...

Gab es keine Tagesordnung, lassen sich die besprochenen Punkte einfach durchnummerieren.

Zumindest für unseren »kleinen Schreiballtag« von geringem Interesse ist die Einteilung des Textes in Kapitel und Unterkapitel. Das ist das Gliederungsmittel für Aufsätze, Broschüren und natürlich Bücher. Kapiteleinteilungen werden überall da genutzt, wo komplexe Sachverhalte systematisch darzustellen sind. Eine eigene Wissenschaft bildet die Zählung der Kapitel. Keine Probleme treten auf, solange die Kapitel keine Unterkapitel aufweisen, weil sie dann lediglich durchzunummerieren oder mit Buchstaben zu versehen sind. Die wahre Kunst beginnt, sobald wir es mit Unterkapiteln von Unterkapiteln, also einer ganzen Kapitelhierarchie zu tun bekommen. Mittlerweile hat sich weithin die Dezimalklassifikation durchgesetzt, bei der jedes Kapitel und Unterkapitel und Unterunterkapitel eine eigene Ziffer erhält:

1. ...
1.1. ...
1.2. ...
1.2.1. ...
1.2.2. ...
2. ...
2.1. ...

Die Ziffern werden durch Punkte voneinander getrennt; nach der letzten Ziffer wird häufig kein Punkt gesetzt. So übersichtlich die Dezimalklassifikation im Grundsatz auch ist, sie erreicht spätestens dann ihre Grenzen, wenn die Abstufung über die dritte Ebene hinausgeht. Wem tanzen die Ziffern nicht vor den Augen, wenn er solche Zahlenfolgen lesen muss?

2.1.4.9.3. ....
4 2.1.4.9.4. ....

Heute selten genutzt wird das traditionelle Verfahren, bei dem römische und arabische Zahlen, große und kleine lateinische sowie griechische Buchstaben miteinander kombiniert werden, um die Kapitelhierarchie in einem stark gegliederten Werk anzuzeigen:

I. ...
A. ...
1. ...
a) ...
α) ...
β) ...
b) ...
2. ...
B. ...
1. ...
2. ...
II. ...
A. ...
1. ...
2. ...

Sehr übersichtlich wirkt das natürlich auch nicht. Außerdem stellt sich die Frage, ob es wirklich notwendig ist, einen Text so zu zergliedern. In vielen Fällen reicht auch eine Hierarchie aus, die nur zwei oder drei Ebenen aufweist und bei der auf eine aufwendige Kennzeichnung mit Zahlen oder Buchstaben gut verzichtet werden kann. Die Hauptkapitel lassen sich beispielsweise durch **Fettdruck** hervorheben, während die Unterkapitel *kursiv* und die Unterunterkapitel normal gedruckt sind.

## Strukturieren

### Den Leser durch den Text führen

Mit den verschiedenen Gliederungsmitteln bietet der Schreiber seinem Leser Überblick über das mehr oder weniger steil aufgetürmte Textgebirge. Um seinem Leser die Lektüre zu erleichtern, tut der wirklich sorgende Schreiber aber noch mehr: Er stellt Wegmarken der unterschiedlichsten Art auf, die dem Leser die Richtung weisen. Anders als die Kapiteleinteilung betrifft das keineswegs immer den Text als Ganzen, sondern häufig einzelne Textstellen. Drei solcher Wegmarken sollen im Weiteren vorgestellt werden.

Die erste betrifft die Möglichkeiten, Aufzählungen von Fakten und Daten zu kennzeichnen. Stößt der Leser im Text auf das Adverb *erstens*, so kann er sicher sein, dass er es mit einer Aufzählung zu tun hat, also mindestens *zweitens* folgt. Die Ungewissheit, ob sich noch *drittens* oder sogar *viertens* anschließt, wird vermieden, wenn der Schreiber *zum einen* benutzt. Damit wird angekündigt, dass nur noch ein zweiter Teil folgt, der mit *zum andern* eingeleitet wird. Auch *einerseits – andererseits* und *entweder – oder* signalisieren eine zweiteilige Aufzählung; mit diesen Wendungen drückt der Schreiber aber noch zusätzlich aus, dass die angeführten Fakten in einem besonderen Verhältnis zueinander stehen. *Entweder – oder* zeigt einen Gegensatz oder eine Alternative an, während *einerseits – andererseits* zwei unterschiedliche Gesichtspunkte nennt, die jedoch zu ein und derselben Sache gehören. Wer eine Aufzählung markiert, der tue dies konsequent. Denn es ist für den Leser irritierend, wenn einem *einerseits* kein *andererseits* folgt oder einem *zum andern* kein *zum einen* vorausgegangen ist.

Aufzählungen können auch ausdrücklich angekündigt werden einschließlich der Anzahl der Punkte, die den Leser erwarten:

> Das hat einen doppelten Grund: ...
> Drei Möglichkeiten sind in Betracht zu ziehen: ...
> Wir schlagen Ihnen die beiden folgenden Alternativen vor: ...

Bei Aufzählungen, die so vorbereitet werden, bietet es sich auch an, sie in Listenform zu präsentieren, zumal wenn die Einzelpunkte umfangreicher ausfallen. Gewöhnlich werden dann die einzelnen Abschnitte eingerückt und dann entweder mit 1., 2., 3. durchgezählt, mit Kleinbuchstaben a), b), c) versehen oder mit Spiegelstrichen – oder Punkten auf der Zeilenmitte • markiert. Bei Spiegelstrich und Punkt wird jedoch gewöhnlich auf das Einrücken verzichtet, sie stehen am linken Rand. Große Unterschiede bestehen zwischen den genannten Formen nicht, Nuancen sind dennoch zu beobachten: Zahlen und Kleinbuchstaben legen eher nahe, dass die Aufzählung vollständig ist, Spiegelstriche und Punkte, dass sie offen ist. Außerdem verstärkt die Nummerierung den Eindruck, mit der Reihenfolge verbinde sich eine Abstufung der Wichtigkeit nach.

Eine zweite Funktion von Wegmarken besteht darin, die Aufmerksamkeit des Lesers zu lenken. Selbstverständlich ist alles wichtig, was wir schreiben, zumal wir ja wissen, dass wir auf die Relevanz des Geschriebenen zu achten haben. Dennoch gibt es in jedem Text Aussagen, von denen der Schreiber wünscht, dass der Adressat sie auf gar keinen Fall überliest. Die Aufgabe besteht dann darin, die entsprechenden Stellen so hervorzuheben, dass sie sich geradezu in die Aufmerksamkeit des Lesers drängen. Um das zu erreichen, können in den Text sprachliche Stolpersteine eingebaut werden, die den Leser aus seinem Lesetrott aufschrecken lassen. Sie kündigen ihm an, dass etwas folgt, auf das er besonders achten sollte:

Bitte beachten Sie, dass ...
Was Sie beachten sollten: ...
Sie sollten auf jeden Fall berücksichtigen, dass ...
Das ist für Sie wichtig: ...
Noch ein wichtiger Hinweis: ...
Folgendes ist dazu zu bemerken: ...

Diese Liste stellt nur eine kleine Auswahl dar, zeigt aber Beispiele für zwei wirksame Verfahren, die auch miteinander kombiniert werden können. Das eine besteht darin, den Adressaten mit *Sie* direkt anzusprechen. Die Anrede lässt sich noch verstärken, indem zusätzlich der Name genannt wird (*Das ist für Sie, sehr geehrte Frau Meier, sehr wichtig*). Verstärkung bedeutet auch die Formulierung in Frageform:

Wussten Sie schon, ... ?
Haben Sie daran gedacht, .... ?
Möchten Sie mehr darüber erfahren?

Das andere besteht darin, dass ausdrücklich auf das Nachfolgende hingewiesen wird, beispielsweise mit *Folgendes* oder mit dem Doppelpunkt. Dieses Satzzeichen bedeutet dann so viel wie »Achtung! Jetzt kommt etwas Wichtiges.«

Ganz anders funktioniert die Aufmerksamkeitslenkung mit typografischen Mitteln. Einzelne Wörter oder kurze Wortgruppen lassen sich damit optisch hervorheben, sodass sie das Auge und damit die Aufmerksamkeit des Lesers geradezu magisch anziehen. Sie lassen sich **fetten**, *kursiv* schreiben oder unterstreichen. Es besteht auch die Möglichkeit, die **Schriftart** zu wechseln, die Buchstabengröße zu verändern, nur GROSSBUCHSTABEN zu verwenden oder so genannte KAPITÄLCHEN, das heißt ebenfalls Großbuchstaben, bei denen der erste Buchstabe in großzuschreibenden Wörtern etwas größer ausfällt als der Rest. Schließlich kann eine Wortgruppe in einer eigenen Zeile auf Mitte gesetzt werden:

auf Mitte

Die Schreibprogramme der Computer erleichtern den Gebrauch dieser Mittel und halten noch weitere bereit. So lässt sich auch problemlos Farbe einsetzen, sofern ein Farbdrucker vorhanden ist. Das alles ist sehr verführerisch und verleitet zum Experimentieren. Umso dringender ist die Warnung vor einem unkontrollierten Gebrauch dieser Hervorhebungsmittel. Ihre Verwendung sollte sehr sorgfältig überlegt werden, wobei drei Grundsätze helfen können:

- nur sparsamen Gebrauch von diesen Mitteln machen, sonst verpufft die Wirkung
- sich gezielt für eines der Mittel entscheiden, alsobeispielsweise entweder fetten oder kursiv schreiben oder die Schriftart wechseln, sonst entsteht ein Durcheinander, das den Leser verwirrt
- wirklich nur ein Einzelwort oder eine kurze Wortgruppe hervorheben, sonst erkennt der Leser nicht mehr auf

einen Blick, was das wirklich Wichtige ist; AUSSERDEM LASSEN SICH LÄNGERE HERVORHEBUNGEN ZUM BEISPIEL DURCH GROSSBUCHSTABEN GAR NICHT SO GUT LESEN.

Ein ganz anderes Mittel mit hohem Aufmerksamkeitswert ist das Postskriptum oder das Nachgeschriebene, abgekürzt PS (ohne Punkt). Wenn wir einen Brief mit der Hand oder mit der Schreib-
4 maschine schreiben, erlaubt uns das PS, noch etwas am Briefende anzufügen, das wir zuvor vergessen haben oder das uns erst nachträglich eingefallen ist. Im Zeitalter der Computerbriefe ist das PS eigentlich überflüssig geworden, da sich Vergessenes mit Leichtigkeit nachträglich in den Text einrücken lässt. Dennoch ist das PS nicht verschwunden, sondern es hat eine neue Aufgabe bekommen. Wir begegnen ihm jetzt häufiger in Werbeschreiben, wo es genutzt wird, um auf ein besonderes Angebot, einen günstigen Preis oder eine neuartige Dienstleistung hinzuweisen. Jede dieser Informationen könnte auch im Brieftext stehen, doch der Schreiber will sicher gehen, dass sie der Adressat zur Kenntnis nimmt, und lagert sie deshalb aus dem Fließtext aus. Das PS am Briefende ist nämlich ein prominenter Ort, auf den der Blick des Lesers unter Garantie fällt.

Abschließend soll noch eine dritte Funktion von Wegmarken zur Sprache kommen, die in der Verständnissicherung liegt. Zur Verständlichkeit von Texten trägt vieles bei: klare und verständliche Sätze, die Vermeidung missverständlicher Wörter, die Erklärung unbekannter Wörter, eine übersichtliche Gliederung des Textes oder die Erläuterung komplizierter Sachverhalte. Die Verständnissicherung bildet noch eine weitere Maßnahme, um die Verständlichkeit zu fördern. Sie zielt darauf, den Text für den Leser durchsichtiger zu machen, sodass ihm der Text weniger »Widerstand« entgegensetzt und ihm die Lektüre erleichtert wird. Diese Aufgabe verlangt vom Schreiber, dass er sich während des Schreibens Rechenschaft darüber ablegt, warum er eine bestimmte Stelle seines Textes gerade so und nicht anders gestaltet. Er schaut sich gewissermaßen über die eigene Schulter, um sich die folgenden Fragen beantworten zu können:

> Was habe ich eben getan? Was werde ich als nächstes tun? Wie hängt das, was ich eben getan habe und was ich gleich tun werde, miteinander zusammen?

Die Antworten auf diese Fragen könnten beispielsweise lauten:

> Ich habe meinem Leser erklärt, welche technischen
> Lösungen es für sein Problem gibt. Jetzt werde ich ihm
> darlegen, welche dieser Lösungen für ihn optimal ist. Der 
> Überblick über die verschiedenen Lösungen ermöglicht es
> meinem Leser, den speziellen Lösungsvorschlag leichter
> nachzuvollziehen.

Meist wird der Schreiber diese Überlegungen für sich behalten, manchmal empfiehlt es sich aber, einen Schritt weiterzugehen und den Leser an ihnen teilhaben lassen, beispielsweise so:

> Wie dieser Überblick zeigt, existiert eine Reihe von Lösungen für Ihr Problem. Optimal auf Ihre Bedürfnisse zugeschnitten ist jedoch nur die Variante ...

> Dieser Überblick ist recht umfangreich ausgefallen. Das war aber nötig, damit Sie sich ein Bild von den verschiedenen Optionen machen können. Aus einer Reihe von Gründen, die wir Ihnen noch darlegen werden, kommt jedoch nur die zweite Lösung für Sie in Betracht.

Mit solchen »Leseanweisungen« kann der Schreiber seinem Leser die Lektüre erleichtern, da er ihm sagt, wie das eben Gelesene und das als Nächstes zu Lesende zu verstehen ist.

In einem kurzen Brief, der einen einfachen Sachverhalt zum Gegenstand hat, sind solche verständnissichernden Hinweise in der Regel überflüssig, da der Leser kaum den Überblick verliert. In umfangreichen Texten mit einer komplizierten Thematik, die in einer Reihe von Schritten zu entfalten ist, sind sie dagegen außerordentlich hilfreich. Dabei ist es gar nicht so schwierig, die Hinweise für den Leser im Text unterzubringen, da es Textstellen gibt, die sich für die Verständnissicherung besonders gut eignen. Das sind die Einleitung, der Schluss und die Gelenkstellen zwischen den Teilen eines in Kapitel gegliederten Textes. Wie das in der Einleitung aussehen kann, haben wir schon in Form der »vorausgreifenden Strukturierung« kennen gelernt. Jetzt lässt sich hinzufügen, dass diese Form der Leserorientierung einen wichtigen Beitrag zur Verständnissicherung leistet. Das Gleiche gilt für die Zusammenfassung im Schlussteil. Denn Vorausschau und Rückblick bieten Antworten auf die Fragen, was der Schreiber tun wird und was er getan hat.

An Stellen, an denen ein größerer gedanklicher Schritt abgeschlossen und ein neuer begonnen wird, am Übergang von einem Kapitel zum nächsten, bietet es sich ebenfalls an, verständnissichernd einzugreifen. Solche Gelenkstellen verlangen aber nicht einfach eine Vorausschau oder einen Rückblick, sondern beides; sie haben einen janusköpfigen Charakter. Zuerst ist das bis dahin Geleistete in einer Zwischenbilanz festzuhalten; außerdem kann es an der übergeordneten Zielsetzung gemessen und so der Stand des Erreichten verdeutlicht werden. Dann wird es zum Ausgangspunkt für den Blick nach vorn, da jetzt gesagt werden kann, was noch zu leisten ist und wie das weitere Vorgehen aussieht: Inwiefern und wie weit lässt sich auf den erzielten Ergebnissen aufbauen? In welche Richtung sind sie auszubauen und zu ergänzen? Müssen sie überprüft und möglicherweise revidiert werden? Auf diese Weise erfährt der Leser, was ihn im nächsten Kapitel erwartet, und er kann sich auf die vor ihm liegende Wegstrecke einstellen.

### Von der Ausführlichkeit

Eine Standardfrage von Studierenden lautet: Wie lang muss meine Hausarbeit werden? Manche Professoren geben darauf eine sibyllinische Antwort: Sagen Sie, was zu sagen ist; dann hören Sie auf! Damit ist der schwarze Peter an die Studierenden zurückgegeben, denn sie müssen sich selbst klar darüber werden, wann ihr Thema erschöpfend behandelt ist, vielleicht auch darüber, welche Meinung der Professor dazu hat. Damit die Studierenden mit ihrer Entscheidung nicht ganz allein gelassen bleiben, bekommen sie häufig noch gesagt, eine Hausarbeit bedeute, eine begrenzte Fragestellung auf begrenztem Raum in begrenzter Zeit zu bearbeiten, und solle deshalb etwa zwanzig Seiten lang sein. Dieser

Hinweis schafft allerdings das Problem nicht aus der Welt, sondern spitzt es noch zu: Wie ist das, was zu sagen notwendig ist, auf etwa zwanzig Seiten unterzubringen? Und die Frage, was genau notwendig ist, bleibt natürlich ebenfalls unbeantwortet.

Tatsächlich lässt sich auf diese Fragen auch keine abschließende Antwort geben. Denn ob ein Thema erschöpfend behandelt ist, das kann nicht generell entschieden werden, sondern immer nur für den konkreten Fall. Unter anderem hängt das davon ab, für wen wir schreiben: Welches Wissen kann man beim Leser voraussetzen? Es hängt auch davon ab, welches Ziel wir mit unserem Text verfolgen: Was muss zu diesem Zweck dem Leser alles mitgeteilt werden? Und nicht zuletzt sind verkürzende Darstellungen zu vermeiden, die das Verständnis gefährden. Wir befinden uns also in der Zwickmühle, nicht zu viel, aber auch nicht zu wenig zu schreiben. Und aus dieser unangenehmen Situation können nur wir selbst uns heraushelfen.

Insgesamt besteht heutzutage die Tendenz, ökonomisch zu schreiben, wobei Ökonomie gern mit Kürze gleichgesetzt wird. Zweifellos ist Kürze ein wesentliches Element der Ökonomie. Dennoch sollten wir dieses Prinzip nicht verabsolutieren, da die Überlegung sehr wohl erlaubt ist, welcher Brief der ökonomischere ist: Der kurze, der im Papierkorb landet, oder der etwas längere, mit dem das angestrebte Ziel erreicht wird? Die Frage ist banal, weil die Antwort auf der Hand liegt. Trotzdem sollte sich jeder vor Augen halten, dass Sprachökonomie und Kürze zwar in einer engen Beziehung miteinander stehen, aber nicht identisch sind. Das mag ein Trost sein für die Leute, die es lieben, sich – vielleicht etwas altmodisch – ausführlicher über ihren Gegenstand zu verbreiten, und sich nicht ständig dem Rotstift beugen wollen. Allerdings bedeutet diese Art der Ausführlichkeit keinen Freibrief für unkontrollierte Weitschweifigkeit oder gar Geschwätzigkeit. Unnötige Wiederholungen, die Ausbreitung von Selbstverständlichkeiten und unmotivierte Abschweifungen haben in unseren Texten keinen Platz, zumal sie den Leser anöden, ihm die Zeit stehlen und vom Wesentlichen ablenken können.

Wenn uns jemand ein Urlaubserlebnis erzählt – beispielsweise wie er bei der Rückkehr auf dem Bangkoker Flughafen fast 20 Stunden ohne Essen und Trinken in der Wartehalle verbrin-

gen musste, weil die Passagiere zwar abgefertigt worden waren, aber kein Flugzeug bereit gestellt wurde, wie dann die Reisenden nach Abu Dabi bis Bukarest mitfliegen mussten, weil der planmäßige Zwischenstopp ausfiel, und wie er in Bukarest schließlich einen ungeahnten Wutausbruch bekam, weil angeblich keine Busse für den Transfer ins Hotel zu bekommen waren – wenn uns also jemand eine solche Schauergeschichte erzählt, dann hat er sorgfältig darauf zu achten, dass er den roten Faden nicht ver-
4 liert oder vom Hölzchen aufs Stöckchen kommt. Er muss entscheiden, was alles zu seiner Erzählung dazugehört. Und was nicht dazugehört, das muss er auslassen, auch wenn es noch so interessant ist, wie die Lebensgeschichte des Ingenieurs, der eigentlich in Abu Dabi aussteigen wollte. Doch das wäre eine andere Geschichte.

Wie ein Geschichtenerzähler müssen auch wir uns bei jedem Schreibanlass überlegen, was zu unserem Thema gehört, was allenfalls nebensächlich ist und was mit ihm nichts zu tun hat. Der Schreiber des oben zitierten Einspruchs gegen den Steuerbescheid hat sich vielleicht schon mehrfach erfolgreich gegen das Finanzamt gewehrt. Einen Moment lang hat es ihn deshalb gereizt, seinem Ärger mit dem folgenden Passus Luft zu machen:

> Zu wiederholtem Male sehe ich mich gezwungen, dem Steuerbescheid zu widersprechen. Ein kurzer Blick in die Akten wird Ihnen zeigen, dass ich damit immer erfolgreich war.

Doch dann hat er es unterlassen, weil er sich ganz auf den anstehenden Vorgang konzentrieren und die Vorfreude auf den erfolgreichen Widerspruch ganz still für sich genießen wollte. Anders dagegen der Schreiber, der die fehlenden Bücher reklamiert. Solche Fehler sind schon mehrfach passiert, weshalb er das noch gesondert anspricht:

> Gestatten Sie mir noch eine Bemerkung: Dies ist nicht die erste unvollständige Sendung, die ich von Ihnen erhalte. Vielleicht ist das ja nur Zufall, vielleicht beruht es aber auch auf einer Schwachstelle in Ihrer Versandabteilung. Ich würde mich jedenfalls freuen, in Zukunft

> vollständige Sendungen zu erhalten. Das erspart Ihnen und mir Ärger und Unannehmlichkeiten.

Schon die Formulierung *Gestatten Sie mir noch eine Bemerkung* zeigt, dass die nachfolgenden Ausführungen eigentlich nicht mehr zum Thema gehören. Sonst hätte der Schreiber nicht diesen »Kohärenzjoker« verwendet, ein sprachliches Mittel, mit dessen Hilfe die Brücke geschlagen werden kann zwischen Themen, die nichts oder zumindest nicht unmittelbar etwas miteinander zu tun haben. Dennoch hat der Schreiber sich dazu entschlossen, diesen Hinweis aufzunehmen. Er will dem Adressat zeigen, dass er nicht auf Streit aus ist, appelliert aber zugleich an ihn, seinen Verpflichtungen nachzukommen, und er stellt das gemeinsame Interesse an reibungslosen geschäftlichen Beziehungen heraus. All das ist Motiv genug, an die eigentliche Reklamation noch eine weitere Passage anzuschließen. Nebenbei ist das auch ein Beispiel dafür, wie versöhnlich man einen Beschwerdebrief beenden kann.

Was zum Thema gehört und deshalb zu berücksichtigen ist, ist nur die erste Frage; die zweite schließt sich unmittelbar an: Wie ausführlich behandeln wir unseren Gegenstand oder einzelne seiner Aspekte? Wo gehen wir ins Detail, wo fassen wir zusammen? Auch hier gibt es keine abschließende Antwort, sondern wir müssen uns im konkreten Fall entscheiden. Was wir für wichtig halten, gibt den Maßstab ab. So ist in der Pressemitteilung des Schulvereins Gusterath-Pluwig von »Kromberenschnietschern« die Rede, aber nicht davon, wer sie macht. Umgekehrt wird der Malteser Hilfsdienst genannt, der das Mittagessen betreut. Ein genauer Leser mag sich fragen, ob es dafür einen Grund gibt. Und der Schreiber hätte sich überlegen müssen, ob er zu Recht die Malteser erwähnt, den Bund der Landfrauen aber übergeht (immerhin hätten die Landfrauen Anstoß nehmen können, dass sie nicht erwähnt werden). An einem anderen Punkt hat sich der Schreiber offensichtlich für eine pauschale Darstellung entschieden – dass es nämlich Mittagessen gibt – und darauf verzichtet, die Speisekarte vorzustellen: Schwenkbraten, Bratwürstchen und Erbsensuppe mit Einlage. Auch was den Tagesablauf angeht, hat er sich auf die – aus seiner Sicht – wichtigsten Punkte beschränkt und beispielsweise weitere Details wie die Segnung der geschmückten Fahrzeuge durch den Pfarrer, die Abendandacht und den gemütlichen Ausklang am Bierstand ausgelassen. Das sind alles Kleinigkeiten, aber sie summieren sich und lassen den Text schnell anschwellen.

Wichtiger noch ist die Frage, wie weit wir in unseren Briefen in die Details gehen. Denn gerade in den geschäftlichen und offiziellen Schreiben sollten wir uns kurz fassen. Deshalb hat der Reklamierende gut daran getan, in seinem Einspruch gegen den
4 Steuerbescheid sich auf den Hinweis zu beschränken, er habe die Notwendigkeit eines Arbeitszimmers dargelegt. An dieser Stelle wäre es völlig verfehlt, die konkreten Fakten zu wiederholen; der Sachbearbeiter kennt sie ja, und wenn er sie nicht mehr im Kopf hat, kann er sie in der Steuererklärung nachlesen.

Nehmen wir an, die Versandabteilung reagiert auf die Reklamation, entschuldigt sich für die Pannen und teilt dem Beschwerdeführer mit, dass es tatsächlich eine Schwachstelle gegeben habe, die aber nun beseitigt sei. Dazu erklärt sie ausführlich den internen Betriebsablauf – auf einer halben oder sogar einer ganzen Seite. Doch will der Beschwerdeführer das überhaupt wissen? Schließlich ist es das Problem des Unternehmens, seine Auslieferung so zu organisieren, dass Pannen ausgeschlossen sind. Den Beschwerdeführer dagegen interessiert ausschließlich, dass seine Reklamation akzeptiert und für Abhilfe gesorgt wird. Und darauf sollte sich das Antwortschreiben beschränken, wofür ein Satz ausreicht:

> Mittlerweile ist der Fehler gefunden und
> behoben worden.

Mit der Ausführlichkeit ist es wie mit einer Ziehharmonika. Ist sie auseinander gezogen, braucht sie viel Platz, was einer breit angelegten Darstellung mit vielen Einzelheiten entspricht. Zusammengedrückt dagegen beansprucht sie wenig Platz, was einer gerafften, stark zusammenfassenden Darstellung entspricht.

Breiter entfalten oder raffen – das ist die Entscheidung, die vor allem beim Berichten und Beschreiben zu treffen ist. In einer etwas abgewandelten Form trifft sie auch auf das Argumentieren zu. Wenn wir unsere Meinung in einer strittigen Angelegenheit begründen wollen, ist es keineswegs die Ausnahme, dass wir eine ganze Reihe von Argumenten anführen können. Die schon angesprochene Frage, wie wir mit einem Bündel von Argumenten umgehen sollten, lässt sich jetzt noch einmal zuspitzen: Nutzen wir alle oder nur eine Auswahl oder vielleicht sogar nur ein Einziges? Was ist beeindruckender? Das eine schlagende Argument oder eine ganze Herde von Argumenten unterschiedlicher Qualität? Weiterhin hieß es, ein Argument sei durch Beispiele zu veranschaulichen. Auch hier stellt sich die Frage: ein Beispiel oder mehrere? Oder aber überhaupt kein Beispiel? Manchmal ist ein Argument so triftig, dass es keiner weiteren Veranschaulichung bedarf.



Wir sehen: Ständig stehen wir vor Entscheidungen. Doch glücklicherweise sind wir uns dessen weithin nicht bewusst. Denn viele dieser Entscheidungen treffen wir beiläufig mit dem gesunden Menschenverstand. Unsere sprachliche Intuition, gepaart mit Erfahrung, hilft über viele kleine Klippen hinweg. Das schafft uns den Freiraum, den wir beim Schreiben brauchen, um die wirklichen Probleme zu lösen.

# KAPITEL 5

**Der Satz** Die Beschäftigung mit der Grammatik ist ein hartes Brot. Echte Begeisterung wird dafür nur aufbringen, wer ein Faible für den Charme des Spröden besitzt. Dennoch ist es unabdingbar, sich mit dem Bau der Sätze auseinander zu setzen, da viel davon abhängt: die Verständlichkeit und Lesefreundlichkeit der Formulierungen, die Schreibökonomie wie der rücksichtsvolle Umgang mit der Zeit und Geduld des Lesers, die klare Entfaltung der Gedanken. Gute Sätze zu schreiben, reicht also erheblich weiter, als einen gefälligen Text zu produzieren. Nun könnte man meinen, in der Grammatik sei doch geregelt, wie Sätze zu bilden sind. Das trifft auch zu, aber es bleibt trotzdem noch vieles der Entscheidung des Schreibers überlassen: ob er kurze oder lange, einfache oder komplizierte Sätze schreibt, ob er die Satzreihe oder das Satzgefüge bevorzugt, in welcher Reihenfolge er die Teile im Satz anordnet, wie er die Verbindungen zwischen den Sätzen herstellt.

## Zwei Stilprinzipien
### Ökonomie und Verständlichkeit

Ökonomisch sollen wir schreiben – zumindest was unseren alltäglichen Schriftverkehr angeht. Doch was heißt eigentlich *ökonomisch?* Vielfach verbindet sich mit diesem Begriff die Vorstellung, Sprachökonomie sei identisch mit Kürze und Knappheit im Ausdruck. Davon war schon im zweiten Kapitel die Rede, wo
5 die Sprachökonomie nicht nur als ein Stilprinzip eingeführt wurde, sondern auch die Auffassung angesprochen wurde, dieses Prinzip sei generelles Merkmal des heutigen Schreibens. Erneut war dann im Kapitel über den Text von der Ökonomie die Rede, als es um den knappen oder ausführlichen Text ging. Ökonomisch sei der knappe Text, hieß es da, einfach weil wir Zeit und Aufwand bei seiner Abfassung sparen. Dieser Sichtweise folgte der Einwand auf dem Fuß, auch der ausführlichere Text könne ökonomisch sein, dann nämlich, wenn der erhöhte Schreibaufwand die Chancen erhöht, die angestrebte Wirkung beim Adressaten zu erreichen. Sprachökonomie – so können wir diesen Hinweisen entnehmen – hat sehr wohl etwas mit Kürze zu tun, sie ist damit aber nicht identisch. Das sollten wir im Hinterkopf behalten, wenn es jetzt im Weiteren um die Frage »kurzer oder langer Satz?« geht.

In der jüngeren Ratgeberliteratur ist diese Frage im Prinzip entschieden, da in ihr mehr oder weniger deutlich der kurze Satz favorisiert wird. Vielen Ratgebern gilt der kurze Satz geradezu als Ideal. Dabei stellen sie noch nicht einmal die Sprachökonomie in den Vordergrund, vielmehr betonen sie die leichte Verständlichkeit der kurzen Sätze. Dennoch lässt sich sagen, dass sich in der Bevorzugung des kurzen Satzes zwei Prinzipien verbinden, nämlich Verständlichkeit und Ökonomie im Sinn von Kürze.

Schon allein das Streben nach Verständlichkeit macht die Idealisierung des kurzen Satzes plausibel, ist sie doch ein nicht gering zu schätzender Wert. Wenn der Schreiber sich darum bemüht, sich verständlich auszudrücken, ist das kein Selbstzweck, es entspringt seiner Absicht, mit seinem Leser pfleglich und rücksichtsvoll umzugehen. Erkennen wir als Leser dieses Bemühen, so sollten wir es auch honorieren!

Die Verständlichkeit spielt also eine wichtige Rolle für die Beziehungsgestaltung. Darüber hinaus ist Verständlichkeit in einem kommunikativen Bereich mittlerweile sogar ein gesetzlich verankertes Muss. Das Stichwort lautet *Herstellerhaftung*, der zufolge jeder Hersteller dazu verpflichtet ist, die Gebrauchsanleitungen für seine Produkte verständlich zu formulieren. Entstehen aus einer fehlerhaften und missverständlichen Gebrauchsanleitung Schäden, so haftet der Hersteller dafür. Gerade am Beispiel der Herstellerhaftung erkennen wir aber auch, dass Verständlichkeit keineswegs nur eine Frage das Satzbaus ist, sondern auch der Wortwahl. Gebrauchsanleitungen weisen ja häufig Fachwörter auf, mit denen der Laie nichts anzufangen vermag. Dennoch gilt der kurze Satz weithin als Garant der Verständlichkeit und außerdem noch als das Merkmal eines modernen Schreibstils.

Die Favorisierung des kurzen Satzes scheint gut motiviert, doch Kürze ist nicht alles. Wie so oft in der Sprache liegen auch hier die Dinge komplizierter, als auf den ersten Blick erkennbar ist. Wer hier mehr sehen will, der darf sich allerdings nicht mit einem einzelnen Satz begnügen, sondern er muss schon eine Folge von Sätzen heranziehen. Deshalb nehmen wir uns einen Text vor, in dem ein Medienkonzern sein Innovationszentrum vorstellt. Dieser Text zeichnet sich durch zwei Eigenschaften aus: Zum einen findet sich die Forderung, kurze Sätze zu schreiben, vorbildlich umgesetzt; zum andern nutzt der Konzern den modernen Schreibstil, um sich als ein modernes Unternehmen darzustellen. Der folgende Ausschnitt vermittelt einen Eindruck davon:

> Die Geschwindigkeit der neuen Multimediageschäfte gibt den Takt für das Innovationszentrum vor. In nur wenigen Wochen wird das unternehmerische Vorhaben grundsätzlich geprüft. Mit dem Eintritt in das Innovationszentrum stehen erste Konzepte. In nur drei Monaten sollen die Studien zur technischen Machbarkeit und die Marketingforschung abgeschlossen sein; am Ende dieser Phase stehen der Businessplan und ein Investmentantrag zur Finanzierung durch die Muttergesellschaft. Parallel dazu wird die Kernmannschaft des neuen Unternehmens aufgebaut.

Das ist leicht zu lesen. Die Sätze legen uns keine Stolpersteine in den Weg. Es ist, als ob wir eine Buttercremetorte durchschneiden. Doch vielleicht rührt sich bei dem einen oder andern Leser so ganz unterschwellig ein Gefühl, das leichtes Unbehagen signalisiert. Dieses Gefühl verstärkt sich beim Fortgang der Lektüre, denn die kurzen Sätze nehmen kein Ende, ja praktisch die gesamte Broschüre lebt vom kurzen Satz. Woraus resultiert aber das Unbehagen? Hat das Unternehmen denn nicht alles
5 getan, um seinen Lesern die Lektüre so problemlos wie möglich zu machen? Vielleicht liegt aber genau darin das Problem.

Tatsächlich birgt das berechtigte Streben nach Verständlichkeit eine Gefahr in sich, zumindest wenn sie ausschließlich mit kurzen Sätzen erreicht werden soll. Deren Aneinanderreihung führt zuerst einmal zu einer gewissen Eintönigkeit, dann aber auch zu einer Einfachheit in der Darstellung, die für manchen Leser langweilig wird, einfach weil er sich intellektuell unterfordert fühlt. Für denjenigen, der die Selbstdarstellung des Medienkonzerns lediglich rasch überfliegen möchte, ist die gewählte Darstellungsweise sicherlich angemessen; der Textinhalt erschließt sich ihm rasch und ohne Widerstände; es handelt sich gewissermaßen um Fast Food. Für den anderen, der Wert darauf legt, den Inhalt nicht einfach in Häppchen portioniert vorgesetzt zu bekommen, sodass er nur noch zu schlucken, aber nicht mehr zu kauen braucht, für den ist die Speise fade. Sätze – so lautet der Schluss – sollen schon verständlich sein, aber doch nicht so schlicht gestrickt, dass sich der Leser unterfordert, vielleicht sogar nicht ernst genommen fühlt. Auch das hat etwas mit der Beziehungsgestaltung zu tun!

Verständlich, aber nicht simpel zu schreiben ist keine einfache Sache, da sich der Schreiber dazu ganz auf seinen Leser einstellen muss; schließlich hat er sich dessen Niveau anzupassen. Doch wie soll er das tun? Er hat oft gar kein genaues Bild von seinem Leser, oder er textet für eine heterogene Lesergruppe mit ganz unterschiedlichen Erwartungen und Ansprüchen. Auch wenn es nicht der Königsweg aus dieser Klemme ist, so sollte der Schreiber ein mittleres Niveau anstreben, das die einen nicht langweilt und die anderen nicht abschreckt. Auch das ist eine Forderung, die sich nicht leicht einlösen lässt. Jedenfalls sollte der Schreiber nicht vom einfältigen Leser ausgehen, der regelmäßig überfordert ist, wenn ein Satz einmal mehr als einen Nebensatz enthält. Umgekehrt braucht er natürlich nicht von einem Leser auszugehen, für den sich erst dann das wahre Lesevergnügen einstellt, wenn er mit komplizierten Sätzen à la Franz Kafka gefüttert wird:

> Wenn man sich am Abend endgültig entschlossen zu haben scheint, zu Hause zu bleiben, den Hausrock angezogen hat, nach dem Nachtmahl beim beleuchteten Tische sitzt und jene Arbeit oder jenes Spiel vorgenommen hat, nach dessen Beendigung man gewohnheitsmäßig schlafen geht, wenn draußen ein unfreundliches Wetter ist, welches das Zuhausebleiben selbstverständlich macht, wenn man jetzt auch schon so lange bei Tisch stillgehalten hat, dass das Weggehen allgemeines Erstaunen hervorrufen müsste, wenn nun auch schon das Treppenhaus dunkel und das Haustor gesperrt ist, und wenn man nun trotz alledem in einem plötzlichen Unbehagen aufsteht, den Rock wechselt, sofort straßenmäßig angezogen erscheint, weggehen zu müssen erklärt, es nach kurzem Abschied auch tut, je nach der Schnelligkeit, mit der man die Wohnungstür zuschlägt, mehr oder weniger Ärger zu hinterlassen glaubt, wenn man sich auf der Gasse wiederfindet, mit Gliedern, die diese schon unerwartete Freiheit, die man ihnen verschafft hat, mit besonderer Beweglichkeit beantworten, wenn man durch diesen einen Entschluss alle Entschlussfähigkeit in sich gesammelt fühlt, wenn man mit größerer als der gewöhnlichen Bedeutung erkennt, dass man ja mehr Kraft als Bedürfnis hat, die schnellste Veränderung leicht zu bewirken und zu ertragen, und wenn man so die langen Gassen hinläuft, – dann ist man für diesen Abend gänzlich aus seiner Familie ausgetreten, die ins Wesenlose abschwenkt, während man selbst, ganz fest, schwarz vor Umrissenheit, hinten die Schenkel schlagend, sich zu seiner wahren Gestalt erhebt.

Solche Sätze zu lesen verlangt einiges: Bereitschaft, Ausdauer und Übung; es kostet schlicht Kraft. Nicht jeder ist dazu bereit, diese Kraft zu jedem Zeitpunkt aufzubringen, vor allem auch nicht bei

jedem Lektüreanlass. Denkt man diese Überlegung konsequent weiter, so führt sie zu der weiteren Forderung, dass sich der Schreiber nicht nur auf die Lektürefähigkeiten seiner Leser einstellen sollte, sondern nach Möglichkeit noch auf deren voraussichtliche Lesebereitschaft. Das bedeutet jedoch ein aussichtsloses Unterfangen! Woher wollen wir denn wissen, ob ein bestimmter Leser zu einem bestimmten Zeitpunkt in der Stimmung ist, sich durch komplizierte Sätze hindurchzuarbeiten?
5 Deshalb ist es am vernünftigsten, zumindest im Schreiballtag nicht allzu komplizierte Sätze zu schreiben. Das bringt dem Schreiber eine nicht zu unterschätzende Entlastung, die für Routineschreiben durchaus erwünscht ist. Denn nicht nur das Lesen komplizierter Sätze erfordert Aufwand, sondern auch das Schreiben; hinschludern lassen sie sich nämlich nicht.

Also doch ein Plädoyer für den kurzen Satz? Das nicht, aber der Rat an den Schreiber, mit seinen und seines Lesers Kräften ökonomisch umzugehen. Wer dagegen einmal aus der Schreibroutine ausbrechen oder aus einem besonderen Anlass mehr Formulierungsaufwand treiben möchte, einfach weil es ihm Freude macht, vielleicht auch weil er seinem Leser imponieren möchte, der sollte es tun. Aber er muss dann auch bereit sein, an seinen Sätzen zu feilen.

## Der kurze und der lange Satz
### Unterschiedliche Stilwerte

Bleiben wir noch für einen Augenblick bei der Satzlänge und fragen uns, was denn überhaupt ein kurzer, was ein langer Satz ist. Um hier eine Antwort zu finden, haben Sprachwissenschaftler umfangreiche Zählungen und Berechnungen angestellt mit dem Ergebnis, dass der deutsche Satz im Mittel dreizehn (bei Journalisten) bis sechzehn (bei Sachbuchautoren) Wörter zählt. Statistisch gesehen rechnen alle Sätze, die unter diesem Mittelwert liegen, zu den kurzen, die darüber zu den langen Sätzen. Diese Zahlenwerte sagen allerdings nichts aus über den Umfang von Sätzen, die wir in Texten antreffen. Da findet sich eine enorme Bandbreite, die vom Einwortsatz wie »Komm!« oder »Geh!« über Satzbruchstücke – auch Stummelsätze genannt – wie »Schönes Wetter heute« oder »Keine schlechte Idee« bis hin zu wahren Marathonsätzen reicht. Berühmt unter diesen ist so mancher Satz in den »Buddenbrooks« von Thomas Mann. Eine durchschnittliche Satzlänge von sage und schreibe zweiundneunzig Wörtern soll »Der Tod des Vergil« von Hermann Broch aufweisen.

Die Beispiele für extrem kurze und lange Sätze enthalten einen deutlichen Hinweis, wo solche Sätze zuerst und vor allem verwendet werden. Die einen tragen alle Zeichen des mündlichen Gebrauchs an sich, sind also in der gesprochenen Sprache beheimatet; die anderen entstammen der Literatur, gehören also zur geschriebenen Sprache. Aufgrund dieser Herkunft verbinden sich mit ihnen unterschiedliche stilistische Qualitäten. Einwortsätze und Satzbruchstücke verleihen einem Text einen eher sprechsprachlichen Charakter und eignen sich für einen lockeren und informellen Ton. Marathonsätze betonen dagegen den schreibsprachlichen Charakter. Sie eignen sich besonders für breit angelegte Darstellungen, in denen eine Fülle von Details ausgebreitet wird.

Genutzt werden die verschiedenen Arten von kurzen Sätzen – vom Einwortsatz über das Satzbruchstück bis zum einfachen vollständigen Satz – vor allem in der Werbung, zumindest können wir ihnen dort täglich begegnen. Vielleicht leitet sich von der Vorbildwirkung der Werbung die Einschätzung eines solchen Stils als modern ab. Und tatsächlich können wir von den Werbetextern auch etwas lernen. Sie wechseln nämlich gern zwischen Satzbruchstücken und einfachen Sätze, was dem Text einen gewissen Rhythmus verleiht:

> Mit System
> **Und dazu eine Leiter**
> Gute Bücher sind Freunde fürs Leben.
> Wie *studimo,* das klassische Regalsystem in verschiedenen Höhen, Breiten und Tiefen. Vielfältig kombinierbar passt sich dieser Bestseller von *zwischenheinrich/interlübke* buchstäblich jeder Raum- und Lebenssituation an.
> Für die Hausbibliothek, jetzt mit passender Leiter.

Mit wechselnder Satzlänge vermeiden wir jedenfalls Monotonie. Dabei müssen wir jedoch keineswegs dem Hang zum Satzbruchstück folgen und schon gar nicht dem zu künstlich erzeugten Bruchstücken, bei denen eine an sich vollkommen normale Satzkonstruktion optisch auseinander gerissen wird, indem statt eines Kommas ein Punkt gesetzt wird:

> PVC. *Wenns* drauf ankommt.
> Hygienehandschuhe werden aus PVC hergestellt. *Weil* sie absolut undurchlässig sein müssen und resistent gegen Chemikalien, Säuren, Bakterien und Schmutz. Aufgrund dieser Eigenschaften kommt PVC auch als Unterbodenschutz für Ihr Automobil zum Einsatz. *Und* überall dort, wo man Wert auf besondere Qualität legt: am Bau, in der Medizin und bei Ihnen zu Hause. Übrigens: Wussten Sie, dass PVC mittlerweile umweltverträglich hergestellt wird und bestens recycelt werden kann?

Diese Praxis wird als typographischer Hackstil bezeichnet, weil mithilfe von Satzzeichen und Großschreibung auseinander gehackt wird, was zusammengehört. Jedenfalls klingt es leicht hektisch und marktschreierisch. Gerade junge Leute mögen das auch für ausgesprochen flott halten. Dennoch kann es kein Vorbild für unseren Schreiballtag sein, auch wenn beispielsweise bei Studierenden immer mal wieder die Neigung zu solchen Formulierungen zu beobachten ist. Wir schreiben normalerweise aber keine Werbetexte; schließlich wollen und müssen wir nicht ständig etwas verkaufen.

Kurze und lange Sätze beziehen ihren Stilwert nicht nur aus ihrem sprech- oder schreibsprachlichen Charakter, sondern gleichermaßen durch ihre Struktur. Sätze bestehen aus eine Abfolge von Wörtern, die nach grammatischen Regeln geordnet ist. Diese Abfolge bildet zugleich eine Sinneinheit, die es in der Lektüre zu erfassen gilt. Je länger ein Satz ist, desto mehr Zeit braucht es dazu. Und mit steigendem zeitlichen Aufwand entwickelt sich ein Spannungsbogen, da sich die Sinneinheit nicht auf einen Blick erschließt. Damit soll nicht behauptet werden, dass wir den Zeitaufwand und den Spannungsbogen bewusst wahrnehmen; zumal kürzere Sätze überblicken wir blitzschnell. Doch bei der Lektüre eines ausladenden Satzes kann sich der Leser durchaus fragen: Worauf wird das hinauslaufen? Vielleicht hat sich bei dem einen oder anderen dieses Gefühl eingestellt, als er den Kafka-Satz mit seinen vielen *Wenn* gelesen hat; oder diese Frage wird provoziert von Heinrich von Kleist, der unglaublich lange und komplizierte Sätze gebaut hat. Der Leser des »Michael Kohlhaas« wird im folgenden Beispiel regelrecht auf die Folter gespannt, bis ihm endlich gesagt wird, was es eigentlich mit dem Kurfürsten von Sachsen auf sich hat:

> *Es traf sich, dass der Kurfürst von Sachsen* auf die Einladung des Landdrosts, Grafen Aloysius von Kallheim, der damals an der Grenze von Sachsen beträchtliche Besitzungen hatte, in Gesellschaft des Kämmerers, Herrn Kunz, und seiner Gemahlin, der Dame Heloise, Tochter des Landdrosts und Schwester des Präsidenten, andrer glänzenden Herren und Damen, Jagdjunker und Hofherren, die dabei waren, nicht zu erwähnen, *zu einem großen Hirschjagen*, das man, um ihn zu erheitern, angestellt hatte, *nach Dahme gereist war.* 5

Wie gesagt, die Lektüre solcher Sätze fordert vom Leser langen Atem. Ebenfalls angesprochen wurde schon, dass es nicht für jeden Anlass angemessen ist, diesen langen Atem des Lesers in Anspruch zu nehmen. Wer dessen Interesse wach halten muss oder wer dessen Geduld nicht allzu sehr strapazieren möchte, der verwende kurze Sätze. Aber er bedenke dabei, dass deren Aneinanderreihung zur Monotonie führt und diese wiederum die Aufmerksamkeit beeinträchtigen kann. Deshalb schließt sich der Ratschlag an, kurze mit längeren Sätzen zu kombinieren. So entsteht ein Rhythmus, wie wir ihn schon in der Anzeige für *studimos* wahrnehmen konnten und wie er sich auch in der Einleitung eines Berichts über die Kulturszene in Los Angeles findet:

> Die Frau sitzt im Aquarium. Hinter einer Glasscheibe in der Lobby eines kürzlich eröffneten Hotels hat sie es sich unter blaugrün leuchtenden Scheinwerfern auf einer transparenten Luftmatratze bequem gemacht. In sich versunken, verbringt sie hier ihre Abende. Zu einem silbrig schimmernden Plastikrock trägt sie ein knappes weißes Oberteil, an ihren Füßen baumeln schwarze

> Schaumstoffklumpen, die nur in einem Aquarium als Schuhe durchgehen. Wie bei ihren Kolleginnen, die jenseits der Glasscheibe die Gäste bedienen, erwartet man zu diesem Kostüm ein Kopfmikrofon und einen Walkman. Doch die Schöne ist unverkabelt. Denn sie verdient ihr Geld mit Lesen. Sie liest ein Buch.

Nach all dem, was bisher über kurze und lange Sätze gesagt wur-
5 de, sollte eines deutlich geworden sein: Sie lassen sich nicht einfach gegeneinander ausspielen. Wer gutes Deutsch schreiben will, der muss beide Möglichkeiten nutzen, wobei er sich der Vorzüge und Nachteile bewusst sein sollte. Deshalb müssen wir noch ein wenig bei diesem Thema verweilen, um noch die eine oder andere Fußangel kennen zu lernen. Wir beginnen mit dem kurzen Satz.

### Kürze bedeutet nicht unbedingt Einfachheit

Bisher wurde von der simplen Gleichung ausgegangen, der kurze sei der einfache Satz, der zugleich die Verständlichkeit garantiert. Daran ist schon etwas dran, aber es ist nur ein Teil der Wahrheit. Es gibt nämlich eine Satzform, die in der Sprachwissenschaft »einfacher erweiterter Satz« genannt wird. Ein solcher Satz zählt immer noch zu den kurzen Sätzen, aber er ist nicht in jedem Fall gut zu lesen und leicht zu verstehen.

Nehmen wir als Beispiel *Der Solist erntete großen Beifall.* Wir haben es mit einem einfachen Satz zu tun, der eine einfache Aussage beinhaltet: Von einem Musiker wird ausgesagt, dass er großen Beifall bekam. Dieser einfache Satz lässt sich nun problemlos um weitere Informationen anreichern:

> Der Solist erntete für seinen Vortrag von Beethovens Violinkonzert vor ausverkauftem Haus am vergangenen Sonntag im Leipziger Gewandhaus großen Beifall.

Nach der Statistik bewegt sich dieser Satz ziemlich an der Grenze zum langen, aber wirklich lang ist er noch nicht. Trotzdem macht seine Lektüre ein wenig Mühe, zumindest dem flüchtigen Leser.

Das hängt damit zusammen, dass wir ein ganzes Stück warten müssen, bis wir erfahren, was der Solist eigentlich erntet. Zwar ist die Wahrscheinlichkeit groß, dass am Satzende *Beifall* steht; eine kleine Ungewissheit bleibt dennoch, schließlich könnte auch *Buhrufe* stehen. Das Problem, dass wir für eine gewisse Zeit im Unklaren darüber gelassen werden, wie ein Satz zu Ende geht, verschärft sich noch, wenn sich eine zusammengesetzte Zeit findet, der Satz also beispielsweise im Perfekt steht:

> Der Solist hat für seinen Vortrag von Beethovens Violinkonzert vor ausverkauftem Haus am vergangenen Sonntag im Leipziger Gewandhaus großen Beifall geerntet.

Konnten wir dem *erntete* wenigstens eine Richtung entnehmen, in die sich der Satz bewegt, sagt uns das inhaltsarme *hat* rein gar nichts; und das hat eine gravierende Folge. Solange wir nicht *großen Beifall erntete* gelesen haben, bleiben die Informationen von *Solist* bis *Gewandhaus* nur Bruchstücke, die sich vom Leser nicht in einen sinnvollen Zusammenhang bringen lassen. Das vermag er erst, wenn er das Verb kennt. Aus dieser Beobachtung können wir einen Schluss ziehen: Obwohl Wörter wie *Solist, Vortrag, Violinkonzert, Haus, Sonntag* oder *Gewandhaus* als Hauptwörter bezeichnet werden, sind sie keineswegs die wichtigsten Wörter im Satz. Vielmehr sind die Verben mindestens ebenso wichtig, vielleicht sogar noch einen Tick wichtiger. Denn erst wenn wir das Verb eines Satzes kennen, erschließt sich uns der Sinn des Ganzen; vom Verb aus lassen sich die Informationsbruchstücke in einen Zusammenhang bringen. Wäre es dann aber nicht besser, das Verb stünde in jedem Fall ganz vorn im Satz? Zweifellos, aber der deutsche Satzbau weist eine Besonderheit auf, die als Satzrahmen oder Satzklammer bezeichnet wird. Und diese Struktureigenschaft verhindert in vielen Fällen, dass das Verb ganz vorne im Satz auftritt.

## Die Satzklammer
### Lesequal und Spannungsbogen

Mit der Satzklammer bekommen wir es immer dann zu tun, wenn das Prädikat aus mehreren Teilen besteht. Im deutschen Hauptsatz steht in diesem Fall derjenige Teil des Prädikats, der konjugiert ist, an zweiter Stelle, der Rest steht am Satzende:

5

> Herr Meier *hat* jede Menge Kuchen *gegessen.*
> Herr Meier *kann* jede Menge Kuchen *essen.*
> Kuchen *spielt* für Herrn Meier *eine große Rolle.*

Wenn die Teile des Prädikats auf Distanz zueinander gehen, dann bilden sie eine Klammer, in die sich weitere Satzglieder einfügen, in unserem Beispiel *jede Menge Kuchen* und *für Herrn Meier.* Diese Möglichkeit hat etwas Verlockendes, denn so lassen sich viele Informationen unterbringen:

> Herr Meier *hat* am letzten Sonntag am Geburtstag seiner Frau bald nach dem Mittagessen mit großem Appetit zum Gaudi der Anwesenden jede Menge Kuchen in kürzester Zeit *gegessen.*

Zugegeben, kurz ist dieser Satz nicht mehr; er wirkt vielmehr schon ziemlich überladen. Aber er illustriert anschaulich das Problem: Je mehr Wörter wir in die Satzklammer packen, desto länger dauert es, bis wir den zweiten, wirklich informativen Prädikatsteil erreichen. So ganz hilflos sind wir dem aber nicht ausgeliefert, da doch die eine oder andere Vermeidungsstrategie existiert. Ein Weg, die Satzklammer zu erleichtern, besteht darin, Information schlicht zu streichen oder aber in einen eigenen Satz auszulagern. Für den eben zitierten Beispielsatz wäre das die angemessene Lösung, denn anders ist er kaum zu retten. Einen zweiten Weg bietet das Verfahren der Ausklammerung, das heißt, Satzglieder werden aus der Klammer herausgenommen und hinter den zweiten Prädikatsteil gestellt. Doch dabei müssen wir aufpassen, da das nicht immer möglich ist. In manchen Fällen klingt das nämlich sehr merkwürdig, wenn nicht sogar falsch:

? Herr Meier *hat gegessen* jede Menge Kuchen.
? Herr Meier *kann essen* jede Menge Kuchen.
? Kuchen *spielt eine große Rolle* für Herrn Meier.

In anderen Fällen bildet dies jedoch eine akzeptable Lösung, gegen die allenfalls der eingefleischte Liebhaber der randvollen Satzklammer etwas einzuwenden hat:

> Es *sollte unterschieden werden* zwischen Fällen, in denen
> die Ausklammerung unser Sprachgefühl verletzt und in 
> denen sie uns akzeptabel erscheint.

Bei diesem Beispiel ist sogar noch eine andere Lösung vertretbar, bei der nur der Relativsatz hinter die Klammer gerückt wird, obwohl er eigentlich direkt bei dem Substantiv stehen müsste, auf das er sich bezieht:

> Es *sollte* zwischen Fällen *unterschieden werden,* in denen die Ausklammerung unser Sprachgefühl verletzt und in denen sie uns akzeptabel erscheint.

Vergleichbares bietet sich bei einem anderen Typ der Satzklammer geradezu an, die von einem Verb und seiner abtrennbaren Vorsilbe gebildet wird. Gemeint sind Verben wie *aufbauen, ablehnen, mithelfen:*

> Der Sohn *hilft* auf dem Hof, der von den Eltern bewirtschaftet wird, *mit.*
> Der Sohn *hilft* auf dem Hof *mit,* der von den Eltern bewirtschaftet wird.

Auch hier ist konsequente Ausklammerung denkbar, obwohl dies vermutlich nicht jedem behagen wird:

? Der Sohn *hilft mit* auf dem Hof, der von den Eltern bewirtschaftet wird.

Eine klare Regel, wann die Satzklammer vorzuziehen ist und wann besser von der Ausklammerung Gebrauch gemacht wird, gibt es nicht. Deshalb bleibt es wieder einmal dem Sprachgefühl eines jeden Einzelnen überlassen, wie er sich entscheidet: für die Klammer, die Spannung in den Satzaufbau bringt, oder die Ausklammerung, die das Lesen erleichtert.

## Das Attribut

### Häufung von Informationen

Wie wir gesehen haben, lässt sich der einfache Satz erweitern, indem weitere Satzglieder eingefügt werden. Dieses Spielchen kann glücklicherweise nicht endlos betrieben werden, selbst der findigste Sprachbastler stößt bald an Grenzen. Daneben gibt es jedoch ein weiteres Verfahren, den einfachen Satz bis zum Bersten anzureichern. Und das funktioniert so:

> Der Sohn hilft auf dem Hof mit.
> Der *älteste* Sohn hilft auf dem Hof *seiner Eltern* mit.
> Der älteste Sohn, *der Schlosser gelernt hat,* hilft auf dem *ökologisch geführten* Hof seiner *an der Landwirtschaft festhaltenden* Eltern mit.
> Der älteste Sohn, der Schlosser gelernt hat, hilft auf dem ökologisch geführten Hof seiner an der *unrentablen* Landwirtschaft festhaltenden Eltern mit.

In dieser Beispielreihe werden nicht sukzessive neue Satzglieder eingeführt, sondern einzelne Satzglieder werden mit Attributen unterschiedlichen Typs ausgestattet: *älteste* und *der Schlosser gelernt hat* zu *Sohn, ökologisch geführten* und *seiner Eltern* zu *Hof, an der Landwirtschaft festhaltenden* zu *Eltern, unrentablen* zu *Landwirtschaft*. Auf diese Weise wird im Handumdrehen aus einem kurzen und wirklich einfachen Satz ein kompliziertes und unübersichtliches Gebilde.

Das Hauptmittel, diesen Ausuferungen zu begegnen, besteht in der Selbstdisziplinierung des Schreibers, da er niemanden hat, der ihm auf die Finger schaut. Dem Zeitungsvolontär – so wird wenigstens aus der guten alten Zeit berichtet – hat der Chefredakteur rigoros die Adjektive aus den Texten herausgestrichen. Mit dieser Maßnahme sollten die Volontäre zu einer sachlichen Schreibweise erzogen werden, die auf blumige Ausschmückungen verzichtet. Dieser Ratschlag hat noch heute etwas für sich, dennoch empfiehlt es sich nicht, ihn blind zu befolgen. Attribute dienen keineswegs immer der blumigen Ausgestaltung, sondern auch dazu, die Person oder die Sache, von der die Rede ist, genauer zu bestimmen. Nehmen wir noch einmal den Sohn, der seinen

Eltern auf dem Bauernhof hilft: *Der Sohn hilft auf dem Hof mit.* Dieser Formulierung entnehmen wir problemlos, dass die Bauersleute einen einzigen Sohn haben. Haben sie jedoch mehrere, kommt der Schreiber nicht darum herum, den mithelfenden Sohn genauer zu bestimmen: *Der* älteste *Sohn hilft auf dem Hof mit.* Wenn wir also Attribute streichen, um den Satz sachlicher oder inhaltlich weniger befrachtet zu gestalten, dann müssen wir uns sehr wohl überlegen, welche der Attribute ohne Schaden weggelassen werden können und welche Informationen liefern, die für 5
das Verständnis wichtig sind. Die Sprachwissenschaft unterscheidet deshalb zwei Arten von Attributen: die restriktiven, mit denen ein Gegenstand genauer bestimmt oder identifiziert wird, und die nicht restriktiven, mit denen eine zusätzliche Erläuterung zu einem Gegenstand gegeben wird. Im Englischen wird diese Unterscheidung so wichtig genommen, dass sie sich sogar auf die Zeichensetzung auswirkt. Der restriktive Relativsatz wird nicht durch ein Komma abgetrennt, also *the man who told me that ...;* der nicht restriktive dagegen sehr wohl, also *my father, who told me that ...*

Dieser kurze Blick über den Zaun bedeutet leider nicht, dass wir das Kapitel über die Verkomplizierung des einfachen Satzes abschließen können, denn die Möglichkeiten, einfache Sätze mithilfe von Attributen in komplizierte Sätze zu verwandeln, sind noch nicht erschöpft. Wenigstens ein weiterer Fall bleibt uns nicht erspart, der sich an diesem harmlosen Satz entwickeln lässt:

> Die Delegation verhandelte mit den Regierungsvertretern über den Friedensvertrag.

Nehmen wir an, der Schreiber möchte noch etwas darüber sagen, wie die Verhandlungen verliefen, so könnte er fortfahren: *Diese Verhandlungen verliefen zäh.* Nehmen wir weiterhin an, der Schreiber will darauf keinen zweiten Satz verwenden, sondern alles in einer Konstruktion unterbringen. Dazu muss er den ersten Satz umformulieren, indem er das Verb *verhandeln* zum Substantiv *Verhandlung* macht:

> Die Verhandlungen der Delegation mit den Regierungsvertretern über den Friedensvertrag verliefen zäh.

Das Ergebnis dieser Prozedur erscheint ziemlich unbefriedigend, denn sie hat zu einer Häufung von vier Substantiven geführt, die schon ein recht beeindruckendes Beispiel für Nominalstil abgibt. Der Schreiber ist daran aber ganz schuldlos, da er gar nicht anders konnte, als die restlichen Satzglieder aus dem Ausgangssatz mitzunehmen; und die haben sich dabei wie von selbst in Attribute verwandelt. Das geschieht regelmäßig, wenn wir das Verb zu einem Substantiv machen:

5

> Die Sonne *schien* gestern Nachmittag so herrlich, was uns veranlasste, einen Spaziergang zu unternehmen. → Das herrliche *Scheinen* der Sonne gestern Nachmittag veranlasste uns, einen Spaziergang zu unternehmen.
> Der Kommissar *glaubte* an die Unschuld des Verhafteten. Das war jedoch ein Irrtum. → Der *Glaube* des Kommissars an die Unschuld des Verhafteten war jedoch ein Irrtum.
> Herr Meier hat seinem Vorgesetzten die Nachricht *übergeben*, wofür sich dieser bedankte. → Für die *Übergabe* der Nachricht an seinen Vorgesetzten durch Herrn Meier bedankte sich dieser.

Die Ausgangsformulierungen zeichnen sich durch keine besondere Eleganz aus, sie sind stilistisch neutral. Die Umformulierungen sind dagegen stilistisch markiert, jedoch keineswegs als elegant. Ganz im Gegenteil, sie wirken ausgesprochen umständlich, ja geradezu papieren; sie sind schreibsprachlich in einem schlechten Sinn. Dies spüren wir, wenn wir die Sätze laut lesen, aber auch wenn wir sie leise lesen. Und wer würde schon im Gespräch ernsthaft sagen *Das herrliche Scheinen der Sonne gestern Nachmittag?* Deshalb sollten wir solche Nominalisierungen meiden, zumal sie keine erkennbaren Vorteile mit sich bringen, ganz im Gegenteil. Ein Vorteil könnte ja sein, dass mit den Nominalisierungen Platz gespart wird. Aber das ist keineswegs der Fall. Zählen wir die Wörter, so zeigt sich, dass im Beispiel mit der Sonne lediglich ein Wort eingespart wird (14 zu 13), im Beispiel mit dem Kommissar ist die Wortzahl in beiden Varianten gleich (13 zu 13), und im Beispiel mit Herrn Meier erhöht sich die Wortzahl um zwei (12 zu 14).

Es kann also nicht das Streben nach dem ökonomischen Ausdruck sein, das Schreiber zu solchen Formulierungen bewegt. Wo liegt dann aber das Motiv? – Wie so oft, wenn es um stilistische Erscheinungen geht, gibt es auch hier keine einfache Antwort. Fest steht aber, dass sich in den beiden letzten Jahrhunderten eine zunehmende Neigung zu solchen Konstruktionen beobachten lässt, und zwar besonders im behördlichen Sprachgebrauch, aber auch in Wissenschaft und Technik. Nicht umsonst haben sich seit dem ausgehenden 19. Jahrhundert die Sprachratgeber 5
dem Kampf »wider die Hauptwörterei« verschrieben und für den Gebrauch von Verben anstelle von Nominalisierungen plädiert. Besonders scharf ins Auge gefasst hat man dabei die Ableitungen auf *-ung*, die regelrecht geächtet wurden. Damit treffen wir auf den nächsten Fall, der differenziert zu betrachten ist.

## Der kompakte Ausdruck
### Viel Information auf wenig Raum

Die Warnung vor den Nominalisierungen ist natürlich berechtigt, sie darf jedoch nicht in ein Plädoyer gegen alle abgeleiteten Substantive ausarten, auch nicht gegen die auf *-ung*. Wer hätte schon ernsthaft etwas gegen Wörter wie *Kleidung, Ordnung, Übung* oder *Umgebung* einzuwenden? Mit anderen, vor allem ad hoc gebildeten Nominalisierungen kann es jedoch Überraschungen geben, die – je nach Sichtweise – erwünscht oder unerwünscht sind. Das hängt mit einer Erscheinung zusammen, die in der Sprachwissenschaft als kompakter Ausdruck bezeichnet wird. Was so gelehrt klingt, lässt sich am besten an einem Beispiel erklären. Betrachten wir dazu den Satz, den wir schon aus dem ersten Kapitel kennen:

> Der Mittelstandstag in Hamburg beauftragte den Bundesvorstand der MIT, eine Gesetzesinitiative zur Entsorgung des durch den in Großmärkten erfolgten Verkaufs von Motorenöl entstehenden Altölbestandes im Diskussionskreis Mittelstand der CDU/CSU-Bundestagsfraktion einzubringen.

Im ersten Kapitel diente er dazu zu demonstrieren, wie schwer verständlich und leserunfreundlich die übermäßige Anhäufung von Substantiven sein kann. Jetzt soll er uns dazu dienen zu demonstrieren, wie Nominalisierungen so ganz nebenbei auch zu manipulativen Zwecken genutzt werden können.

Versuchen wir zuerst einmal das, was hinter dem Komma steht, in seine Bestandteile zu zerlegen. Wir tun das, indem wir möglichst vollständige Sätze formulieren:

1 Der Mittelstandstag in Hamburg beauftragte den Bundesvorstand der MIT damit,
2 dass dieser eine Gesetzesinitiative einbringt im Diskussionskreis Mittelstand der CDU/CSU-Bundestagsfraktion,
3 die zum Ziel hat,
4 dass der Gesetzgeber regelt,
5 dass ??? den Altölbestand entsorgt,
6 der dadurch entsteht,
7 dass Großmärkte Motorenöl verkaufen.

Das Ergebnis dieser Zerlegungsprozedur klingt ziemlich schrecklich, aber es macht deutlich, was alles an Inhaltsaspekten im Ausgangssatz drinsteckt, ohne dass wir das auf den ersten Blick wahrnehmen. Und genau das ist mit kompaktem Ausdruck gemeint – wir müssen vieles mitverstehen, das gar nicht gesagt wurde, aber dennoch irgendwie im Satz enthalten ist. Besonders bemerkenswert in unserem Beispiel ist das kleine Wörtchen *zur,* das in *die zum Ziel hat* aufgelöst wurde. Aus dieser Auflösung ergibt sich die Notwendigkeit zu sagen, was denn genau das Ziel ist, und damit kommt der Gesetzgeber ins Spiel, der im Ausgangssatz überhaupt nicht aufgetreten ist. Neben der Unübersichtlichkeit haben wir jetzt eine weitere Erklärung dafür, warum der Satz schwer verständlich ist: Hinter der Oberfläche stecken eine Reihe inhaltlicher Aspekte, die wir uns erschließen müssen.

Das ist allenfalls störend, aber keineswegs brisant. Wirklich kitzlig wird es, wenn wir einen kompakten Ausdruck nicht richtig auflösen können, und damit sind wir wieder beim Ausgangsproblem – der Nominalisierung von Verben – angelangt. Tatsächlich bereitet die Auflösung von *Entsorgung* Schwierigkeiten, da wir dem Ausgangssatz nicht entnehmen können, wer das Altöl entsorgen soll – angedeutet wurde das in 5 mit den drei Fragezeichen. Die Vermutung ist sicherlich nicht zu weit hergeholt, der Verfasser dieser Presseerklärung habe diese Möglichkeit bewusst genutzt, um offen zu lassen, wer mit der Beseitigung des Altöls belastet werden solle; das ist aber sicherlich nicht unerheblich. Über die Motive für diese Auslassung wollen wir jetzt nicht spekulieren, sondern lediglich festhalten, dass der Pressesprecher diese Information noch locker untergebracht hätte, wenn er nur gewollt hätte. Und deshalb liegt der Verdacht der sprachlichen Manipulation nahe. 5

Was das mit gutem Deutsch zu tun hat? Tatsächlich führt diese Beobachtung ein Stück weit von unserem eigentlichen Thema weg, aber doch nicht völlig. Im zweiten Kapitel war ja schon kurz von der Wahrhaftigkeit die Rede gewesen, von der wir uns beim Kommunizieren leiten lassen sollen und die sich auch in unserem Sprachgebrauch widerspiegeln soll. Nur zur Erinnerung: Es geht dabei nicht einfach um Wahrheit oder Lüge, sondern um die Frage einer kommunikativen Ethik, die selbstverständlich nicht primär eine Frage des stilistisch einwandfreien Deutsch ist, die aber auch nicht völlig isoliert von unserem Sprachgebrauch zu betrachten ist. Für sich genommen sind die sprachlichen Mittel, deren wir uns bedienen, weder gut noch schlecht, das ist vielmehr immer eine Frage des Gebrauchs, den wir von ihnen machen.

## Der lange Satz
### Satzgefüge und Verschachtelungen

So wie ein relativ kurzer Satz nicht unbedingt einfach ist, ist ein langer Satz nicht zwangsläufig kompliziert, zumindest wenn er ein übersichtlich gebautes Satzgefüge bildet, bestehend aus dem Hauptsatz und mehreren Nebensätzen. Dies ist beispielsweise bei »abperlenden Satzgefügen« der Fall, die mit dem Hauptsatz eröffnet werden, an den sich dann Nebensätze wie Perlen auf einer Schnur reihen:

> Der behandelnde Arzt sagte, dass man erst am Freitagabend Klarheit darüber haben werde, ob dieses Medikament auch auf den bislang unbekannten Virentyp wirke, mit dem sich die junge Frau in Westafrika infiziert hatte.

Typisch für solche Satzgefüge ist ein Verb des Sagens oder Meinens im Hauptsatz wie *behaupten, mitteilen, äußern* oder *glauben, wissen, befürchten*. Das »abperlende Satzgefüge« eignet sich besonders gut für die indirekte Rede, weshalb es gern von den Nachrichtenschreibern benutzt wird; aber auch in Protokollen, in denen es darauf ankommt, genau festzuhalten, was Einzelne gesagt haben, lässt es sich gut verwenden.

Der Vorzug dieser Konstruktion liegt auf der Hand: Jede der
5 zu vermittelnden Informationen hat ihren eigenen Satz, sodass sie der Leser portionsweise zur Kenntnis nehmen kann; dafür sorgt die lineare Abfolge der Nebensätze. Das Bauprinzip ist so einfach, dass es leicht dazu verleitet, immer noch einen weiteren Nebensatz anzuhängen. Doch man hüte sich, dieser Verlockung zu erliegen, denn selbst ein geduldiger Leser sehnt sich gelegentlich nach einem Ruhepunkt. Und noch ein Hinweis, der von Wilfried Seibicke[1] stammt: Bei einer solchen Aneinanderreihung von Nebensätzen sollten nicht alle vom gleichen Typ sein. Dieser Forderung entspricht unser Beispiel; der erste Nebensatz wird mit *dass* eingeleitet, der zweite mit *ob* und der dritte mit *mit dem*. Das bringt eine gewisse Abwechslung mit sich, anders als in dem folgenden Gefüge, das von Heinrich von Kleist stammt:

> Die Marquise bewohnte ein Landhaus, *das* in einem herrlichen Tale lag, *dessen* frische Vegetation durch einen Bach unterhalten wurde, *der* stets im Schatten hoher Bäume murmelte.

Langeweile durch Gleichförmigkeit – das kann bei solchen Satzgefügen, in denen die Teile ineinander verschachtelt sind, nicht passieren. Denn die volle Konzentration des Lesers ist gefordert, um die zusammengehörigen Teile herauszufinden. Allerdings, der extreme Schachtelsatz ist eine Erscheinung, der wir vermutlich selten in unserem Lesealltag begegnen, umso wahrscheinlicher aber in Sprachratgebern:

> Derjenige, der den Wellensittich, der auf den Baum, der vor dem Haus, das an unser Grundstück angrenzt, steht, geflogen ist, einfängt, erhält eine Belohnung.

1 **Wilfried Seibicke.** Wie schreibt man gutes Deutsch – eine Stilfibel. Mannheim 1969, S. 70

Im Ernst, wer schreibt im wirklichen Leben schon solche Sätze? Das heißt aber nicht, dass wir es als Leser nicht immer wieder mit mehr oder weniger vertrackten Verschachtelungen zu tun hätten. Und dem einen oder anderen unterlaufen sie selbst hin und wieder beim Schreiben. Auch hier gilt, dass jeder für sich selber entscheiden muss, welches Maß an Verschachtelung er akzeptiert und dementsprechend beim eigenen Schreiben nicht überschreitet. Der Autor des folgenden Beispiels ist sich hoffentlich im Klaren darüber gewesen, was er in die Schachtel – gebildet von *Dass Schauspielerduo* und *erinnerte an* – alles hineingepackt hat, nämlich einen Relativsatz, an den sich ein zweiter anschließt, in den wiederum ein verkürzter Relativsatz eingefügt ist:

> Das Schauspielerduo, das da in trauter Eintracht zum festlichen Empfang eilte, welchen die Politelite dem designierten neuen Monarchen im Moskauer Präsidentenhotel, früher Hotel des Zentralkomitees der Kommunistischen Partei, gab, erinnerte an die der Macht so dienstfertigen Rosenkrantz und Güldenstern.

Ob alle seine Leser das Ergebnis für gut befunden haben?

## Satzreihe oder Satzgefüge
### **Die Darstellung komplizierter Sachverhalte**

Es wurde schon verschiedentlich die Neigung angesprochen, möglichst viele Informationen in einen Satz hineinzupacken. Zwei Mittel dazu sind die Nominalisierung und die Häufung von Attributen. Hierher gehört auch die Technik, einen komplizierteren Gedankengang in eine einzige Satzkonstruktion zu zwingen. Kompliziertere Satzgefüge zu bauen ist eine Kunst, die vor allem auch gedankliche Disziplin fordert. Denn wer seinen Gegenstand nicht gründlich durchdacht hat, der wird auch kein durchsichtiges Satzgefüge zustande bringen. Grundsätzlich bergen umfangreichere Satzgefüge die Gefahr in sich, dass die Klarheit des Geschriebenen beeinträchtigt wird:

> Wenn denn überhaupt eine zwingende, gleichsam naturnotwendige Korrelation behauptet werden kann, dass,

> je länger und massiver die Unterdrückung oder Freiheitsberaubung andauere, desto mächtiger, rabiater und wirksamer der Befreiungsschlag ausfalle, je schmerzhafter die wirtschaftliche Niederhaltung empfunden werde, desto produktiver und innovativer die Erholung bzw. Überholung der anderen betrieben werde, der Aufstieg der Familie Mosse wäre dafür kein Beispiel.

5 Dieser Satz ist einer breit angelegten Abhandlung zur Geschichte der Familie Mosse entnommen[1], die zu lesen Zeit und Muße verlangt. Es ist dem Stil eines solchen Werks durchaus angemessen, wenn der ruhige Fluss der Darstellung sich auch im Bau der Sätze niederschlägt. Allerdings zeugt der Beispielsatz weniger von der Entfaltung der Gedanken als von ihrer Zusammenballung. Syntaktisch wird dies bewirkt mittels eines *wenn-dann*-Gefüges, bei dem das *dann* ausgespart ist, und einer gedoppelten *je-desto*-Konstruktion, die mit *dass* eingeklinkt ist. Inhaltlich haben wir es mit einem irrealen Bedingungssatz zu tun, mit dem der Zusammenhang zwischen einer bestimmten sozialen Lage, der Reaktion darauf und dem Aufstieg der Familie Mosse verneint wird. Irreale Bedingungssätze sind ein gängiges Satzmuster, das hier aber zum Problem wird, weil die Autorin die komplizierte Bedingung nicht gesondert eingeführt, sondern im *wenn*-Teil des Bedingungssatzes untergebracht hat.

Zumindest wenn wir über komplizierte Sachverhalte schreiben, sollten wir vor der eigentlichen Niederschrift unsere Gedanken sortieren: Was schreibe ich überhaupt und in welcher Reihenfolge? Dieser Rat gilt nicht nur für die Planung eines Textes, sondern auch für die Ausgestaltung einzelner Textstellen, insbesondere für die Darlegung komplizierter Gedankengänge: Was muss ich überhaupt erwähnen? In welcher Reihenfolge tue ich das? Und welcher Formulierungen bediene ich mich? Hier ist vor allem zu entscheiden, auf wie viele Sätze der Gedankengang zu verteilen ist. Bilde ich eine Satzreihe aus einer Folge von Hauptsätzen oder ein Satzgefüge, das aus einem Hauptsatz und mehreren Nebensätzen besteht?

1 **Elisabeth Kraus:** Die Familie Mosse. Deutsch-jüdisches Bürgertum im 19. und 20. Jahrhundert. München 1999

Die Warnung, Satzgefüge führten bei Misslingen zur Unklarheit, bedeutet kein Plädoyer für die Satzreihe. Im Gegenteil, von stilistischen Nuancen einmal abgesehen, sind die beiden Möglichkeiten prinzipiell gleichwertig, was sich schon daran zeigt, dass wir über keine Kriterien verfügen, mit denen wir bestimmen könnten, wann ein Gedankengang als Satzreihe, wann als Satzgefüge zu realisieren ist. Das schließt jedoch nicht aus, dass ein Schreiber eine der beiden Möglichkeiten bevorzugt, einfach weil es seiner Vorliebe entspricht oder weil es zu seinen unreflektierten Schreibgewohnheiten zählt. Zwingend ist die Wahl jedenfalls nicht, sonst ließe sich ein Gedankengang nicht alternativ in einem Satzgefüge und einer Satzreihe präsentieren, wie das folgende Beispiel ausweist:

> *Da* der Denkvorgang für nicht objektivierbar erklärt wird, das daraus folgende beobachtbare Verhalten nur bestenfalls die Resultate des Denkens sichtbar werden lässt, führt die konsequent durchgeführte behavioristische Betrachtungsweise zu dem Schluss, dass etwa Rechenautomaten, *die* dieselben Aufgaben zu lösen imstande sind wie der denkende Mensch, zu Recht als »Denkautomaten«, »künstliche Gehirne« usw. bezeichnet werden können.

> Der Denkvorgang wird für nicht objektivierbar erklärt, und das daraus folgende beobachtbare Verhalten lässt nur bestenfalls die Resultate des Denkens sichtbar werden. *Deshalb* führt die konsequent durchgeführte behavioristische Betrachtungsweise zu dem Schluss, dass etwa Rechenautomaten zu Recht als »Denkautomaten«, »künstliche Gehirne« usw. bezeichnet werden können. *Diese Automaten* sind *nämlich* imstande, dieselben Aufgaben zu lösen wie der denkende Mensch.

Der wichtigste Unterschied zwischen den beiden Fassungen besteht in den Mitteln, mit denen die Beziehungen zwischen den Teilsätzen im Satzgefüge und den Sätzen in der Satzreihe ausgedrückt werden. Zugleich wird aber auch deutlich, dass in beiden Varianten das Verhältnis der Gedanken zueinander angemessen ausgedrückt werden kann. Nicht zuletzt darauf beruht die prinzipielle Gleichwertigkeit von Satzgefüge und Satzreihe.

Nun war mehrfach von prinzipieller Gleichwertigkeit die Rede. Doch wenn immer wieder betont wird, dass etwas *prinzipiell* gelte, sollte man hellhörig werden. Gibt es da etwa Abweichungen vom Prinzip? Schauen wir noch einmal genauer auf die Verwendung von Satzreihe und Satzgefüge, so lässt sich zwar keine Systematik entdecken, aber doch eine gewisse Tendenz: In Fällen, in denen wir einen Sachverhalt beschreiben, nutzen viele von uns eher die Aneinanderreihung von Hauptsätzen. Diese können noch
5 einen Attributsatz enthalten oder einen *dass*-Satz, der vom Verb des Hauptsatzes gefordert ist; aber zu komplizierteren Konstruktionen führt das nicht. Das gilt beispielsweise für die Darlegung eines Sachverhaltes etwa in einem Beschwerdeschreiben, für das Festhalten von Ergebnissen, Vereinbarungen oder Leistungsanforderungen in einem Protokoll, einem Vertrag oder auch einem Brief, für Definitionen, für das Berichten eines Ereignisses. Geht es dagegen um Bedingungen, Begründungen, Ziele, zeitliche Präzisierungen, Gegensätze oder Einschränkungen, dann bieten sich Satzgefüge an, deren Nebensätze mit Konjunktionen wie *wenn, da, weil, als, damit, indem, als* oder *obwohl* eingeleitet werden. Aber es sei noch mal festgehalten: Wir verfügen gleichermaßen über ein Arsenal sprachlicher Mittel, um solche Bezüge auch zwischen den Sätzen in einer Satzreihe herzustellen.

## Die Ordnung im Satz
### Zur Reihenfolge der Wörter

Ob wir wenig oder viel Information in einem Satz unterbringen – wir sind in jedem Fall mit der Aufgabe konfrontiert, diese Informationen in eine lineare Abfolge zu bringen. Wir können nun einmal nicht anders, als ein Wort nach dem anderen zu schreiben. Außerdem bildet der Satz keine beliebige Anhäufung von Wörtern, sondern in ihm herrscht Ordnung. Jedem Wort und jeder Wortgruppe ist ein Platz zugewiesen; zuständig dafür sind die Wortstellungsregeln. Unter diesen lassen sich nun zwei Arten unterscheiden. Die erste weist den Wörtern nicht nur ihren Platz an, sie sorgt auch dafür, dass sie diesen nicht verändern. Die Wörter stehen unverrückbar an einer bestimmten Stelle, sodass sie ihre Nachbarn nicht wechseln können. Machen wir die Probe:

Bei der Gründung eines Unternehmens liegen Erfolg und Misserfolg nahe beieinander.

Beginnen wir mit der ersten Wortgruppe, dem Subjekt, und verändern Schritt für Schritt die Reihenfolge der Wörter:

* der bei Gründung eines Unternehmens
* der Gründung bei eines Unternehmens
* Gründung bei der eines Unternehmens
* bei der Gründung Unternehmens eines
* eines Unternehmens bei der Gründung

Die Umstellungen führen immer zu einer grammatisch falschen Konstruktion; deshalb steht vor jedem Versuch auch ein Sternchen (*), um das fehlerhafte Ergebnis anzuzeigen. Das ist nicht weiter überraschend, denn diese Umstellungen verstoßen gegen klare Regeln, die für die Abfolge der Wörter zuständig sind: Treten ein Artikel und ein Substantiv miteinander auf, so steht zuerst der Artikel und dann folgt das Substantiv *(der + Gründung* und *eines + Unternehmens)*. Tritt noch eine Präposition hinzu, dann findet sie vor dem Artikel ihren Platz *(bei + der + Gründung)*. Auch die Wortgruppe *eines Unternehmens* hat einen festen Platz; als Genitivattribut steht sie nach dem Substantiv, auf das sie sich bezieht.

Mit der zweiten Art von Regeln wird Wörtern oder Wortgruppen ebenfalls im Satz ein Platz zugewiesen, aber es gibt für sie nicht nur einen Platz, an dem sie stehen können, sondern zwei oder noch mehr Plätze. Das erlaubt es ihnen, ihre Plätze miteinander zu tauschen und sich neue Nachbarn zu suchen. Schauen wir uns das anhand des Beispielsatzes an, und dehnen wir dazu das Spielchen mit den Umstellungen auf den ganzen Satz aus. Allerdings probieren wir die Umstellungen nicht systematisch durch, denn das ließe sich stundenlang fortsetzen. Und irgendwann würden wir auf einen ersten Fall stoßen, in dem das Ergebnis der Umstellung grammatisch korrekt ist:

Erfolg und Misserfolg liegen bei der Gründung eines Unternehmens nahe beieinander.

Und im Laufe der Zeit würden sich noch weitere Fälle dazugesellen:

Erfolg und Misserfolg liegen nahe beieinander bei der Gründung eines Unternehmens.
Nahe beieinander liegen Erfolg und Misserfolg bei der Gründung eines Unternehmens.
Nahe beieinander liegen bei der Gründung eines Unternehmens Erfolg und Misserfolg.

Diesen grammatisch richtigen Ergebnissen ist gemeinsam, dass immer ganze Wortgruppen von der Umstellung betroffen sind, und zwar solche Wortgruppen, die Satzglieder bilden. Wir erkennen aber auch, dass diese sich keineswegs völlig beliebig verschieben lassen. Erstens behält der Prädikatsausdruck *liegen* seine Position unverrückbar bei, und zweitens steht vor *liegen* immer nur ein einziges Satzglied. Falsch wäre also beispielsweise:

* Bei der Gründung eines Unternehmens Erfolg und Misserfolg liegen nahe beieinander.

Was in der Abfolge einzelner Wörter, aber auch von Satzgliedern wirklich falsch ist, erkennen wir in der Regel ohne Schwierigkeiten; wir spüren es intuitiv. Das liegt daran, dass wir es hier mit eindeutigen Regeln zu tun haben. Aber wie sieht es bei den beiden folgenden Alternativen aus?

Nahe beieinander liegen Erfolg und Misserfolg bei der Gründung eines Unternehmens.
Nahe beieinander liegen bei der Gründung eines Unternehmens Erfolg und Misserfolg.

Offenbar macht es grammatisch gesehen keinen Unterschied, in welcher Reihenfolge die Satzglieder *Erfolg und Misserfolg* und *bei der Gründung eines Unternehmens* auftreten. Heißt das nun, dass bei ihnen die Abfolge vollkommen gleichgültig ist? Und wie steht es mit der Tatsache, dass jede der drei Wortgruppen – *nahe beieinander, Erfolg und Misserfolg* und *bei der Gründung eines Unternehmens* – vor *liegen* treten kann? Ist das ebenfalls gleichgültig?

Um auf diese Fragen eine befriedigende Antwort zu finden, ist es nützlich, sich daran zu erinnern, was im zweiten Kapitel über die stilistischen Nuancen gesagt wurde. Dort hieß es, an jede noch so feine stilistische Nuance sei »stilistischer Sinn« ge-

knüpft. Insofern kann es gar nicht gleichgültig sein, welcher der Formulierungsalternativen wir uns bedienen. Allerdings ist es nicht ganz einfach zu sagen, was die unterschiedliche Reihenfolge der Satzglieder bewirkt. Zwar bietet die Sprachwissenschaft Erklärungen an, aber diese fallen beileibe nicht erschöpfend aus. Wir bewegen uns nämlich in einem unübersichtlichen Gelände, wenn es um Satzglieder geht, die in ihrem Auftreten nicht ausdrücklich festgelegt sind, sondern die Freiheit haben, an verschiedenen Stellen im Satz zu erscheinen. In diesem Gelände treffen 5
wir durchaus einige Wegweiser an, restlos ausgeschildert ist es aber nicht. Eines ist jedoch sicher: Die angemessene Abfolge der Satzglieder trägt nicht nur zum grammatisch richtigen, sondern auch zum guten Deutsch bei. Es mag daher kein Zufall sein, dass wir uns in dieser Frage ganz besonders auf unser Sprachgefühl verlassen müssen. Was es aber an Regeln gibt, das wollen wir uns mit Judith Macheiner genauer ansehen.[1]

## Das Grundprinzip der Satzgliedstellung

### Bekanntes vor Neuem

Nehmen wir zu diesem Zweck noch einmal den Beispielsatz auf:

> Bei der Gründung eines Unternehmens liegen Erfolg und Misserfolg nahe beieinander.

Dieser Aussagesatz ist also grammatisch völlig korrekt, und auch sonst sind keine Einwände gegen ihn vorzubringen. Trotzdem weist er eine Besonderheit auf, die sich im Vergleich zu anderen Aussagesätzen leicht erkennen lässt. Gesetzt den Fall, wir würden aufgefordert, Beispiele für Aussagesätze zu geben, so könnten wir Sätze wie die folgenden anführen:

> Der Kater liegt auf der Ofenbank.
> Der Hausherr begrüßt seine Gäste an der Tür.
> Das Buch auf Knopfdruck ist keine Zukunftsmusik mehr.

1 **Judith Macheiner.** Das grammatische Varieté oder die Kunst und das Vergnügen, deutsche Sätze zu bilden. Frankfurt 1991

All diesen Beispielen ist gemeinsam, dass an erster Stelle das Subjekt steht. Anders dagegen im Ausgangssatz, dort steht an der ersten Stelle das Satzglied mit einer Präposition *Bei der Gründung eines Unternehmens*, während das Subjekt *Erfolg und Misserfolg* erst nach *liegen* kommt. Nun ist es kein Zufall, dass uns – nach Aussagesätzen gefragt – meist solche einfallen, die mit dem Subjekt beginnen. Das ist nämlich der Normalfall, und von dem weicht unser Beispielsatz ab. Warum wir aber manchmal von der
5 normalen Satzgliedstellung abweichen, dafür brauchen wir eine Erklärung, vor allem auch dafür, inwiefern die veränderte Satzgliedstellung einen Beitrag zum guten Deutsch leistet.

Das zu erklären ist nicht ganz einfach; vertrauen wir uns deshalb für einen Augenblick der Sprachwissenschaftlerin Judith Macheiner an, die unser Problem anschaulich behandelt hat. Ihr Beispiel ist der erste Satz des Alten Testaments, und zwar in der Übersetzung nach Martin Luther:

> Am Anfang schuf Gott den Himmel und die Erde. (1. Mose 1, 1)

Natürlich könnte dieser Satz auch anders lauten:

> Gott schuf am Anfang den Himmel und die Erde.

Oder:

> Den Himmel und die Erde schuf Gott am Anfang.

Vielleicht kommt uns die zweite und dritte Alternative merkwürdig vor, was damit zusammenhängt, dass uns die luthersche Version so vertraut ist und jede Veränderung an ihr auffällig wirkt. Daneben bildet sie aber auch den optimalen Einstieg in die Heilige Schrift, denn mit der Zeitangabe *Am Anfang* wird das Alte Testament sowie die Schöpfungsgeschichte eröffnet, und indem die Schöpfungsgeschichte beschrieben wird, wird zugleich der Anfang der Welt beschrieben. All das fängt im wahrsten Sinn des Wortes mit dem Anfang an. Das ist ein schöner Gedanke, der jedoch nicht zwingend erklärt, warum nicht *Gott* oder *Himmel und Erde* am Satzanfang stehen. Um hier Klarheit zu schaffen, muss noch etwas ausgeholt werden.

Mit der Möglichkeit, Satzglieder je nach Wunsch an den Satzanfang zu rücken, ist etwas verbunden, was trivial klingt, aber nicht ist. Dasjenige Satzglied, mit dem der Satz eröffnet wird, lesen wir auch zuerst. Natürlich liegt das in der Natur der Sache, und außerdem, mit irgendetwas muss ein Satz schließlich begonnen werden. Von Bedeutung ist aber, dass der Schreiber darüber entscheiden kann, wie er seinen Satz beginnen möchte, und diese Entscheidung hat Folgen. Denn mit der Festlegung, was am Anfang des Satzes steht und was erst später folgt, legt der Schreiber fest, was an vermittelter Information als bekannt und was als neu zu gelten hat. Genau diese Festlegung treffen wir ununterbrochen, wenn wir kommunizieren, auch wenn wir uns dessen nicht bewusst sind. Demnach lässt sich als Grundoperation festhalten: Wenn wir sprechen oder schreiben, dann knüpfen wir mit unseren Äußerungen immer an Bekanntes an und fügen dem Neues hinzu. Und außerdem signalisieren wir den Adressaten unserer Äußerungen auf mehr oder weniger deutliche Weise, was bekannt und was neu sein soll. Wie das gemeint ist, lässt sich recht einfach an einer Satzfolge zeigen:

> Bei der Gründung eines Unternehmens liegen Erfolg und Misserfolg nahe beieinander. *Das* gilt auch für die junge Industrie der Internet-Start-ups.

Der zweite Satz wird mit einem *das* eröffnet, dessen Aufgabe darin besteht, auf den Vorgängersatz zurückzuverweisen. Damit wird dessen Inhalt wieder aufgenommen und zugleich als das Bekannte deklariert, zu dem nun etwas Neues gesagt wird. Die Schlussfolgerung aus dieser Beobachtung lautet: Jeder Satz weist eine Informationsstruktur auf, die darauf beruht, dass nicht alle Satzglieder den gleichen Mitteilungswert besitzen. Sie unterscheiden sich im Grad der Bekanntheit beziehungsweise Neuigkeit der Informationen, die mit ihnen vermittelt werden. An dieser Informationsverteilung orientiert sich auch die Satzgliedstellung, da die Satzglieder, die das Bekannte betreffen, vor denjenigen stehen, die das Neue betreffen, zumindest der Tendenz nach. In vielen Aussagesätzen wird nun mit dem Subjekt das Bekannte vermittelt, und das ist ein Grund dafür, dass uns spontan vor allem Aussagesätze mit dem Subjekt an der Satzspitze einfallen.

Kehren wir jetzt wieder zum Eröffnungssatz der Schöpfungsgeschichte zurück und versuchen, das soeben Erfahrene auf ihn

anzuwenden. Die Schwierigkeit liegt auf der Hand: Da mit dem Satz der Text eröffnet wird, können wir nicht mithilfe eines Vorgängersatzes klären, was als bekannt und was als neu gilt. Trotzdem läßt sich auch hier etwas über die Verteilung von »bekannt« und »neu« sagen. Denn die Frage, welcher Mitteilungswert den einzelnen Satzgliedern zukommt, hängt nicht ausschließlich von unserem Wissensstand ab. Es liegt vielmehr in der Hand des Schreibers festzulegen, was in seinem Satz bekannt und was neu
5 ist. Das bedeutet, dass der Schreiber etwas als bekannt hinstellen kann, das dem Leser gar nicht bekannt ist, und etwas als neu, das dem Leser sehr wohl vertraut ist. In solchen Fällen unterstellt der Schreiber einfach die Bekanntheit oder Neuigkeit des Mitgeteilten, und zwar ganz entsprechend seinen kommunikativen Absichten. Seine Festlegung signalisiert er dem Leser, indem er das als bekannt zu Betrachtende an den Satzanfang rückt und das als neu zu Betrachtende weiter nach hinten. Beim ersten Satz der Schöpfungsgeschichte hat sich der Übersetzer Martin Luther dafür entschieden, den Anfang und beispielsweise nicht Gott als bekannt vorauszusetzen. Und so kommt es, dass es am Anfang des Berichts vom Anfang der Welt *Am Anfang* heißt. Im Übrigen hat sich auch der Schreiber des mehrfach benutzten Beispielsatzes

> Bei der Gründung eines Unternehmens liegen Erfolg und Misserfolg nahe beieinander.

vergleichbar entschieden. Es handelt sich ebenfalls um den Eröffnungssatz eines Textes, in dem zwar nicht von der Schöpfung die Rede ist, aber doch von der Gründung eines Unternehmens.

Jetzt wissen wir also, welche Funktion im Prinzip an das erste Glied im Aussagesatz geknüpft ist. Es bleibt aber noch offen, wie die Abfolge der Satzglieder im hinteren Teil des Satzes geregelt ist, also nach dem Prädikat oder in der Satzklammer. Warum steht zuerst *Gott* und dann *den Himmel und die Erde*, zuerst *Erfolg und Misserfolg* und dann *nahe beieinander?*

Zuerst einmal gilt es festzustellen, dass die Unterscheidung von »bekannt« und »neu« die Endpunkte einer Skala markiert, auf der sich Zwischenwerte wie »weniger bekannt« finden. Auch für diese gilt die Regel, dass das Bekanntere vor dem weniger Bekannten steht und dieses wiederum vor dem Neuen. Bleiben wir bei dem ersten Satz der Schöpfungsgeschichte mit den Satzgliedern *Am Anfang, Gott* und *den Himmel und die Erde.* Wenn die Überlegungen zur Informationsstruktur stimmen, dann folgt daraus, dass *Am Anfang* als bekannt gilt, *Gott* dagegen als weniger bekannt und *den Himmel und die Erde* als neu. Zugegeben, jetzt wird es wirklich subtil, aber es ist keine Haarspalterei, auch wenn der eine oder andere das vielleicht so empfindet.



## Weitere Kriterien für die Satzgliedstellung

Zwar wurde schon angedeutet, dass wir uns auf unser Sprachgefühl verlassen sollen, wenn es um die Abfolge der Satzglieder geht; und meistens führt uns dieses auch in die richtige Richtung. Wenn aber jemand doch einmal an der Wortstellung zweifelt, seiner Intuition nicht so recht trauen will, dann sollte er den fraglichen Satz laut lesen, am besten zusammen mit dem Vorgängersatz. Soll es so heißen:

> Der Flaneur ist ein Preisgegebener in der Menge.
> *Er* teilt damit die Situation der Ware.
> *Ihm* ist diese Besonderheit nicht bewusst.

Oder doch besser so:

> Der Flaneur ist ein Preisgegebener in der Menge.
> *Damit* teilt er die Situation der Ware.
> *Diese Besonderheit* ist ihm nicht bewusst.

Wie ist aber dem zu helfen, der über sein Sprachgefühl hinaus doch gerne handfeste Kriterien hätte, anhand deren er über die Satzgliedstellung entscheiden kann? Nun, für den gibt es einige Orientierungshilfen, aber über eines muss er sich im Klaren sein: Von der erwünschten Handfestigkeit sind sie nicht; sie weisen der Tendenz nach in eine bestimmte Richtung, mehr nicht. Ob es sich dabei tatsächlich um den richtigen Weg handelt, muss jeder Schreiber für sich selbst herausfinden. Nur zur Erinnerung: Der Umgang mit Sprache ist kein mechanisches Geschäft, und die stilistischen Entscheidungen nimmt uns niemand ab.

Doch nun zu den Kriterien im Einzelnen. Eines der wichtigsten haben wir schon kennen gelernt, nämlich die Frage, was der Schreiber als bekannt und was er als neu betrachtet. Das Bekannte steht der Tendenz nach vor dem Neuen. Damit lässt sich die ebenfalls schon angesprochene Beobachtung verbinden, dass das thematische Satzglied häufig identisch mit dem Subjekt ist und das Subjekt deshalb zumindest im Aussagesatz meist am Anfang steht. Aber Vorsicht, wir haben ja am ersten Satz aus der Schöp-
5 fungsgeschichte gesehen, dass das auch ganz anders sein kann! Hilfreich ist weiterhin die Beobachtung, dass das Satzglied mit dem Bekannten gern den bestimmten Artikel oder auch ein Possessivpronomen mit sich führt und das Satzglied mit dem Neuen den unbestimmten Artikel. Der Tendenz nach steht wiederum das Satzglied mit dem bestimmten Artikel vor dem Satzglied mit dem unbestimmten:

Heinrich schenkt *der* Unbekannten *ein* Schmuckstück.
Heinrich schenkt *das* Schmuckstück *einer* Unbekannten.

Und mit Possessivpronomen:

Heinrich schenkt *seiner* Freundin *ein* Haus.
Heinrich schenkt *sein* Haus *einer* Freundin.

Sind sowohl die Freundin als auch das Schmuckstück unbestimmt, so steht das Belebte vor dem Unbelebten, obwohl auch die umgekehrte Abfolge möglich wäre:

Heinrich schenkt einer *Freundin* ein *Schmuckstück.*

Ob bestimmt oder unbestimmt, ob belebt oder unbelebt – wird ein Satzglied mit einem Pronomen ausgedrückt, so steht es vor dem Satzglied, das aus einem Substantiv besteht:

Heinrich schenkt *es* seiner / einer *Freundin.*

Noch eine abschließende Bemerkung: Bei der Vorstellung dieser Stellungsregularitäten war immer von »im Prinzip« oder »der Tendenz nach« die Rede. Diese Abschwächungen entspringen nicht der Scheu vor der klaren Aussage, sondern sie sind wirklich angebracht. Denn die beschriebene Abfolge von »bekannt« und »neu« stellt den Normalfall dar, der auch als unmarkiert oder neutral bezeichnet wird. Daneben steht uns noch die markierte Variante zur Verfügung, mit der sich besondere stilistische Effekte verbinden, vor allem lässt sich mit ihrer Hilfe das Neue hervorheben. Der Vergleich von unmarkierter und markierter Version kann das verdeutlichen:

> Stell dir vor, lieber Freund, ich habe für wenig Geld *ein bezauberndes Häuschen* erstanden.
> Stell dir vor, lieber Freund, *ein bezauberndes Häuschen* habe ich für wenig Geld erstanden.

Wir spüren bei der zweiten Version die Begeisterung, die der Schreiber empfindet, und seinen Wunsch, den Freund daran Anteil haben zu lassen.

Bisher ging es ausschließlich um die Frage, wie und mit welcher Wirkung sich Satzglieder verschieben lassen. Jetzt soll sich noch ein Blick auf Möglichkeiten anschließen, wie sich Teile von Satzgliedern zumindest in einem beschränkten Umfang verstellen lassen. Zwar wurde weiter oben frank und frei behauptet, dass dies nicht vorgesehen sei, ja dass die Missachtung bestimmter Stellungsregularitäten zwangsläufig zu grammatischen Fehlern führe; als Beispiele wurden die Stellungsregeln für Präpositionen, Artikel und Attribute genannt. Doch wie so oft in der Grammatik gilt eine solche Aussage nicht ohne Wenn und Aber, denn manche scheinbar festgefügte Regel besitzt Spielräume. Dies gilt speziell für die Attribute, bei denen zwei Fälle von Interesse sind.

## Das Genitivattribut
### Vor und hinter dem Bezugswort

Wer kennt nicht den Anfang von Joseph von Eichendorffs »Aus dem Leben eines Taugenichts«:

> Das Rad an meines Vaters Mühle brauste und rauschte schon wieder recht lustig, der Schnee tröpfelte emsig vom Dache, die Sperlinge zwitscherten und tummelten sich dazwischen.

Eichendorff hat den Genitiv *meines Vaters* ganz problemlos vor das Bezugswort *Mühle* gestellt. Lesern im 19. Jahrhundert ist das

im Gegensatz zu heutigen Lesern vermutlich kaum aufgefallen. Wir Heutigen stolpern dagegen leicht über ein solches Genitivattribut, was ein einfachen Grund hat: Der vorangestellte Genitiv wirkt stilistisch markiert. Er besitzt also einen besonderen Stilwert, der bei *meines Vaters Mühle* mit »gehoben« zu umschreiben ist, ebenfalls bei geläufigen Verbindungen wie *Vaters Grab* oder *Nachbars Garten*. In anderen Fällen wirkt der vorangestellte Genitiv altertümlich oder gar unbeholfen. Es hat schon seinen
5 Grund, warum *bei der Gründung eines Unternehmens* und nicht *bei eines Unternehmens Gründung* formuliert wurde. Der Leser würde sich nämlich nicht zu Unrecht fragen, wer wohl so altertümlich, ja pathetisch schreibt. Und mehr als unbeholfen wirkt die folgende Formulierung. Sie ist zwar grammatisch korrekt, aber ob sie auch stilistisch akzeptabel ist, bleibe dahingestellt; deshalb ist sie auch mit einem Fragezeichen versehen:

? Zu *des Fernsehens* Erfolg hat viel beigetragen, dass [...].

Doch nicht in jedem Fall verbindet sich mit dem vorangestellten Genitiv eine besondere stilistische Wirkung, wie das folgende Beispiel zeigt:

*Goethes* »Faust« ist noch immer das bekannteste Werk der deutschen Klassik.

Im Gegenteil, bei Eigennamen ist die Voranstellung geradezu der neutrale Normalfall, obwohl auch die Nachstellung problemlos möglich ist:

Der »Faust« *Goethes* ist noch immer das bekannteste Werk der deutschen Klassik.

Zwischen den beiden Sätzen ist kaum ein stilistischer Unterschied festzustellen, auch wenn wir dazu neigen, im zweiten Fall den Genitiv durch *von* zu ersetzen, zumindest im umgangssprachlichen Gebrauch:

Der »Faust« *von Goethe* ist noch immer das bekannteste Werk der deutschen Klassik.

Schließlich gibt es eine Reihe von festen Wendungen, in denen der Genitiv seinen unverrückbaren Platz vor dem Bezugswort hat:

*um des Kaisers Bart streiten* oder *in Teufels Küche geraten.* Grammatisch richtig wäre auch *um den Bart des Kaisers streiten* oder *in die Küche des Teufels geraten,* doch der idiomatische Pfiff wäre verloren.

## Distanz zwischen Attribut und Bezugswort

Nach der Regel steht ein Attribut unmittelbar vor oder nach dem 5
Bezugswort:

> Mein *erster* Besuch *Dresdens* fiel in den Herbst.

Eine nur mittelbare Nachbarschaft von Attribut und Bezugswort ist dann gegeben, wenn wir es mit einer Reihung von Attributen zu tun haben:

> Mein *lang ersehnter* erster Besuch Dresdens *in diesem Jahr* fiel in den Herbst.

Einem Fall von wirklicher Distanzstellung von Bezugswort und Attribut begegnen wir dagegen im folgenden Beispiel:

> Herr Michel hat seiner Frau das Schmuckstück in diesem Jahr zu Weihnachten geschenkt, *das sie sich schon lange wünschte.*

Der Relativsatz findet sich ein ganzes Stück von seinem Bezugswort *Schmuckstück* entfernt, ein Fall, den die Grammatiken als korrekt betrachten. Allerdings gibt es Leute, die eine solche Konstruktion als unschön empfinden. Wer zu diesem Geschmacksurteil neigt, möge den Relativsatz direkt an *Schmuckstück* anschließen:

> Herr Michel hat seiner Frau das Schmuckstück, das sie sich schon lange wünschte, in diesem Jahr zu Weihnachten geschenkt.

Wir sehen nun, dass es sich um einen speziellen Fall der Satzklammer handelt, von der schon ausführlicher die Rede war. Zwischen den beiden Teilen des Prädikats – *hat* und *geschenkt* – finden sich nicht nur vier Satzglieder eingeschoben, sondern darüber hinaus enthält eines dieser Satzglieder noch einen vollständigen Satz, eben den Relativsatz. Die Ausklammerung des Relativsatzes erleichtert das Verständnis, da sie es dem Leser erlaubt, schneller zum zweiten Teil des Prädikats *geschenkt* zu kommen. Trotz dieses Vorteils noch ein Wort zu denjenigen, die sich mit dieser Konstruktion nicht anfreunden wollen. Sie haben nämlich in einer Hinsicht völlig Recht: Die Ausklammerung des Relativsatzes birgt die Gefahr, dass der Bezug verloren geht:

> Frau Marten hat ihren Untermieter zu einem Fest bei einem Bekannten mitgenommen, in den sie schon seit Jahren verliebt ist.

Nehmen wir an, Frau Marten sei in ihren Untermieter verliebt. Dann sollte der Relativsatz auch bei seinem Bezugswort stehen, sonst bleibt nämlich im besten Falle unklar, wer die geliebte Person ist – der Untermieter oder der Bekannte. Da wir aber dazu neigen, das nächstmögliche Wort als Bezugswort zu nehmen, wird in unserem Beispiel ganz ungerechtfertigterweise der Bekannte zum Objekt von Frau Martens Neigung.

In einem noch extremeren, aber wohl auch selteneren Fall von Distanzstellung werden das Attribut und das Bezugswort regelrecht auseinander gerissen:

> Dann habe ich noch einen Besuch in Köstritz gemacht. *Bier* brauen sie dort wirklich *gutes!*

Das Beispiel könnte einem Brief entnommen sein, in dem der Schreiber über seine Reise durch Sachsen berichtet. So viel Kontext brauchen wir aber, um zu verstehen, dass der Berichterstatter die ungewöhnliche Wortstellung benutzt, um seine Begeisterung über das Köstritzer Bier auszudrücken.

## Die Satzfolge

### Beziehungen zwischen Sätzen

Gute Sätze zu schreiben bringt vielfältige Anforderungen mit sich. Und dazu gehört auch, die Beziehungen zwischen den Sätzen angemessen zu gestalten. Insofern ist es durchaus angebracht, in einem Kapitel, das vom Satz handelt, über die Satzgrenze hinauszublicken. Motiviert ist diese Grenzüberschreitung nicht zuletzt durch die Beobachtung, dass sich die Beziehung zwischen den Sätzen auch auf die Abfolge der Satzglieder auswirkt. Einem Beispiel dafür sind wir schon begegnet, als es um den Mitteilungswert der Satzglieder und die Unterscheidung von Bekanntem und Neuem ging. Dort haben wir auch gesehen, wie in einer Satzfolge aus dem Vorgängersatz erschlossen werden kann, was im Nachfolgesatz als bekannt vorausgesetzt wird; nur zur Erinnerung:

> Bei der Gründung eines Unternehmens liegen Erfolg und Misserfolg nahe beieinander. *Das* gilt auch für die junge Industrie der Internet-Start-ups.

Was das inhaltsleere *Das* des zweiten Satzes bedeutet, lässt sich nur über den ersten Satz erschließen; umgekehrt lässt sich sagen, der Inhalt des ersten Satzes wird mit dem *Das* wieder aufgenommen. Wir haben es also mit einer inhaltlichen Weiterführung zu tun, die die Sprachwissenschaft als »thematische Progression« bezeichnet.

Die thematische Wiederaufnahme muss sich jedoch nicht auf den ganzen Vorgängersatz beziehen, sondern kann sich auf einzelne seiner Elemente beschränken. Der Anfang von Kafkas Parabel »Vor dem Gesetz« bietet dafür ein Beispiel, bei dem kein inhaltsleeres Wort oder eine Proform benutzt wird, sondern ein Ausdruck wörtlich wiederholt wird:

> Vor dem Gesetz steht ein *Türhüter.* Zu diesem *Türhüter* kommt ein Mann vom Lande und bittet um Eintritt in das Gesetz.

Dieses Wiederaufnahmeverfahren muss nicht auf ein Satzpaar beschränkt bleiben, sondern kann sich über eine ganze Folge von Sätzen erstrecken. Auch das lässt sich an dem Kafka-Text demonstrieren:

> Vor dem Gesetz steht ein *Türhüter.* Zu diesem *Türhüter* kommt *ein Mann vom Lande* und bittet um Eintritt in das Gesetz. Aber der *Türhüter* sagt, dass er *ihm* jetzt den Eintritt nicht gewähren könne. Der *Mann* überlegt und fragt dann, ob er also später werde eintreten dürfen. »Es ist möglich«, sagt der *Türhüter,* »jetzt aber nicht.«

Am auffälligsten ist die Wiederholung von *Türhüter,* leicht zu erkennen ist aber auch die Wiederaufnahme von *ein Mann vom Lande* durch *ihm* und *der Mann.* Wie systematisch jedoch die »thematische Progression« verläuft, lässt sich erst richtig wahrnehmen, wenn bei den Verben des Sagens die Satzglieder ergänzt werden, die Kafka ausgespart hat:

> Vor dem Gesetz steht ein *Türhüter.* Zu diesem *Türhüter* kommt *ein Mann vom Lande* und bittet [den *Türhüter*] um Eintritt in das Gesetz. Aber der *Türhüter* sagt [zu dem *Mann*], dass er *ihm* jetzt den Eintritt nicht gewähren könne. Der *Mann* überlegt und fragt dann [den *Türhüter*], ob er also später werde eintreten dürfen. »Es ist möglich«, sagt der *Türhüter* [zu dem *Mann*], »jetzt aber nicht.«

Die »thematische Progression« wurde zwar an einem literarischen Beispiel demonstriert, ihre Rolle spielt sie jedoch in der Hauptsache in Sach- und Fachtexten und da vor allem in Passagen, in denen Sachverhalte beschrieben werden. Denn solche Beschreibungen verlangen vom Schreiber, die für die Beschreibung relevanten Aspekte folgerichtig auseinander zu entwickeln und zugleich dafür zu sorgen, dass der Zusammenhang für den Leser nicht verloren geht. Im folgenden Textausschnitt, der die Entstehung der Massenkommunikation behandelt, wird das geleistet, indem in jedem Folgesatz ein Gesichtspunkt des Vorgängersatzes aufgenommen wird:

> Im Laufe der Geschichte entwickelten die Menschen Arten der Kommunikation, die auch in solchen Situationen eine Verständigung ermöglichten, in denen der zunächst meist selbstverständliche Hör- oder Sichtkontakt nicht mehr gegeben war. *Dabei* spielte die Entwicklung der Schrift eine entscheidende Rolle. Zeigte *sie* doch, dass eine Kommunikation möglich war, in der Zeitabläufe verlängert, Räume überbrückt und der Empfängerkreis vergrößert waren. Gewissermaßen massenhaft deutlich wurde *dies,* nachdem es gelungen war, ökonomische Verfahren zum Druck von Texten zu entwickeln (in Europa im 15. Jh.). *Mit dieser technischen Umwälzung* war eine wesentliche Voraussetzung für echte Massenkommunikation geschaffen.

Natürlich gehören beschreibende Passagen auch zu unseren alltäglichen Schreibaufgaben wie zum Beispiel in Anträgen, Beschwerden oder Briefen. Jeder, der schreibt, ist also damit konfrontiert, den Zusammenhang zwischen den Sätzen deutlich zu machen. Es ist im Übrigen kein Zufall, dass sich der Kafka-Text so gut zu Demonstrationszwecken geeignet hat. Kafka hat nämlich eine sachlich-distanzierte, Schritt für Schritt nachzeichnende Beschreibung davon gegeben, was sich »vor dem Gesetz« abspielt; zugleich hat er jede Pedanterie vermieden, wie sie in der 5
manipulierten Fassung zum Ausdruck kommt.

Der Schreiber kann also die Beziehungen zwischen den Sätzen für den Leser deutlich sichtbar mit sprachlichen Mitteln signalisieren. Das ist aber nicht die einzige Möglichkeit, vielleicht sogar nicht einmal die häufigste. Jedenfalls kann der Schreiber ebenso gut darauf verzichten. Er überlässt es dann dem Leser, die Zusammenhänge für sich herzustellen:

> Die Planung für den Internationalen Ferienkurs 2000 sind bereits angelaufen. Das Thema lautet: [...]

Zwischen dem ersten und dem zweiten Satz besteht eine kleine gedankliche Lücke, die der Schreiber leicht hätte schließen können, aber Gott sei Dank nicht geschlossen hat. Stattdessen hat er sich darauf verlassen, dass der potenzielle Leser sicherlich versteht, dass es um das Rahmenthema des Ferienkurses geht. Entweder weiß der Leser das aus Erfahrung oder aber er kann es sich erschließen. Insofern erübrigt sich eine Brücke zwischen den beiden Sätzen:

> Die Planung für den Internationalen Ferienkurs 2000 sind bereits angelaufen. *Der Ferienkurs hat ein Thema.* Das Thema lautet: [...]

Wer so schreibt, der unterfordert seinen Leser. Vielleicht vermittelt er ihm sogar den Eindruck, er halte ihn ein wenig für begriffsstutzig. Hier gilt, was schon zum Gebrauch längerer und komplizierter Sätze gesagt wurde: Es sollte kein Schreiber davon ausgehen, dass der Leser nicht in der Lage wäre, inhaltliche Lücken zwischen Sätzen zu schließen. Er kann es, weil er über das entsprechende Wissen, über Kombinationsgabe und Assoziationsfähigkeit verfügt.

# KAPITEL 6

**Das Wort** Der Wortschatz bildet den wahren Reichtum einer Sprache. Unsere Aufgabe beim Schreiben besteht darin, daraus das richtige Wort auszuwählen, damit deutlich zum Ausdruck kommt, was wir meinen. Solange es um Routineschreiben geht, brauchen wir uns allerdings keine allzu großen Sorgen zu machen. Wir benutzen einfach immer wieder die gleichen Wörter und Wendungen; erfahrungsgemäß sind sie dem Schreibanlass angemessen und haben sich bewährt. Doch selbst dem routinierten Schreiber passiert es, dass er stockt, weil ihm das rechte Wort fehlt oder ihm das schon immer verwendete Wort nicht recht ist. Dann kann die Wortwahl zu einer schwierigen Aufgabe werden, da sich der Reichtum an Wörtern plötzlich als Labyrinth erweist. Hier helfen Prinzipien der Wortwahl weiter, die uns sagen, auf was wir achten und vor was wir uns hüten sollten. Doch welches Wort wir tatsächlich hinschreiben, das zu entscheiden nimmt uns kein Prinzip ab.

## Das Wort

### Der elementare Baustein

Von den Wörtern war im zweiten Kapitel schon einmal kurz die Rede, um den Reichtum und die Vielfalt unserer Sprache zu veranschaulichen. Es bedeutete keinen Zufall, den Wortschatz dazu heranzuziehen, denn die Wörter spielen in unserem sprachlichen Alltag eine zentrale Rolle. Dies zeigt sich allein schon daran, dass kritische Äußerungen über die Sprache, seien sie privat oder öffentlich in den Medien, zumeist Wörter betreffen: die Wahl der Wörter und Unwörter des Jahres, die Kritik an den vielen fremden Wörtern vor allem aus dem Englischen, die Auseinandersetzung mit dem ungenauen oder gar falschen Gebrauch einzelner Wörter.

An den Wörtern und ihrem Gebrauch bemerken wir zudem am leichtesten, wie sich die Sprache verändert. Zwar kennen wir noch Wörter wie *Leu, Postillion* oder *Zofe,* aber sie sind veraltet, und deshalb gebrauchen wir sie nicht mehr oder nur in seltenen Fällen. Vielfach erleben wir sogar mit, wie sich der Gebrauch einzelner Wörter von einer Generation zur anderen ändert. Als die Großeltern noch jung waren, sagten sie *dufte,* wenn sie etwas ausgezeichnet oder erstklassig fanden, die Eltern sagten *klasse* oder *spitze,* und die Kids verwenden *geil* oder gar *affengeil* und seit neuestem *fett.* Und niemand weiß, welche Ausdrücke uns da demnächst ins Haus stehen. Das sind Modewörter, die eine Saison lang in vieler Munde sind, sich jedoch schnell abnutzen und deshalb unverbrauchten Konkurrenten weichen müssen.

Anders steht es mit einem Wort wie *Fräulein,* das noch am Ende der Sechzigerjahre die Standardanrede für eine unverheiratete Frau gewesen ist. Es ist kein Modewort, sondern gehört zum Kernbestand des deutschen Wortschatzes. Und dennoch ist es in kürzester Zeit außer Gebrauch gekommen, da wir sprachlich nicht mehr zwischen der verheirateten und unverheirateten Frau unterscheiden. Nur diejenigen, die am Ende des zwanzigsten Jahrhunderts älter als fünfundzwanzig waren, haben diese Entwicklung miterleben können.

Vermutlich bedeutet das das Ende einer langen Karriere, die mehrere Stationen kennt: Im Mittelalter diente nämlich die Be-

zeichnung *frouwe* – die Vorgängerform von *Frau* – ausschließlich zur Bezeichnung einer verheirateten adeligen weiblichen Person. So wird der Name des Freiburger Münsters verständlich; »Münster Unserer Lieben Frau« meint so viel wie Münster der Muttergottes Maria, die wie eine adelige Dame als Herrin betrachtet wurde. Dementsprechend war *frouwelin* für die unverheiratete adelige weibliche Person reserviert. Erst seit dem Anfang des 19. Jahrhunderts wird mit Frau jede verheiratete weibliche Person und mit Fräulein jede unverheiratete weibliche Person bezeichnet. So wird auch 6
verständlich, warum Gretchen bei der ersten Begegnung mit Faust dessen schmeichlerische Anrede zurückweist:

> Faust: Mein schönes Fräulein, darf ich wagen
> Meinen Arm und Geleit Ihr anzutragen?
> Margarete: Bin weder Fräulein, weder schön
> Kann ungeleitet nach Hause gehn.

So hat jedes Wort seine Geschichte, manche Wörter haben sogar ein Schicksal.

Die Wörter bilden die elementaren Bausteine, aus denen wir die Sätze zusammenfügen; und wir sehen zu Recht in ihnen die Grundeinheiten unserer Sprache. Beim Schreiben fliegen sie uns meist zu, manchmal ringen wir um sie und wir fürchten, uns bei ihnen zu vergreifen.

## Das treffende Wort
### Ein Hauptprinzip der Wortwahl

Wie gehen wir nun mit der übergroßen Wortfülle um? Wie bahnen wir uns einen Pfad durch diesen Dschungel? Der Rat scheint ganz einfach: Wie schauen uns unter den Wörtern um und wählen aus dem Angebot den treffenden Ausdruck aus. Doch das führt schon zur nächsten Frage: Was heißt da *treffend*? Das treffende Wort ist zunächst einmal das richtige Wort, das Wort, mit dem wir üblicherweise eine Sache, eine Eigenschaft oder einen Vorgang bezeichnen. Wir nennen einen Stuhl nicht Tisch, ein frisches Steak nicht taumelig oder sprechen nicht von Trinken, wenn wir Essen meinen. Täten wir das, dann erginge es uns wie dem alten Mann in der Geschichte »Ein Tisch ist ein Tisch« des

Schweizer Autors Peter Bichsel, der die Wörter so lange vertauscht, bis ihn niemand mehr versteht. So plump vergreifen wir uns gewöhnlich nicht bei der Wortwahl. Dennoch sieht sich der Schreiber hin und wieder mit Schwierigkeiten konfrontiert.

## Wortwahl und gemeinte Sache

Einem grundsätzlichen Problem sind wir schon kurz im zweiten Kapitel begegnet. Zur Erinnerung: Faust übersetzt den ersten Satz des Johannesevangeliums mit »Am Anfang war das Wort«. Doch dann tauscht er *Wort* gegen *Sinn,* dieses wiederum gegen *Kraft* und endet schließlich bei *Tat.* Faust ringt um das richtige Wort. Doch nicht nur das, er ringt auch um den Sinn dieser Textstelle. Die Suche nach dem passenden Wort und die Klärung der Gedanken gehen Hand in Hand. Wenn Faust endlich weiß, wie er die Textstelle übersetzen will, dann kann er abschätzen, ob das gewählte Wort auch passt.

Das passende Wort zu finden, auszudrücken, was wir meinen, das ist ein grundsätzliches Problem, mit dem wir beim Schreiben auch dann konfrontiert sind, wenn wir uns nicht so tief gehenden Überlegungen widmen wie Faust. Auch bei kleinen alltäglichen Angelegenheiten müssen wir uns darüber klar sein, was wir unseren Lesern zu verstehen geben wollen, und das erfordert Sorgfalt bei der Wortwahl. Eingeständnisse von Verfehlungen beispielsweise sind eine heikle Angelegenheit. Denn wer stellt sich schon gern bloß und sagt ganz ungeschützt *Ich habe gelogen?* Auch wenn es an der Sache nichts ändert, klingt es da schon milder zu bekennen *Ich habe die Unwahrheit gesagt.* Und geradezu unverfänglich ist *Ich habe einen bedauerlichen Fehler gemacht.* Umgekehrt ist es manchem unangenehm, einen andern direkt der Lüge zu bezichtigen, auch wenn der Vorwurf berechtigt ist. Wer so etwas schreiben muss, aber den Tatbestand nicht unverblümt benennen möchte, der kann auf weichere Formulierungen zurückgreifen wie *schwindeln, nicht die ganze Wahrheit sagen, jemanden hinters Licht führen, mit den Fakten recht frei umgehen, eine recht eigentümliche Auffassung von den Dingen haben.*

Auch wenn wir Eindrücke, Empfindungen oder Urteile wiedergeben, müssen wir darauf achten, dass das verwendete Wort unseren Aussageabsichten entspricht. Was meinen wir, und welches Wort eignet sich, das Gemeinte auszudrücken? Da haben wir oft die Qual der Wahl; wir müssen entscheiden, ob *überarbeitet, überlastet* oder *überfordert* den Eindruck wiedergibt, den wir von einer Person haben, ob *erfreulich, angenehm* oder *wohltuend* der Empfindung entspricht, die wir bei der Begegnung mit einem Bekannten hatten, ob *lebhaft, zappelig* oder *nervös* der Einschätzung entspricht, die wir vom Verhalten eines Kindes haben. Keines der genannten Adjektive empfiehlt sich aus eigener Kraft, im Gegenteil, sie sind prinzipiell gleichwertig. Deshalb hängt ihre Wahl ausschließlich davon ab, ob sie angemessen ausdrücken, was der Schreiber seinem Leser zu verstehen geben will. Die inhaltliche Angemessenheit ist jedoch nicht das einzige Kriterium, an dem wir uns bei der Wortwahl orientieren können.

## Das besondere Wort
### **Genauigkeit im Ausdruck**

Unser Wortschatz kommt uns zwar unermesslich groß und unübersichtlich vor, dennoch weist er eine gewisse Ordnung auf. Wörter lassen sich aufgrund ihrer Bedeutung zu Gruppen zusammenstellen, und unter den Mitgliedern solcher Gruppen können wir uns umsehen, wenn wir nach dem angemessenen Ausdruck suchen. Für den Fall, dass wir nicht fündig werden, verfügen wir sogar über Hilfsmittel, so genannte Synonymenwörterbücher, in denen uns die Wörterbuchschreiber die sinnverwandten Wörter zusammengestellt haben. Auch der Dudenverlag hält ein solches Nachschlagewerk bereit.[1]

Viele dieser Wortgruppen zeichnen sich dadurch aus, dass nicht alle Mitglieder den gleichen Status haben. Nehmen wir das Substantiv *Tisch;* das ist eine sehr allgemeine Bezeichnung, der nicht zu entnehmen ist, um welche Art von Tisch es sich handelt. Für denjenigen, der es genauer sagen will, steht deshalb eine Reihe von Bezeichnungen zur Verfügung, mit denen besondere Arten von Tischen benannt werden, zum Beispiel *Esstisch, Couch-*

1 **DUDEN.** Sinn- und sachverwandte Wörter.
7. Auflage . Mannheim, Leizpig, Wien, Zürich 1997?

*tisch, Küchentisch, Beistelltisch* oder *Schreibtisch.* Vergleichbares findet sich bei den Bezeichnungen für die Nahrungsaufnahme. Mit dem Verb *essen* bezeichnen wir ganz allgemein die Nahrungsaufnahme, ohne zwischen verschiedenen Formen zu unterscheiden. Wenn es aber um besondere Formen des Essens geht, dann haben wir auch besondere Verben dafür, wie die kleine Auswahl zeigt: *schlingen, verdrücken, futtern, knabbern, schmausen* oder *schlemmen.* Und noch ein letztes Beispiel. Mit dem Adjektiv *klug* wird ganz allgemein der Grad menschlicher Begabung ausgedrückt, während mit *weise* oder *aufgeweckt* besondere geistige Eigenschaften bezeichnet werden.

Die Beobachtung, dass wir bei sinnverwandten Wörtern häufig zwischen allgemeinen und besonderen unterscheiden können, hat viele Stilpraktiker zu dem Rat veranlasst, man möge sich stets gegen das allgemeine und für das besondere Wort entscheiden. Tatsächlich hat das besondere Wort den Vorteil, die Klarheit und Genauigkeit des Geschriebenen zu fördern, und das trägt wiederum zur Verständlichkeit bei. Schreibt jemand seinem Freund »Am letzten Sonntag war mein Tisch so beladen. Ich wusste nicht, wie ich das alles bewältigen sollte«, dann wäre es für den Adressaten ganz nützlich zu wissen, ob der arme Schreiber sich mit Essen oder Arbeit abmühen musste. Eine Präzisierung von *Tisch* durch *Esstisch* oder *Schreibtisch* hätte dazu durchaus genügt. Das besondere Wort ist aber noch aus einem anderen Grund zu bevorzugen. Es liegt nämlich in der Natur des allgemeinen Worts, blasser und abstrakter als das besondere Wort zu sein. So ist *Pferd* von seiner Bedeutung her konkreter als *Tier,* und *Stute* oder *Hengst* ist wiederum aussagekräftiger als *Pferd.* Vergleichbares gilt für Wortreihen wie *Pflanze – Blume – Nelke* oder *Verwandte – Eltern – Vater* und *Mutter.* Da uns beim Schreiben oft das allgemeinere Wort zuerst einfällt, bleiben wir gerne dabei. Es wäre aber nur eine kleine Mühe, nach dem besonderen Wort zu suchen. Und die sollten wir uns zumindest dann geben, wenn wir einen Sachverhalt anschaulich beschreiben wollen.

## Das anschauliche Wort

### Metaphern und Verwandtes

6

Es hieße allerdings den Reichtum unserer Sprache zu unterschätzen, allein mit dem besonderen Wort ließe sich Anschaulichkeit erreichen. Wer wirklich anschaulich schreiben will, dem steht eine ganze Palette weiterer Mittel zur Verfügung. Ihre Wirkung beruht darauf, dass gerade nicht das richtige oder das besondere Wort gebraucht wird, sondern ein »übertragener Ausdruck«. So könnte beispielsweise jemand über Frau Lehmann, die während einer firmeninternen Auseinandersetzung tapfer den Standpunkt der Minderheit vertreten hat, berichten:

Frau Lehmann vertrat unerschütterlich ihre Meinung.

Wollte dieser Jemand die Rolle von Frau Lehmann besonders hervorheben oder seine Bewunderung ausdrücken, so könnte er die nüchterne Aussage durch ein Bild ersetzen:

Frau Lehmann war der Fels in der Brandung.

Natürlich wird Frau Lehmann damit nicht zum Fels, ihre Standhaftigkeit wird lediglich mit einem Felsen verglichen: Ebenso wie die Brandung von einem Felsen abprallt, prallten die Angriffe der Mehrheit an Frau Lehmann ab. Der Ausdruck *Fels in der Brandung* wird also nicht in der wörtlichen, sondern in einer übertragenen Bedeutung verwendet. Man spricht auch von metaphorischem Gebrauch und bezeichnet einen solchen Ausdruck als Metapher.

Das Prinzip der Metapher besteht darin, dass wir einen eigentlich zutreffenden Ausdruck ersetzen durch einen, der eigentlich gar nicht zutrifft. Das wird nur möglich, weil wir die Ersetzung als Kunstgriff erkennen. Es gibt nun eine ganze Reihe von solchen Ersetzungen; die Metapher ist lediglich die bekannteste. Mit ihnen hat sich die Rhetorik ausführlich beschäftigt, und sie hat ihnen gelehrte Namen gegeben wie Metonymie, Synekdoche oder Antonomasie. Das ist aber gar nicht entscheidend, wichtig ist vielmehr, dass uns diese Kunstgriffe alle vertraut sind. Wir begegnen ihnen täglich bei unserer Lektüre, verwenden sie auch selber beim Schreiben, ohne dass wir uns darüber groß Gedanken machen würden. Deshalb ist es auch nicht weiter schwierig, sie gezielt einzusetzen.

Sie zeichnen sich alle dadurch aus, dass zwischen dem ersetzten Ausdruck und dem ersetzenden eine »reale Beziehung« besteht. Die wichtigsten dieser Beziehungen seien genannt und mit Beispielen illustriert:

- Eine Stadt steht für ihre Bewohner:
  Ganz *Mannheim* steht Kopf. – Alle *Bewohner* von Mannheim stehen Kopf.
  Das ganze *Dorf* feierte mit. – Alle *Dorfbewohner* feierten mit.
  Halb *Köln* lachte sich kaputt. – Ein großer Teil der *Bevölkerung* Kölns lachte sich kaputt.
- Eine Institution steht für eine Gruppe von Menschen:
  Die ganze *Firma* war auf den Beinen. – Alle *Mitarbeiterinnen und Mitarbeiter* der Firma waren auf den Beinen.
  Der *Bundestag* stimmte über den Antrag ab. – Die *Abgeordneten* des Bundestages stimmten über den Antrag ab.
- Eine Gruppenbezeichnung steht für eine Menge von Individuen:
  Die *Herde* kehrte in die Ställe zurück. – Die *Kühe* kehrten in die Ställe zurück.
- Ein Gefäß steht für den Inhalt:
  Trinken wir noch ein *Gläschen*. – Trinken wir noch die sich im Glas befindende *Flüssigkeit*.
- Ein Körperteil steht für eine Eigenschaft:
  Sie fasste sich ein *Herz*. – Sie fasste *Mut*.
  Sie hat *Köpfchen*. – Sie hat *Verstand*.
- Etwas Konkretes steht für etwas Abstraktes:
  Er reichte die *Schlüssel* an seinen Nachfolger weiter. – Er übergab die *Geschäftsleitung* an seinen Nachfolger.
- Das Material steht für das daraus gefertigte Produkt:
  Das *Blei* durchbohrte ihn. – Die *Kugel* durchbohrte ihn.
  Der Wüterich stieß seinem Opfer das *Eisen* in den Leib. – Der Wüterich stieß seinem Opfer das *Messer* in den Leib.
  Das *Leder* trudelte ins Tor. – Der *Ball* trudelte ins Tor.

- Ein Autor steht für das Werk:
  Der Literaturwissenschaftler kannte seinen *Goethe.* –
  Der Literaturwissenschaftler kannte die *Werke* Goethes.
  Er liest seinen *Edgar Wallace* nur im Taschenbuch. –
  Er liest die *Krimis* von Edgar Wallace nur im Taschenbuch.
- Ein Ganzes steht für ein Teil:
  Die *Deutschen* haben mehrere Goldmedaillen gewonnen. –
  Die *deutsche Olympiamannschaft* hat mehrere Goldmedaillen gewonnen.
- Ein Teil steht für das Ganze:
  Ich rühre dafür keinen *Finger.* – Ich tue *nichts* dafür.
  Ich zahle keinen *Pfennig.* – Ich zahle *nichts.*
- Eine Eigenschaft eines Namenträgers steht für den Namen:
  Die *Hauptstadt* liegt im Dornröschenschlaf. –
  *Berlin* liegt im Dornröschenschlaf.
  Die *Moselstadt* zählt knapp hunderttausend Einwohner. –
  *Trier* zählt knapp hunderttausend Einwohner.
  Der *Rekordmeister* hat am letzten Samstag verloren. –
  *Bayern München* hat am letzten Samstag verloren.
- Das Amt, der Beruf, die Herkunft stehen für eine Person:
  Der erste *Bundeskanzler* wurde mit einer Stimme Mehrheit gewählt. – *Konrad Adenauer* wurde mit einer Stimme Mehrheit zum ersten Bundeskanzler gewählt.
  Der *Vorstandssprecher* des Unternehmens berichtete über die Geschäftslage. – Herr *Emil Müller* von der Unternehmensleitung berichtete über die Geschäftslage.
  Der *Brasilianer* entzückte wieder einmal das Publikum. –
  *Giovane Elber* entzückte wieder einmal das Publikum.
- Die Einzahl steht für die Mehrzahl; häufig ist damit der Anspruch verbunden, eine Gesamtheit zu bezeichnen:
  Der *Deutsche* gilt als pedantisch. – Die/Alle *Deutschen* gelten als pedantisch.
  Der *Moselaner* ist ein umgänglicher Mensch. –
  Die/Alle *Bewohner des Moseltals* sind umgängliche Menschen.

## Die geschickte Wortwahl

### Abwechslung, Konkretisierung, Abschwächung, Verstärkung

Der Schreiber kann also mit verschiedenen Formen der Wortwahl seinen Text anschaulich machen. Doch das ist nicht die einzige Wirkung, die mit einer geschickten Wortwahl zu erzielen ist. Unsere Sprache ist unglaublich flexibel, was sich daran zeigt, dass an ein sprachliches Mittel ganz unterschiedliche Funktionen geknüpft sein können. So lassen sich die Ersetzungsmöglichkeiten dazu nutzen, im Ausdruck abzuwechseln, was der Auflockerung dient:

> *Bayern München* hat am letzten Samstag verloren. Dennoch konnte der *Rekordmeister* den ersten Tabellenplatz halten. Die *Bayern* mussten auf eine Reihe von Stammspielern verzichten. Außerdem waren einige der aufgelaufenen Spieler nicht in Topform, darunter *Giovane Elber*. Der *Brasilianer* litt an einer Muskelverhärtung.

Besonders die Ersetzung eines Namens durch eine Eigenschaft wirkt oft sehr konkret; zugleich kann sie der Charakterisierung dienen, zum Beispiel indem politische Einstellungen zum Ausdruck gebracht werden: *die Roten* anstatt *SPD, die Schwarzen* anstatt *CDU/CSU, die Grünen* anstatt *Bündnis 90/Die Grünen* oder *die Liberalen* anstatt *F.D.P.*

Möchten wir eine Aussage abschwächen oder Distanz, auch Zweifel gegenüber dem Ausgesagten signalisieren, so schreiben wir einfach das Gegenteil von dem Gemeinten und verneinen es:

> Diese Zwischenfälle passieren *nicht selten.* –
> Diese Zwischenfälle passieren *oft.*
> Es ist *nicht unwahrscheinlich,* dass ... –
> Es ist *wahrscheinlich, dass ...*

Immer wieder gehen Schreiber diesen indirekten Weg, weil sie sich scheuen, ihre Meinung offen zu äußern. Gerade mit Lob tun sich ja manche schwer oder nicht leicht:

> Das hat Fau Meyer *nicht schlecht* gemacht. –
> Das hat Frau Meyer *gut* gemacht.

Nicht in jedem Fall muss die Verneinung des Gegenteils abschwächend wirken. Das Urteil über Frau Meyer kann – je nach Kontext – auch als Hervorhebung verstanden werden. Oder in einer Äußerung wie »Das ist *kein dummer* Gedanke« kann Überraschung und sogar Bewunderung mitschwingen.

Ein außerordentlich effektives Mittel, eine Aussage hervorzuheben und zu verstärken, ist die Übertreibung. Geläufig sind uns die Bildungen, bei denen Adjektive oder Substantive mit einem »Steigerungswort« versehen werden; dem eigentlichen Sinn wird nichts hinzugefügt, aber dessen Intensität unterstrichen:

> *bums*fidel, *tod*müde, *hunds*miserabel, *splitter*nackt, *mäuschen*still, *knall*rot, *blitz*sauber, *brand*neu, *super*preiswert, *ultra*weiß, *Toten*stille, *Wahnsinns*preise, *Traum*reise, *Luxus*kabine, *Riesen*waschkraft

Auch Verben können von übertreibenden Zusätzen begleitet werden, die dann nüchterne Ausdrücke ersetzen:

> *in Strömen* regnen – *stark/heftig* regnen; jemandem *ein Loch in den Bauch* fragen – *unermüdlich* fragen; *eine Ewigkeit* warten – *lange* warten; Hunger *wie ein Wolf* haben – *großen* Hunger haben

Zweifellos ist die Übertreibung anschaulich; dennoch ist sie nicht überall angebracht. So bleibt sie besser auf private Schreiben beschränkt, und selbst da sollte sie nur sparsam eingesetzt werden, zum Beispiel um ein starkes Gefühl oder eine besondere Stimmung zu vermitteln. Wer ständig und unkontrolliert sprachlich übertreibt, wird leicht als Marktschreier abgestempelt. Nicht umsonst ist das auftrumpfende Schreiben und Sprechen ein Merkmal der Werbung, der ja einige der zitierten Beispiele entstammen.

Mehr als eine geschickte Wortwahl bedeutet die Umschreibung, da bei ihr nicht einfach ein Wort durch ein anderes ersetzt wird, sondern durch eine ganze Wortgruppe. Umschreibungen erweitern also immer den Text. Geläufig ist das Verfahren, eine Gattungsbezeichnung mit einem Attribut zu versehen, sodass eine Eigenschaft der Gattung hervorgehoben wird:

> der Große Teich – der Atlantik; der fünfte Kontinent – Australien; weißes Gold – das Porzellan; das Reich der Mitte – China; die vierte Gewalt – die öffentlichen Medien; die Königin der Musikinstrumente – die Orgel

Genutzt werden solche Umschreibungen vor allem, um den Ausdruck zu variieren. Über die reine Abwechslung hinaus taugen sie zugleich dazu, die Darstellung von Sachverhalten aufzulockern und farbiger zu gestalten. Wer also einen Bericht nicht ganz so knochentrocken formulieren möchte, der kann ihn mit der Umschreibung von Namen und Stoffbezeichnungen flotter machen, wie es beispielsweise Journalisten gerne tun.

Die Umschreibung erlaubt nicht nur, den Ausdruck zu variieren, sie ist auch eine Strategie, Wörter zu vermeiden. Will jemand unbedingt ein bestimmtes Wort umgehen, so kann er es durch eine Umschreibung ersetzen. Das kann dem Abwiegeln und Verharmlosen dienen wie der Gebrauch von *einen dummen Fehler machen* anstatt *lügen;* es kann aber auch dem schonenden oder diskreten Verhüllen von schmerzlichen oder als Tabu betrachteten Sachverhalten dienen wie der Gebrauch von *das Zeitliche segnen* für *sterben* oder *den Freitod wählen* für *Selbstmord begehen.* Schließlich kann die Umschreibung auch ein Retter in der Not sein. Vielleicht fällt jemandem das Wort *Kuhfladen* gerade nicht ein, er möchte jedoch nicht *Kuhscheiße* schreiben, also greift er zu einer Umschreibung: »Herr Meyer ist in das getreten, was eine Kuh auf der Wiese hinterlassen hat.«

## Die wortstilistische Nuance
### Differenzierung im Wortschatz

Wie die bisherigen Ausführungen nur allzu deutlich zeigen, ist die Wortwahl ein wahrhaft weites Feld. Und wir haben es noch immer nicht vollständig abgeschritten! Dennoch legen wir eine kurze Verschnaufpause ein, die wir allerdings nicht ungenutzt verstreichen lassen sollten. Sie bietet nämlich eine gute Gelegenheit, uns ins Gedächtnis zurückzurufen, was im zweiten Kapitel über die stilistische Entscheidung gesagt wurde. Dabei geht es im

Augenblick nicht darum, dass jeder Einzelne diese Entscheidung selber treffen muss und sie auch selber zu verantworten hat. Vielmehr sei daran erinnert, dass sich mit jeder Formulierungsalternative der Sinn einer Äußerung verändert, selbst wenn es sich dabei um kaum wahrnehmbare Nuancen handelt. Deshalb wurde ja bei den verschiedenen Formen der Ersetzung stets darauf hingewiesen, welche besonderen Wirkungen von ihnen ausgehen können.



Neben der langen Liste von Kunstgriffen, die auf Ersetzung beruhen, bieten sich noch andere Möglichkeiten, mit Wörtern stilistische Wirkungen zu erzielen. Sie beruhen darauf, dass der allgemeinsprachliche Wortschatz in sich nicht einheitlich ist, sondern sich in verschiedene Gruppen aufspaltet. Allgemeine einsprachige Wörterbücher wie die des Dudenverlags[1] berücksichtigen das, indem in ihnen die Gruppenzugehörigkeit der einzelnen Wörter angegeben ist.

Als Erstes ist hier der Fall zu nennen, der eigentlich gar keiner ist. Wenn wir schreiben, so bedienen wir uns zuerst einmal und weithin des normalsprachlichen Wortschatzes, der einfach unauffällig, weil gewohnt ist. Die Wörterbücher betrachten ihn als stilistisch neutral. Die dazugehörigen Wörter bilden den Normalfall und sind deshalb nicht besonders gekennzeichnet. Nehmen wir den folgenden Ausschnitt aus einer Universitätsbroschüre und achten ausschließlich auf die Wortwahl:

> Die Universität misst der Fortbildung ihrer Mitarbeiterinnen und Mitarbeiter einen hohen Stellenwert bei. Fortbildung heißt, das einmal erworbene fachliche Wissen den Veränderungen anzupassen und um diejenigen Fähigkeiten zu ergänzen, die einen größtmöglichen Erfolg gewährleisten.

1 **DUDEN.** Das große Wörterbuch der deutschen Sprache in zehn Bänden. 3., völlig neu bearb. und erw. Auflage Mannheim, Leipzig, Wien, Zürich 1999;
**DUDEN.** Deutsches Universalwörterbuch. 3., neu bearb. und erw. Auflage, Mannheim, Wien, Zürich 1996

Hier begegnet uns nichts Besonderes, kein Wort sticht hervor, der Ton ist durchgehend nüchtern. Dieser stilistisch neutrale Wortschatz gibt die Basis ab für unser Schreiben, er bildet zugleich den Hintergrund, von dem sich stilistisch auffällige Wörter abheben. Traditionellerweise ordnet man diese oberhalb und unterhalb der neutralen Ebene an. Oberhalb angesiedelt sind

- die bildungssprachlichen Wörter wie *Affront, homogen, kulinarisch, subtil, elitär* oder *eruieren*. Es sind in der Regel Fremdwörter, mit denen wir uns und unseren Text schmücken. Wir nutzen ihren Prestigewert, um zu signalisieren, dass wir mit unserem Text einen gewissen Anspruch verbinden. Wer sich auf diesem Feld nicht sicher fühlt, sollte auf solche Wörter verzichten, da Missgriffe beim Leser leicht hämische Reaktionen hervorrufen.
- die gehobenen Wörter wie *Antlitz, sich befleißigen, Haupt* oder *fernab*. Wer sich einer gepflegten Ausdrucksweise befleißigen will, kann sie verwenden, sollte jedoch darauf achten, dass sie im schriftlichen Alltag unter Umständen zu feierlich klingen oder gespreizt wirken.
- die dichterischen Wörter wie *Leu, beglänzen* oder *Odem*. Das sind meist veraltete Wörter, die wir zwar aus der Literatur kennen, jedoch selbst nicht benutzen. Wenn aber doch, dann nur zu besonderen Zwecken.

Unterhalb der neutralen Ebene sind angesiedelt

- die umgangssprachlichen Wörter wie *flitzen, auf Draht sein* oder *gewieft* und die saloppen Wörter wie *Armleuchter* oder *bekloppt*. Wenn wir sie schreiben, dann kaum in einem Brief an das Finanzamt, sondern in Briefen an Personen, mit denen wir auf vertraulichem Fuß stehen. Da sich die sprachlichen Sitten mittlerweile gelockert haben, stoßen wir heute auch in der Zeitung – nicht nur in der Boulevardpresse – auf umgangssprachliche und saloppe Wörter. Texte werden mit ihnen flott gemacht, und das dürfen wir auch – mit Augenmaß! – in Schreiben, die zwar nicht privater Natur sind, aber doch etwas persönlicher gehalten werden können, zum Beispiel in einer Einladung zum Abteilungsessen.

- die derben bis vulgären Wörter wie *Scheiße, Fresse* oder *vögeln*. Die Zeit liegt noch nicht lange zurück, in der der Gebrauch solcher Wörter in der Öffentlichkeit wie im privaten Bereich absolut tabu war. Wer sie dennoch benutzte, galt als vulgär und sozial deklassiert. Auch bei den derben und vulgären Wörtern haben sich die Sprachsitten gelockert, wirklich gefallen sind die Tabuschranken jedoch nicht. Wir haben es hier geradezu mit einem klassischen Beispiel für die These zu tun, dass jeder seine Sprache selber verantwortet: Wer solche Wörter in den Mund nimmt oder zu Papier bringt, der sollte genau wissen, was er tut, und sich über mögliche Folgen im Klaren sein.



## Brisante Wörter
## Sprengkraft im Wortschatz

Bei den bildungssprachlichen Wörtern sind wir zum ersten Mal dem umstrittensten Worttypus überhaupt begegnet: dem Fremdwort. Seit dem 17. Jahrhundert bildet es den Dauerbrenner der Sprachkritik, die die deutsche Sprache durch die Übernahme fremder Wörter bedroht sieht. Das ist maßlos übertrieben, weshalb wir an die Fremdwortfrage ganz cool herangehen sollten. Wenn Sprachratgeber die Fremdwörter verteufeln, dann ist dem zu widersprechen. Es gibt nämlich keinen guten Grund, Wörter wie *Sport, Computer, Kalender, Telefon* oder *Elektrizität* nicht zu verwenden, geschweige denn seit über tausend Jahren im Deutschen beheimatete Wörter wie *Ziegel, Wall* oder *Fenster*, die unsere Vorfahren aus dem Lateinischen übernommen haben, zu vermeiden. Kaum jemand wird sich gegen diese und viele andere Wörter stellen, einfach weil sie uns so vertraut sind, dass wir sie gar nicht als Wörter fremder Herkunft wahrnehmen. Wenn Sprachratgeber vor Problemen beim Fremdwortgebrauch warnen, dann haben sie jedoch Recht. Denn damit ist es wie mit dem Gebrauch von Wörtern bestellt, die nicht fremder Herkunft sind. Wörter, deren Gebrauch Schwierigkeiten bereiten kann, werden zur Gruppe der brisanten Wörter zusammengefasst. Ihre Brisanz liegt darin, dass mit ihnen die Verständigung erschwert, wenn nicht sogar gestört werden kann. Wie gesagt, das ist nicht nur bei

Fremdwörtern der Fall, aber unbestritten sind viele Fremdwörter besonders störanfällig.

Nicht umsonst wurde schon bei den bildungssprachlichen Wörtern mit ihrem Prestigewert darauf hingewiesen, dass nur der sie schreiben sollte, der sie sicher beherrscht. Wer sich da vertut, verspielt sein Prestige. Jetzt kommt noch eine zweite Warnung hinzu, die alle schweren Fremdwörter betrifft: Der Schreiber sollte kein Wort schreiben, das seinem Adressaten vermutlich fremd ist. Im Zweifelsfall verzichtet er besser darauf und ersetzt es durch ein anderes, dessen Bekanntheit wahrscheinlicher ist. Verständlichkeit geht also vor Prestige, auch wenn das schmerzen mag. Dieser Rat ist im Übrigen leichter zu geben, als im Einzelfall zu befolgen. Nehmen wir an, ein Schreiber will eigentlich *Das ist eine brisante Angelegenheit* schreiben, entschließt sich dann aber dazu, das bildungssprachliche *brisant* zu ersetzen durch – ja durch was? *Sprengend, hochexplosiv* oder *sehr aktuell*? Oder wählt er die umständlichere Umschreibung *Angelegenheit, die viel Zündstoff für eine Diskussion enthält*? Offenbar besitzt nicht jedes Fremdwort ein deutsches Wort als Äquivalent oder gleichwertige Entsprechung, und schon deshalb ist die Aufforderung unangemessen, Fremdwörter strikt zu vermeiden. Aber selbst da, wo wir neben dem Fremdwort auch über ein deutsches Wort verfügen, können sich Probleme einstellen. Denn gerade bei Fremdwörtern, die zugleich Fachwörter sind, hilft eine »Übersetzung« nicht unbedingt weiter. Für jemanden, der die Fachwörter *Präposition* und *Verhältniswort* nicht kennt, ist es gleichgültig, ob in einem Text das Fremdwort oder das deutsche Wort steht. Was er braucht, ist Sachwissen. Erst wenn ihm das vermittelt wird, versteht er, und zwar beide Ausdrücke.

Fachwörter wie *Präposition* oder *Verhältniswort* sind nun kein größeres Problem für unseren sprachlichen Alltag; wo begegnen wir ihnen schon, und schreiben werden wir sie auch nicht. Daneben gibt es aber zahlreiche Fachwörter, mit denen wir es sehr wohl zu tun bekommen, und nicht immer wissen wir so recht, was sie bedeuten. Seien wir ehrlich: Was heißt eigentlich *Drehmoment* oder *selbsttragende (Karosserie)*? Und dann gibt es noch eine Fülle von Schlagwörtern, unter denen man sich alles und nichts vorstellen kann: Was genau der viel beschworene Zeitgeist ist, wissen nur die wirklich Eingeweihten. Und wem das fast verschollene Schlagwort *Postmoderne* noch im Gedächtnis ist, mag sich im Rückblick fragen, was damit eigentlich gemeint war. Auch über das, was die Wörter *konservativ,* (politisch) *links/rechts, Freiheit, modern, Menschenwürde, faschistisch* oder *Restrisiko* genau bedeuten, lässt sich trefflich streiten. Sie scheinen klar, erweisen sich aber bei genauerem Hinsehen als vage. Deshalb sind solche Fach- und Schlagwörter brisant, zwar nicht für alle, aber doch für viele. Der Autofan und Technikfreak weiß natürlich, was ein *Drehmoment* ist, für die Masse der Autofahrer jedoch, die den Ausdruck in der Werbung lesen, klingt er allenfalls gut, vor allem wenn vom höchsten Drehmoment die Rede ist. Oder *Freiheit,* das ist ein Wert, von dem keiner sagen wird, dass er auf ihn verzichten wolle. Doch mit einem Wort wie *Freiheit* lässt sich hervorragend ein trügerisches Einverständnis beschwören. Schließlich wissen wir ja, dass Freiheit in unterschiedlichen politischen Systemen Unterschiedliches beinhaltet. Wenn von Freiheit die Rede ist, meinen Vertreter einer demokratischen Gesellschaftsordnung nicht das Gleiche wie Vertreter einer autoritären.

Zugegeben, vermutlich spielen solche Fach- und Schlagwörter im privaten oder beruflichen Schreiballtag keine wichtige Rolle. Sie sind vielmehr das Geschäft von Werbetextern, Politikern und all denjenigen, die in der Öffentlichkeit Meinung formulieren und verbreiten. Dennoch sollten wir ein Augenmerk auf brisante Wörter haben, und zwar aus verschiedenen Gründen:

- Bildungssprachliche Prestigewörter passen nicht in jeden Text.
- Fremdwörter sind dem Adressaten manchmal fremd.
- Das gilt auch für Fachwörter.

Vor allem wer als Fachmann an und für Laien schreibt, ist bei der Wortwahl besonders gefordert. Er hat nicht nur zu überlegen, über welches Fachwissen seine Adressaten verfügen, was er also bei ihnen voraussetzen darf, was er erklären muss und wovon er am besten überhaupt nicht schreibt, er hat auch ganz besonders auf den Wortgebrauch zu achten. Fachwörter sollte er so weit wie möglich meiden, wirklich unumgängliche Fachwörter müssen erklärt werden. Seitdem der Bundeskanzler Helmut Schmidt in den Siebzigern öffentlich darüber klagte, er verstünde seine Stromrechnung nicht mehr, hat sich manches in der Kommunikation zwischen Fachleuten und Laien gebessert. Doch noch heute achtet nicht jedes Unternehmen darauf, dass seine Mitarbeiterinnen und Mitarbeiter verständlich und kundenfreundlich schreiben.

6

## Substantivierte Verben
## **Vielfältig einsetzbar**

*Substantiv* gehört ebenfalls zu den Fachwörtern, die dem Leser gewöhnlich nicht begegnen, es sei denn, er beschäftigt sich mit einschlägigen Sachbüchern wie diesem. Die Entsprechung deutscher Herkunft lautet *Hauptwort*, eine Bezeichnung, die nahe legt, dass diese Wortart eine herausragende Rolle spielt. Hauptwörter scheinen wichtige, wenn nicht die wichtigsten Wörter zu sein. Obwohl dieser Wortart offenbar eine gewisse Prominenz zugeschrieben wird, äußern sich Sprachratgeber kritisch zu den Hauptwörtern, ja wettern sogar wider die »Hauptwörterei«. Das klingt schlimmer, als es in Wirklichkeit ist, denn die Kritik richtet sich nicht grundsätzlich gegen Substantive, sondern gegen den Gebrauch von Substantiven, die aus Verben gebildet sind. Dieser hat tatsächlich seine problematischen Seiten.

Einem ersten Fall sind wir schon im Kapitel über den Satz begegnet, als es um den kompakten Ausdruck ging. Prinzipiell kann die Substantivierung von Verben dazu genutzt werden, Nebensätze einzusparen, indem man sie zu einem substantivischen Satzglied verknappt. Dabei haben wir die Möglichkeit der Ableitung *(Rechnung von rechnen)* oder der Substantivierung eines Infinitivs *(das Rechnen):*

> Herr Müller kam zu spät zum Ehemaligentreffen, *weil er den Anschluss in Koblenz verpasst hatte.* – Herr Müller kam *wegen des Verpassens des Anschlusses in Koblenz* zu spät zum Ehemaligentreffen.
> Herr Lehmann traf am letzten Mittwoch seine besten Freunde, *als er das Café Razen betrat.* – Herr Lehmann traf am letzten Mittwoch *beim Betreten des Cafés Razen* seine besten Freunde.

Das ist schon recht mühsam zu lesen. Allerdings sei hinzugefügt, dass solche Substantivierungen nicht zwangsläufig von Übel sind. Jeder möge in den folgenden Fällen für sich selbst prüfen, ob er den Satz mit der Substantivierung als problematisch empfindet oder nicht:

> Die Gruppe verließ den Saal, *indem sie protestierte.* –
> Die Gruppe verließ *unter Protest* den Saal.
> Es ist verboten, *sich mit dem Wagenführer zu unterhalten.* –
> Die *Unterhaltung* mit dem Wagenführer ist verboten.

Und auch das sei noch gesagt: Gegen Substantive, die aus Verben gebildet sind, ist grundsätzlich nichts einzuwenden, auch nicht gegen die auf *-ung* abgeleiteten. Ganz im Gegenteil, wir benötigen sie dringend, beispielsweise um Vorgänge ökonomisch benennen zu können:

> Die *Kindererziehung* hat sich in den letzten dreißig Jahren grundlegend verändert. – *Die Art, wie Kinder erzogen werden,* hat sich in den letzten dreißig Jahren grundlegend verändert.
> Die *Verschwörung* des Fiesco zu Genua. – *Wie sich* Fiesco zu Genua *mit den Aufrührern verschwor.*

Andere Verbableitungen dienen zur Bezeichnung von

- handelnden Personen, zum Beispiel *Lehr-er, Ordn-er, Vorsitz-ender*
- betroffenen Personen oder Sachen, zum Beispiel *Prüfling, Einschieb-sel* (etwas, das man in etwas anderes schiebt), *Aufkleb-er* (Schildchen zum Aufkleben)
- Instrumenten, zum Beispiel *Bohr-er, Näh-zeug*
- Orten, zum Bespiel *Bäck-erei, Durchreich-e* (Öffnung, durch die man das Essen reicht)

Noch niemand ist auf die Idee gekommen, diese und viele andere Substantivierungen als sprachlich unschön zu diskriminieren, zumal viele von ihnen uns gar nicht als Verbableitung auffallen. Deshalb ist der Rat weit überzogen, man möge aus Verben gebildete Substantive unbedingt vermeiden und da, wo sie einem unterlaufen sind, wieder in Verben zurückverwandeln. Wie sollte das in den folgenden Beispielen wohl aussehen?

Die *Hausordnung* umfasst zehn Paragraphen.
Die *Prüfung* findet am nächsten Donnerstag statt.
Der *Unterricht* fällt heute aus.

Die Mahnung zur Vorsicht oder anders: Zur Vorsicht zu mahnen, wenn die Häufung von Substantiven den Satz unübersichtlich, holprig und schwer verständlich macht, ist das eine; sich undifferenziert gegen die Hauptwörterei auszusprechen das andere. Diese radikale Haltung lässt sich erklären, wenn man nach dem Stilideal fragt, dem Sprachpäpste wie Eduard Engel, Broder Christiansen oder Ludwig Reiners anhingen. Es fand sich in der schönen Literatur und der gepflegten Sachprosa. Die Gegenwelt bildete die Rechts-, Behörden- und Verwaltungssprache, für die der gehäufte Gebrauch von Substantiven charakteristisch war und manchmal auch noch heute ist. Da war es ein Leichtes, mit Schmunzelbeispielen deren stilistisch mindere Qualität zu belegen:

> Eine Eisenbahn ist ein Unternehmen, gerichtet auf wiederholte Fortbewegung von Personen oder Sachen über nicht ganz unbedeutende Raumstrecken auf metallener Grundlage, welche durch ihre Konsistenz, Konstruktion und Glätte den Transport großer Gewichtsmassen beziehungsweise die Erzielung einer verhältnismäßig bedeutenden Schnelligkeit der Transportbewegung zu ermöglichen bestimmt ist.

Und wer sich davon nicht überzeugen ließ, den konnten Horrorbeispiele wie das folgende schrecken:

> Der am 20. März 1983 eingegangene Antrag auf Einleitung eines Verfahrens zur Erteilung der Erlaubnis zum Führen eines Kraftfahrzeuges auf öffentlichen Straßen ...

Dagegen ist die Formulierung *Der am 20. März 1983 eingegangene Führerscheinantrag* geradezu von schlichter Eleganz!

### Die Bedeutung nuancieren

### Einfaches Verb und Streckverb

Einen zweiten Fall von »Hauptwörterei« bildet die Konkurrenz von einfachem Verb und einer Fügung, die aus substantiviertem Verb und einem weiteren Verb besteht. Außerdem gesellt sich meist noch eine Präposition hinzu. Einige Beispiele:

> beantragen – einen Antrag stellen; abstimmen – zur Abstimmung bringen; vortragen – zum Vortrag gelangen; aufregen – in Aufregung versetzen; ausdrücken – zum Ausdruck kommen; sterben – im Sterben liegen; vergessen – in Vergessenheit geraten; vorschlagen – einen Vorschlag machen

Ein einfaches Verb wird zu einer längeren Fügung gestreckt, weshalb dieses Gefüge auch Streckverb genannt wird. Unter dem Gesichtspunkt der Kürze ist das nicht ökonomisch. Es stellt sich deshalb die Frage, ob der Schreiber etwas gewinnt, wenn er statt des einfachen Verbs ein Streckverb verwendet. Die Antwort lautet ja und nein. Um mit dem Nein zu beginnen: Sollte jemand schreiben *Herr Meier stellte den Antrag, seinen gemachten Vorschlag zur Abstimmung zu bringen,* der gewönne nichts gegenüber der einfachen Version *Herr Meier beantragte, über seinen Vorschlag abzustimmen.* Allenfalls kommt der Satz mit den Streckverben gewichtiger daher, vielleicht ist er aber auch nur aufgeplustert. Das gilt nicht zuletzt für *seinen gemachten Vorschlag; gemacht* ist überflüssig, da die Formulierung *seinen Vorschlag* beinhaltet, dass Herr Meier ihn gemacht hat. Vergleichbares gilt beispielsweise für *nach erfolgter Beendigung der Sitzung, nach getätigtem Einkauf, nach durchgeführter Begehung.*

Dennoch können wir Streckverben in vielen Fällen mit Vorteil verwenden, da sich mit ihnen auf einfache Weise Bedeutungsnuancen ausdrücken lassen. Dies wird sofort deutlich, wenn wir in einem Gefüge das Verb austauschen und schauen, was sich in der Bedeutung verändert:

> in Bewegung bringen/setzen = bewirken oder veranlassen, dass sich etwas bewegt

in Bewegung kommen/geraten = etwas fängt an, sich zu bewegen
in Bewegung sein/sich befinden = etwas bewegt sich dauernd

Oder:

zur Auflösung bringen = bewirken oder veranlassen, dass sich etwas auflöst
zur Auflösung kommen = etwas fängt an, sich aufzulösen
sich in Auflösung befinden = etwas löst sich fortlaufend auf

Drei Nuancen können also mit Streckverben ausgedrückt werden:

- etwas wird bewirkt oder veranlasst oder verursacht
- etwas fängt an
- etwas geschieht dauernd oder fortlaufend

Eine weitere Leistung von Streckverben besteht darin, dass sich mit ihnen Passivkonstruktionen ersetzen lassen. Das bietet sich besonders dann an, wenn sich in einem Text viele Sätze im Passiv finden und die ständige Wiederholung von *wird/werden/wurde/wurden* vermieden werden soll:

Die Führungsspitze des Unternehmens *wurde* in letzter Zeit mehrfach *verändert.* – Die Führungsspitze des Unternehmens *erfuhr* in letzter Zeit mehrfach *Veränderungen.*
Die These *wird diskutiert.* – Die These *steht zur Diskussion.*
Der Bestseller *wird gedruckt.* – Der Bestseller *befindet sich im Druck.*
Sein Herzenswunsch *wurde* ihm *erfüllt.* –
Sein Herzenswunsch *ging in Erfüllung.*

Allerdings geht nicht jede dieser Ersatzformen so glatt von der Feder:

Die Ware *wird* sofort *bereitgestellt.* –
Die *Bereitstellung* der Ware *erfolgt* sofort.
Das Gesetz *wurde* einstimmig *verabschiedet.* –
Die *Verabschiedung* des Gesetzes *geschah* einstimmig.

Hier wird das substantivierte Verb zum Subjekt des Satzes gemacht und das ehemalige Subjekt zum Genitivattribut. Anders als in den zuvor diskutierten Beispielen ist mit dieser Veränderung keine Bedeutungsnuance verbunden, sondern es wird lediglich eine umständlichere Konstruktion gewählt, die einen Fall von reiner »Hauptwörterei« darstellt.

Um Streckverben zu bilden, steht uns eine ganze Reihe von Verben zur Verfügung wie *bringen, geraten, kommen, befinden, sein, setzen, stehen, halten*. Diese Verben haben ihre eigentliche Bedeutung verloren, sie sind von ihrer Bedeutung her »ausgebleicht«. So können wir beispielsweise nicht sagen, was eigentlich *halten* in der Wendung *eine Rede halten* bedeutet. Wir wissen jetzt aber, dass solche Verben dennoch etwas leisten, eine Funktion haben. Deshalb spricht die Sprachwissenschaft von Funktionsverben und nennt die Fügungen, die mit solchen Verben gebildet sind, Funktionsverbgefüge. Streckverben sind also Funktionsverbgefüge; es gehören aber auch Wendungen dazu, in denen Substantive auftreten, die sich entweder nicht mehr so einfach oder überhaupt nicht in Verben zurückverwandeln lassen:

> zur Sprache bringen/kommen; unter Druck geraten/sein; in Gang setzen/kommen; in Kraft setzen/treten/sein; in Verlegenheit geraten/bringen

Auf solche Fügungen können wir gar nicht verzichten, selbst wenn wir es wollten.

## Lange Wörter
### Verständlichkeit und Lesbarkeit

Mit den Substantiven gibt es noch ein weiteres Problem, das mit den Möglichkeiten zusammenhängt, neue Wörter zu bilden. Die deutsche Sprache ist in dieser Hinsicht außerordentlich produktiv, und das ist zu begrüßen. Denn so ist es uns möglich, neue Wörter zu bilden, wenn es neue Dinge zu bezeichnen gilt. Als zum ersten Mal Menschen den Mond betraten, wurde das Gefährt, das die Astronauten vom Raumschiff zur Mondoberfläche brachte, *Mondfähre* genannt. Oder als sich der erste Mensch außerhalb des Raumschiffes im Weltraum bewegte, fand man die Bezeichnung *Weltraumspaziergang* dafür. Und wenn eines Tages Ausflugsreisen in den Weltraum möglich sein sollten, ist ein *Weltraumreiseführer* durchaus denkbar. Das Prinzip ist klar: Wir nehmen schon vorhandene Wörter und setzen sie zu neuen zusammen. So praktisch dieses Verfahren ist, so können zu ausladende Gebilde unübersichtlich werden und die Lesbarkeit beeinträchtigen. Es kommt noch hinzu, dass komplizierte Zusammensetzungen aus Fach- und Wissenschaftssprachen stammen, wir also zusätzliche Verstehensschwierigkeiten haben, weil uns die Sachkenntnis fehlt. Gott sei Dank begegnen wir Wörtern wie *Anhängerbremskraftregler, Sollkostenrechnung, Kernspintomographie, Atomkernreaktion, Wohlgeformtheitsbedingungen* oder *Privatliquidationsrecht* keineswegs täglich. Schreiben werden wir sie in der Regel überhaupt nicht, es sei denn, jemand wäre Fachmann auf einem bestimmten Gebiet und schriebe für Fachleute. Solange jemand als Experte für Experten schreibt, ist das völlig problemlos. Heikel wird es erst, wenn die Adressaten Laien sind, zum Beispiel wenn ein Hightechunternehmen wie eine Telefongesellschaft an seine Privatkunden schreibt. Doch das ist keine Frage der langen Wörter, denn auch kurze Fachwörter bleiben für viele Laien unverständlich, sondern es ist eine Frage, ob und wie technische Details den Privatkunden zu vermitteln sind.

Neben den komplizierten Zusammensetzungen der unterschiedlichen Fach- und Wissenschaftsgebiete gibt es solche, die ursprünglich fachsprachlichen Charakter hatten, jetzt aber auch im öffentlichen Sprachgebrauch geläufig sind, wie *Kennzeichnungspflicht, Kilometergeldpauschale, Herzklappenoperation, Hochschulrektorenkonferenz, Raufasertapete;* und natürlich auch solche, die immer schon alltagssprachlich waren wie *Paddelbootfahrt, Kindergottesdienst, Stammtischpolitiker, Schreinerwerkstatt.* Auch bei diesen Wörtern ist es so, dass wir sie öfter lesen als schreiben. Aber wenn wir in einem Brief von unserer letzten Paddelbootfahrt berichten, dann gibt es keinen ernsthaften Grund, nicht *Paddelbootfahrt* zu schreiben.

Obwohl längere Wörter in der deutschen Alltagssprache durchaus normal sind, gibt es auch die gegenläufige Tendenz, Wörter zu kürzen. Fälle wie *Kfz-Werkstatt* anstatt *Kraftfahr-*

*zeugwerkstatt* oder *LKW-Verkehr* anstatt *Lastkraftwagenverkehr* sind ökonomische Bildungen, die möglich sind, weil sich für *Kraftfahrzeug, Lastkraftwagen* oder *Personenkraftwagen* als häufig gebrauchte Wörter Abkürzungen durchgesetzt haben. Ähnlich verhält es sich mit *Herr Ober* für *Herr Oberkellner, Auto* für *Automobil, Bus* für *Omnibus, Schirm* für *Regenschirm* oder *Bierdeckel* für *Bierglasdeckel.* Diese Kürzungen sind ursprünglich gesprochensprachlich. Wir können es uns gut vorstellen, wie ein Zecher es einfach satt hatte, immer *Herr Oberkellner* zu rufen, wenn er ein frisches Bier wollte; deshalb ist er kurzerhand zu *Herr Ober* übergegangen. Diesen Wörtern sieht man ihre umgangssprachliche Herkunft nicht mehr an, wir benutzen sie ganz normal beim Sprechen und Schreiben. Im Gegenteil, wer *Bierglasdeckel* schriebe, der stieße eher auf Unverständnis; und wer *Automobil* schreibt, der wird vielleicht einer Generation zugeordnet, die noch die Jugendjahre des Autos erlebt hat. Anders steht es dagegen mit Kürzungen wie *Uni* für *Universität* oder *Prof* für *Professor,* die ihren umgangssprachlichen Charakter noch nicht verloren haben. Wir sollten sie nur schreiben, wenn klar ist, dass der Leser am saloppen Ton keinen Anstoß nimmt.

Grundsätzlich gilt für die Wortwahl, was schon über den Satzbau gesagt wurde. Der Schreiber sollte nicht von den regelmäßig überforderten Lesern ausgehen. Noch weniger als sie ein komplizierterer Satz gleich aus der Bahn wirft, tut dies ein längeres Wort. Trotzdem empfiehlt es sich, vermutliche Stolpersteine aus dem Wege zu räumen. Der Schnell-Leser wird es dem Schreiber danken. Kandidaten dafür sind Bildungen, die nicht so geläufig sind, wie zum Beispiel *Vereinsvorstandssitzung,* das sich in *Sitzung des Vereinsvorstands* auflösen lässt, vielleicht reicht überhaupt *Vorstandssitzung.* Oder das aus dem Augenblick heraus gebildete *Unterwasserrettungsaktion,* dessen Auflösung jedoch zu einer ausführlicheren Umschreibung führt wie *die Rettungsaktion, die unter Wasser durchgeführt wurde.* Neben der Auflösung haben wir die Möglichkeit, den Bau eines zusammengesetzten Wortes mit einem Bindestrich zu verdeutlichen. Diese Art von Lesehilfe wurde schon immer empfohlen, wenn es darum ging, Fehllesungen vorzubeugen oder Doppeldeutigkeiten auszuschließen. Bekannte Beispiele sind *Blumentopf-Erde* anstatt *Blumentopferde,* da sich das leicht als *Blumento-Pferde* verlesen lässt, oder *re-integrieren* anstatt *reintegrieren* wegen *rein-tegrieren*. Doppeldeutig ist *Musikerleben*, das als *Musiker-Leben* wie *Musik-Erleben* geschrieben werden kann. Die neue deutsche Rechtschreibung, die am 1. August 1998 in Kraft getreten ist, wertet die Bindestrichschreibung noch auf. Dem Schreiber wird geraten, vermehrt den Bindestrich zu gebrauchen, um die Lesefreundlichkeit seines Textes zu erhöhen und Verständnishilfen zu geben. Sofern der Bindestrich richtig gesetzt ist, zeigt er, aus welchen Sinneinheiten das Wort besteht: *Ultraschall-Messgerät, Arbeiter-Unfallversicherung* oder *Dienstrechtsreform-Vorschläge*. Und beim Aufeinandertreffen dreier gleicher Buchstaben schafft er Ordnung: *Schlamm-Massen* anstatt *Schlammmassen* oder *Schnell-Leser* anstatt *Schnellleser*. In all diesen Fällen entscheidet der Schreiber selber, ob er einen Bindestrich setzen möchte oder nicht. Das bedeutet zugleich ein zusätzliches Stück Verantwortung, denn der Bindestrich sollte wohl überlegt verwendet und nicht beliebig über die Wörter gestreut werden. Ob es wirklich notwendig ist, *Greencard-Vorschlag, Negativ-Meldung, Industrie-Praktika* oder *Binde-Strich* zu schreiben, bleibe dahingestellt.

## Kleine Wörter
## **Die Aussage modifizieren**

Die Beschäftigung mit langen und bisweilen unübersichtlichen Wörtern könnte den Eindruck erwecken, als bestünden unsere Texte nur aus Wortungetümen. Der Schreiballtag belehrt uns jedoch eines Besseren. Wenn wir einmal darauf achten, bemerken wir, dass in unseren Texten eine große Zahl von kleinen Wörtern vorkommt und dass diese sich auch ständig wiederholen: *haben, sein, werden, zu,* Artikel wie *der, die, das,* Pronomen wie *ich, wir, mein, euer,* Präpositionen wie *an, auf, mit,* Konjunktionen wie *weil, dass, obwohl*. Wörtchen dieser Art gehören zum Grundgerüst der Sätze, wir können gar nicht auf sie verzichten und haben bei ihrer Verwendung auch keine Wahl. Wer sich im Text selber nennt, muss *ich* schreiben, wer das Substantiv *Vertragsabschluss* benutzt, muss einen Artikel setzen, wer das Verb *sich verlassen* verwendet, muss die Präposition *auf* ergänzen.

Daneben findet sich noch eine weitere Gruppe von kleinen Wörtern, die nicht in gleicher Weise zwangsläufig auftreten. In der Sprachwissenschaft heißen sie *Partikeln,* was mit *Teilchen* übersetzt werden kann. Die Partikeln bilden keine geschlossene Abteilung, sondern stellen ein rechtes Sammelsurium dar. Zu ihnen zählen kleine Wörter, die zu unserem Schreiballtag gehören wie die Luft zum Atmen, es finden sich aber auch solche, die wir praktisch nie schreiben, sondern nur im Gespräch verwenden, und schließlich solche, bei denen es umstritten ist, ob wir sie schreiben sollen oder nicht. Allen gemeinsam ist aber, dass wir mit ihnen auf einfache Weise unsere Aussage modifizieren können, indem wir sie verneinen, verstärken, hervorheben, relativieren.

Zu den völlig unproblematischen Partikeln rechnen zuerst einmal die Wörtchen, mit denen wir eine Aussage verneinen:

> Entgegen Ihrer Behauptung trifft es *nicht* zu, dass ...
> Nehmen Sie *keinesfalls* mehr ein als die vom Arzt verschriebene Dosis.
> Ich kann dir *weder* Geld leihen *noch* dich auf andere Weise unterstützen.

Eigentlich sollte ein Nein ein Nein sein, zu dem es nichts hinzuzufügen gibt. Trotzdem lässt sich eine Verneinung noch verstärken. Will jemand ausdrücken, dass er sich mit etwas Unangenehmem nicht beschäftigen möchte, weil es ihm Angst oder Sorge bereitet, könnte er formulieren: *Daran will ich nicht denken.* Vermutlich fügt er aber noch ein *gar* oder *überhaupt* ein, mit denen er das Ausmaß seines Widerwillens zum Ausdruck bringt: *Daran will ich gar nicht/überhaupt nicht denken.*

Nun lassen sich nicht nur Verneinungen intensivieren, sondern wir können überhaupt die Intensität von Eigenschaften angeben. Dabei verfügen wir sogar über die Möglichkeit, Abstufungen vorzunehmen:

> Der Wein ist *ziemlich* teuer. – Der Wein ist *sehr* teuer. – Der Wein ist *äußerst* teuer.
> Der Zug war *einigermaßen* pünktlich. – Der Zug war *ausgesprochen* pünktlich. – Der Zug war *höchst* pünktlich.

Aus der Umgangssprache kennen wir noch Verstärkerwörtchen wie *echt, toll, irre* oder *hübsch.* Zumindest *echt* und *irre* wird nicht jeder in den Mund nehmen, geschweige denn schreiben, weil er sich auf diese Stilschicht nicht einlassen möchte. *Ihr Vorschlag klingt echt überzeugend* oder *Ihr Angebot ist irre teuer* in einem Geschäftsbrief klingt allenfalls nach Parodie, aber nicht nach seriösem Geschäftsgebaren.

Nicht die Intensität, sondern eine Stufung drücken *erst,*
6 *schon, noch, mindestens, wenigstens* oder *höchstens* aus. Dabei steht unausgesprochen immer ein Maßstab im Hintergrund, an dem sich die Einstufung bemisst. Mit der Aussage *Der Zug kommt mindestens zehn Minuten zu spät* wird das untere Ende des Maßstabs markiert, da die Verspätung auch größer sein kann. Mit dem Satz *Der Zug kommt höchstens zehn Minuten zu spät* wird das obere Ende bezeichnet, das heißt, die Verspätung kann auch geringer ausfallen. Ähnlich verhält es sich bei *Der Wein lagert erst zwei Jahre* und *Der Wein lagert schon zwei Jahre.* Im ersten Fall wird die Lagerzeit als gering eingestuft, während sie im zweiten Fall als lang gilt.

Einige der Partikeln, die der Einstufung dienen, lassen sich aber auch noch anders verwenden, wie die folgende Gegenüberstellung zeigt:

Frau Heinrich hat *wenigstens* zwei Stunden gewartet. –
*Wenigstens* Frau Heinrich hat zwei Stunden gewartet.

Mit *wenigstens* am Satzanfang wird Frau Heinrich besonders hervorgehoben. So wird die Aufmerksamkeit des Lesers auf diesen Teil des Satzes gelenkt und außerdem indirekt gesagt, dass andere nicht gewartet haben. Für diesen Partikelgebrauch ist also typisch, dass die Hervorhebung einer Möglichkeit zugleich andere Möglichkeiten ein- oder ausschließt:

*Nur* ein Wunder kann ihn retten (sonst nichts).
*Selbst* die Experten staunten (die Laien sowieso).
Der Staatsgast hat *sogar* Hände geschüttelt (und nicht nur vor den Kameras posiert und den Leuten zugewinkt).
*Besonders* die Vorstandssprecher der beteiligten Unternehmen gerieten in die Kritik (andere Vorstandsmitglieder auch).

Vermutlich wird niemand an den bisher behandelten Partikeln Anstoß nehmen; ganz im Gegenteil, jeder wird ihre Nützlichkeit anerkennen und sie umstandslos gebrauchen, wenn es ihm vorteilhaft erscheint. Da verhält es sich mit der nächsten Gruppe von kleinen Wörtern ganz anders; sie waren umstritten und sind es zum Teil auch heute noch. Gemeint sind Wörter wie

> aber, auch, bloß, denn, doch, eben, eigentlich, etwa, halt, ja, mal, nur, ruhig, schon, vielleicht, wohl. 6

Sie kommen vor allem im Gespräch vor, sind in ihrem Auftreten aber so unauffällig, dass wir sie kaum bemerken. Das wiederum hat ihnen den Ruf eingetragen, sie seien überflüssig. Als Flick- und Füllwörter sind sie bezeichnet worden, die ganz besonders in der geschriebenen Sprache keinen Platz hätten. Mittlerweile sehen wir den Fall jedoch viel differenzierter.

Grundsätzlich ist festzustellen, dass diese Wörtchen keine funktionslosen Füllsel sind, was schon ein kleines Beispiel belegt. Jemand möchte einen Bekannten dazu ermuntern, ihn zu besuchen, ohne gleich einen Termin auszumachen. Was würde er sagen? *Du kannst vorbeikommen* oder *Du kannst ruhig mal vorbeikommen?* Hand aufs Herz, der erste Satz wirkt doch ziemlich hölzern, künstlich und distanziert, während der zweite einen erheblich flüssigeren, natürlicheren und freundlicheren Eindruck macht. Das liegt natürlich nicht daran, dass der zweite Satz zwei Wörter mehr enthält, sondern dass *ruhig* und *mal* etwas zur Bedeutung der Aufforderung beitragen. Mit *mal* wird zum Ausdruck gebracht, dass der erwünschte Besuch einmaligen Charakter besitzt, vor allem aber, dass er keine Haupt- und Staatsaktion ist, sondern etwas Kleines und eher Beiläufiges. Und mit *ruhig* wird zum Ausdruck gebracht, dass der Bekannte der Aufforderung nachkommen kann, ohne nachteilige Folgen befürchten zu müssen, etwa weitere Besuche abstatten zu müssen.

Wie das Beispiel zeigt, erlauben es diese Partikeln, unsere Aussagen inhaltlich zu modifizieren, sie abzutönen. Deshalb heißen sie Abtönungspartikeln. Solche abgetönten Äußerungen wirken insgesamt freundlich und verbindlich, was sich zuerst einmal im Gespräch positiv auswirkt, aber auch für das Schreiben genutzt werden kann. So lassen sich sachliche Briefe im Ton persönlicher gestalten, ohne dass sie gleich vertraulich werden. Das liegt daran, dass der Schreiber seinem Adressaten mit Abtönungspartikeln ganz nebenbei verdeutlichen kann, was er für eine Einstellung oder Erwartung hat. Der Schreiber tut also etwas für die Beziehung zum Adressaten. So kann er beispielsweise mit einem *doch* zum Ausdruck bringen, dass ihm an einer weiteren Zusammenarbeit liegt und er die Hoffnung hegt, dem Adressaten gehe es ebenso:

6 Diese kleine Unstimmigkeit sollte *doch* unsere weitere Zusammenarbeit nicht gefährden.

Wenn der Schreiber mit *Wenden Sie sich ruhig mit Ihren Fragen an uns* sich als Ansprechpartner anbietet, dann signalisiert er dem Adressaten mit *ruhig* noch zusätzlich, dass Anfragen willkommen sind und dass dem Fragenden daraus weder Nachteile noch Verpflichtungen entstehen.

Mit Abtönungspartikeln kann der Schreiber aber auch auf vorausgegangene Äußerungen des Adressaten Bezug nehmen und sie bewerten, indem er zum Beispiel

- zustimmt: Was Sie da berichten, ist *ja* sehr erfreulich.
- ablehnt: Ihre Honorarvorstellungen sollten Sie *aber* noch einmal überdenken.
- einschränkt: Wir wollten den Auftrag *eigentlich* zurückziehen, aber ...
- sein Erstaunen bekundet: Wer konnte *denn* voraussehen, dass ...?

Und wenn der Schreiber an eine eigene frühere Äußerung erinnert, kann er beispielsweise mit *ja* unterstreichen, dass es sich um etwas an sich Bekanntes handelt:

Wie wir *ja* im zweiten Kapitel gesehen haben ...

Wir sehen, Abtönungspartikeln leisten auch beim Schreiben gute Dienste. Allerdings sollten wir sie maßvoll und gezielt einsetzen; Häufungen wie *Das ist ja doch mal eine gute Nachricht* klingen ausgesprochen umgangssprachlich und sind allenfalls in einem saloppen Privatbrief angemessen. Außerdem gibt es kleine Wörter wie *eh, halt* und *mal,* die wegen ihres umgangssprachlichen Charakters mit höchster Vorsicht zu verwenden sind. Von einem Unternehmen, das uns schreibt *Wenden Sie sich mal mit Ihren*

*Fragen an uns,* würden wir vermutlich sagen, es sei *eh bekloppt und müsse halt mal seinen Schreibstil überdenken.*

## Die Wortverbindung
## Es stehe zusammen, was zusammengehört

Wenn wir schreiben, kümmern wir uns durchaus um das einzelne Wort. Wie ist die richtige Bezeichnung? *Minister* oder *Staatsminister?* Was klingt besser? *Schwitzen* oder *transpirieren?* Was ist anschaulicher? *China* oder *das Reich der Mitte?* Über solchen Entscheidungen dürfen wir aber nicht vergessen, dass es beim Schreiben keineswegs nur darum geht, schön der Reihe nach ein Wort nach dem anderen zu wählen. Im Gegenteil, wenn wir uns für ein Wort entschieden haben, dann müssen wir auch prüfen, wie sich das auf die Wörter in seiner Umgebung auswirkt. Wörter stehen nicht beziehungslos nebeneinander, sondern sie beeinflussen sich gegenseitig in ihrem Auftreten. Nicht jedes Wort passt zu jedem, und manches Wort bevorzugt in seiner Umgebung bestimmte Wörter und schließt andere aus. Es ist wie bei einer Perlenkette, für die der Juwelier ja auch Perlen zusammensucht, die zusammenpassen, zumindest bei einer qualitätvollen Kette.

Wenn wir die Wörter zu Wortgruppen zusammenfügen und diese wiederum zu Sätzen, so haben wir darauf zu achten, dass die Konstruktionen grammatisch korrekt, also richtiges Deutsch sind. Doch damit ist es noch nicht genug, denn die Wörter müssen auch inhaltlich zueinander passen. Sonst entsteht Quatsch, den sich allenfalls Dichter oder Reimer erlauben dürfen, die für uns so herrliche Unsinnsverse schreiben:

> Dunkel wars, der Mond schien helle,
> Schneebedeckt die grüne Flur,
> Als ein Wagen blitzeschnelle
> Langsam um die runde Ecke fuhr.
> Drinnen saßen stehend Leute,
> Schweigend ins Gespräch vertieft,
> Als ein totgeschossner Hase
> Auf der Sandbank Schlittschuh lief.

Es ist eine verkehrte Welt, in die wir hier entführt werden. Paradoxerweise laufen hier nicht nur Hasen Schlittschuh, sondern sogar tote Hasen. Das Prinzip ist einfach: Es werden widersprüchliche Aussagen aneinander gefügt – *Dunkel wars, der Mond schien helle;* weiterhin werden sich eigentlich ausschließende Adjektive miteinander kombiniert – *blitzeschnelle langsam;* oder ein Substantiv bekommt ein Attribut zugeordnet, das nicht zu ihm passt – *runde Ecke.* Solche Wortverbindungen erlaubt die dichterische Freiheit, sie sind jedoch auch in unserem sprachlichen Alltag möglich und rechnen da zu den rhetorischen Kunstkniffen. Das bekannteste unter diesen Mitteln ist das Oxymoron, bei dem sich eigentlich ausschließende Begriffe zusammengestellt werden. Damit können wir unklare Geschmackseindrücke bezeichnen *(Schweinefleisch süßsauer, ein herbsüßer Schoppen),* zwiespältigen Gefühlen Ausdruck verleihen *(ein schaurig-schönes Erlebnis)* oder etwas als paradox hinstellen *(die farblose Farbigkeit einer winterlichen Landschaft, die betriebsame Trägheit einer Person, ein geordnetes Chaos).*

Dass Wörter, die wir miteinander verwenden wollen, ihrer Bedeutung nach zusammenpassen müssen, wäre nicht extra zu erwähnen, wenn es da nicht vielfältige Besonderheiten gäbe, die zum Teil ganz unauffälliger Natur sind. Berücksichtigen müssen wir sie dennoch. Ein offensichtlicher Fall findet sich unter den Farbadjektiven. Normalerweise können wir sie mit den Bezeichnungen für beliebige Gegenstände verbinden, sofern diese nur die entsprechende Farbe aufweisen. So lassen sich *gelb* und *braun* problemlos zu *Laub, Haus, Sand, Stoff, Blume* oder *Auto* stellen; die Adjektive *blond* und *brünett* dagegen nur zu *Haar.* Und wenn wir *ein blondes Mädchen* schreiben, dann meinen wir eine Blondine. Ein anderes Beispiel ist das Verb *fahren* in der Bedeutung »sich mit einem Fahrzeug fortbewegen«. Es gibt eine ganze Gruppe von Substantiven, mit denen sich *fahren* verbindet: *Auto, Bahn, Schiff, Wagen, Schlittschuh, Ski fahren.* Logisch, könnten wir sagen, mit Fahrzeugen fahren wir eben. Wieso sind aber Ski und Schlittschuhe Fahrzeuge? Sind es nicht eher »Laufzeuge«? Und tatsächlich ist auch *Ski* oder *Schlittschuh laufen* gebräuchlich. Ganz regulär verhält es sich wiederum bei *mit dem Jet, der Rakete, dem Drachen fliegen,* das sind schließlich Flugzeuge. Fans von Heißluftballons wissen wiederum, dass man mit dem Ballon nicht fliegt, sondern fährt. Ist der Heißluftballon ein Fahrzeug und kein Flugzeug? Wie die Beispiele zeigen, ist in der Sprache keineswegs alles »logisch«, vor allem wenn es um die Kombinierbarkeit der Wörter miteinander geht. Manches, was da nach dem gesunden Menschenverstand verträglich sein müsste, ist dennoch unüblich.

Solche Regeln für den Wortgebrauch gibt es in Hülle und Fülle. Und wir sollten dafür dankbar sein! Sie erlauben uns, routiniert zu schreiben; denn sie entlasten uns von der Aufgabe, immer wieder darüber nachzudenken, welche Wörter wir miteinander verknüpfen wollen. Wir beherrschen diese Regeln, auch wenn wir uns dessen nicht bewusst sind, und folgen ihnen beim Schreiben blind. Und das ist ein Glück, denn wir würden uns rasch im Wortdickicht verheddern, wenn wir darüber nachzudenken anfingen, wie beispielsweise *gepflegt* und *pflegen* mit verschiedenen Substantiven verbunden werden können. Nur drei Beispiele dafür, wie unterschiedlich die Kombinationsmöglichkeiten verteilt sind:

> *Rasen* lässt sich mit *gepflegt* und *pflegen* verbinden *(einen gepflegten Rasen besitzen; den Rasen pflegen).*
> *Speisen* lässt sich mit *gepflegt,* aber nicht mit *pflegen* verbinden *(gepflegte Speisen anbieten, *die Speisen pflegen).*
> *Kontakte* lässt sich nicht mit *gepflegt,* aber mit *pflegen* verbinden *(*gepflegte Kontakte besitzen, die Kontakte pflegen).*

Nur wenn wir selber oder andere solche Feinheiten im Wortgebrauch missachten, werden wir aufmerksam. Wer gerade hingeschrieben hat *Ich habe mich mit einem nahen Freund getroffen,* der mag im nächsten Moment denken: »Hoppla, da stimmt doch was nicht!« Und dann ersetzt er *nah* durch *eng.* Wir können beide Adjektive in der Bedeutung »in einer nahen Beziehung zu einer Person stehend« gebrauchen, aber wir können sie nicht beliebig mit Personenbezeichnungen kombinieren. Die Beziehung zu einem Freund ist eng, nah ist die Beziehung nur zu einem Verwandten:

> ein enger Freund – ein naher Verwandter
> *ein naher Freund – *ein enger Verwandter

Oder *hoch* in der Bedeutung »hoch stehend, hochrangig« lässt sich nicht mit jeder Berufsbezeichnung verknüpfen:

> ein hoher Beamter, ein hoher General
> ?ein hoher Angestellter, *ein hoher Lehrer

Wieder anders steht es mit dem Adjektiv *alt*, mit dem wir die negative Bewertung einer Person oder ein Schimpfwort verstärken können:



> Herr Lehmann ist ein *alter* Schwätzer.
> Der Hausbesitzer ist ein *alter* Geizkragen.
> Mein Vorgesetzter ist ein *altes* Schwein.

*Alt* in dieser Funktion lässt sich nur als Attribut verwenden, nicht jedoch als Prädikativum im Satz:

> Der Schwätzer/Der Hausbesitzer/Mein Vorgesetzter ist *alt*.

Wie die Beispiele zeigen, geht es jetzt immer um das Alter der jeweiligen Person, und das ohne jeden negativen Beigeschmack.

Etwas anders verhält es sich mit *groß* und *klein*. Spricht jemand von der erwachsenen Tochter seines Freundes, so kann er sagen *Er hat eine große Tochter;* und von einer Tochter, die noch jung an Jahren ist, *Er hat eine kleine Tochter*. Sagt er jedoch *Seine Tochter ist groß* oder *Seine Tochter ist klein,* dann beziehen wir groß und klein in der Regel auf die Körpergröße. Und nun kommt der Unterschied zu *alt*. Wird nämlich *schon* oder *noch* eingeschoben, ist der Fall klar; es geht nicht um Körpergröße, sondern um das Alter:

> Seine Tochter ist *schon* groß.
> Seine Tochter ist *noch* klein.

## Die verdoppelte Information
## **Redundanz und stilistischer Effekt**

Der Trick, ein Wörtchen einzuschieben, um so den Gebrauch eines anderen Wortes zu ermöglichen, ist nicht auf *groß* und *klein* beschränkt. Nehmen wir zum Beispiel *Sie küssten sich mit den Lippen*. In diesem Satz ist *mit den Lippen* völlig überflüssig. Mit was hätten sie sich sonst küssen sollen? Mit dem Verb *küssen* ist also das Mittel – die Lippen – automatisch mitgegeben, sodass die Extraerwähnung eine Verdoppelung ist; es wird keine neue Information geliefert. In der Sprachwissenschaft sagt man deshalb von Verben wie *küssen,* sie hätten ein »inneres Objekt«. Dieses innere Objekt kann nun nach außen gewendet werden, wenn es mit einem Attribut versehen ist, das eine besondere Qualität ausdrückt: *mit brennenden Lippen küssen.* So verhält es sich auch mit *eines natürlichen Todes sterben, mit wunden Füßen laufen, mit gespitzten Ohren zuhören, mit scharfen Zähnen beißen* oder *mit zittrigen Händen greifen.* Wer will, kann auch schreiben *einen lieblichen Traum träumen, eine köstliche Gabe geben* oder *ein erfülltes Leben leben,* obwohl hier die Wortformen gedoppelt sind. Die Berufung auf die Dichter rechtfertigt keineswegs jeden Sprachgebrauch, dennoch sei an Goethes »Erlkönig« erinnert: »Gar schöne Spiele spiel ich mit dir.«

Nicht jede sprachliche Verdoppelung gibt uns zu Überprüfung Anlass, ob sie akzeptabel ist oder nicht. Ganz im Gegenteil, es finden sich zahlreiche Fälle, in denen wir ein und dieselbe Information mehrfach ausdrücken, ohne dass wir uns dessen überhaupt bewusst sind. In dem Satz *Du schwimmst* wird die zweite Person zweimal ausgedrückt, zum einen mit dem Personalpronomen *du,* zum andern mit dem Konjugationselement *-st.* Nehmen wir noch *Ihr geht* hinzu, dann sehen wir, dass die Zahl ebenfalls zweimal markiert wird: *du* und *-st* zeigen beide den Singular an, *ihr* und *-t* den Plural. Sprachwissenschaftler sprechen hier von grammatischer Kongruenz, eine Erscheinung, die sich nicht nur bei der Kombination von Subjekt und Prädikat findet. Im Prinzip ist diese Mehrfachanzeige grammatischer Informationen überflüssig, ein Eindruck, der sofort einleuchtet, wenn wir an das Englische denken: *I go, you go,* aber *he goes,* und dann *we, you, they go.* Doch was für das Englische gilt, gilt für das Deutsche noch lange nicht. Diese Art von Redundanz oder Überfülle an Information ist in der Sprache angelegt, und wir müssen uns ihr beugen, wenn wir richtiges Deutsch schreiben wollen. Nur in Ausnahmefällen kann davon abgewichen werden, zum Beispiel beim so genannten Telegrammstil. Als man noch eilige Nachrichten per Telegramm und nicht via Internet oder Handy verschickte, schrieb man unter Auslassung des Wörtchens *ich* »Ankomme morgen«. Und noch heute ist jeder frei, die Notiz »Bin einkaufen« zu hinterlassen.

Damit ist die Frage der Informationsverdoppelung keineswegs abgehandelt, denn es gibt genügend Fälle, in denen sie nicht zugelassen ist. Wer *weißer Schimmel* oder *kleiner Zwerg* schreibt, muss sich vorhalten lassen, dass *weiß* und *klein* völlig überflüssig sind, da sich ein Schimmel durch sein weißes Fell auszeichnet und ein Zwerg durch seine Kleinwüchsigkeit. Wilfried Seibicke, der sich diesen Fällen ausführlich gewidmet hat, spricht von Pleonasmus, was mit »Überfluss« zu übersetzen ist.[1] Zwei Kriterien führt er für den Pleonasmus an:

- Die Bestandteile dieser Fügungen gehören unterschiedlichen Wortarten an; *weiß* und *klein* sind Adjektive, *Schimmel* und *Zwerg* sind Substantive.
- Der eine Bestandteil nimmt eine Bedeutungskomponente auf, die schon in dem anderen Bestandteil enthalten ist; das Adjektiv *weiß* nimmt die Farbe Weiß auf, die in *Schimmel* = »weißes Pferd« drinsteckt, das Adjektiv *klein* die Größenbestimmung aus *Zwerg* = »kleingewachsener Mensch«.

Ob wir tatsächlich die Welt laufend mit weißen Schimmeln, kleinen Zwergen, großen Riesen oder alten Greisen bevölkern, bleibe dahingestellt. Sicher können einem Schreiber solche Fehlgriffe im Eifer des Gefechts unterlaufen, wenn er etwas besonders anschaulich beschreiben will. Oder aber er möchte etwas möglichst deutlich sagen. In diesem Bestreben sieht Seibicke das Motiv für das Entstehen von Pleonasmen. Das weiße Fell ist in der Bedeutung von *Schimmel* mitgegeben, so wie der kleine Wuchs in der von *Zwerg;* aber beides bleibt ungenannt, und deshalb erliegt der Schreiber der Versuchung, es extra zu nennen. Besonders überzeugend wirkt diese Erklärung bei Wörtern, deren Bedeutung nicht bis in die letzten Feinheiten bekannt ist, nämlich bei Fremdwörtern vor allem aus dem bildungssprachlichen Wortschatz:

1 **Wilfried Seibicke.** Wie schreibt man gutes Deutsch? Eine Stilfibel. Mannheim, Wien Zürich 1969, S. 145 ff.

*vorläufig suspendieren* anstatt einfach *suspendieren* »vorläufig, befristet vom Dienst befreien«
*neu renoviert* anstatt einfach *renoviert* »neu gemacht«
*aufoktroyieren* anstatt einfach *oktroyieren* »aufzwingen«
*Zukunftsprognosen* anstatt einfach *Prognosen* »Voraussagen«, die ja immer nur für die Zukunft gemacht werden können
*hinzuaddieren* oder *aufaddieren* anstatt einfach *addieren* »hinzuzählen«
*heiße Thermalquellen* anstatt einfach *Thermalquellen* »heiße Quellen«



Theoretisch gesehen ist der Pleonasmus eindeutig Verdoppelung, die als stilistisch schlecht eingestuft werden kann. Betrachtet man jedoch die gängige sprachliche Praxis, so verliert diese Einschätzung schnell an Schärfe. Bei den eben angeführten Beispielen etwa ist zu fragen, ob sie nur für eine kleine Schar klassisch Gebildeter Pleonasmen sind, nicht aber für die Masse der Sprachbenutzer. Zumindest *aufoktroyieren, hinzuaddieren* und *aufaddieren* betrachten die meisten von uns nicht als Doppelungen, sondern als einfache Wörter. Wörterbücher wie »Duden. Das große Wörterbuch der deutschen Sprache« haben die Konsequenz daraus gezogen und solche Wörter kommentarlos aufgenommen. Bei anderen Beispielen lässt sich mit Scharfsinn durchaus ihr pleonastischer Charakter erkennen, aber das tut ihrer Verbreitung keinen Abbruch. Die Wendung *Vorspiegelung falscher Tatsachen* ist so ein Fall. *Vorspiegeln* bedeutet ja schon, dass etwas verfälscht wird, insofern ist das Attribut *falsch* nicht nur überflüssig, sondern falsch. Was soll denn »falsche Tatsachen verfälschen« heißen? Dennoch gebrauchen wir diese Wendung problemlos, und vielleicht käme es uns sogar merkwürdig vor, wenn jemand von der Vorspiegelung von Tatsachen schriebe.

Es war schon einmal kurz davon die Rede, dass sich keineswegs alles in der Sprache mit Logik erklären lasse. Was dem scharfsinnigen Sprachgrübler als widersprüchlich, wenn nicht falsch erscheint, ist oft sprachüblich. Hier muss jeder für sich selbst entscheiden, ob er sich dem Üblichen anschließt oder sich ihm verweigert, weil es aus seiner Sicht fehlerhaft ist. Bei dieser

Prüfung sollte er seine Fantasie spielen lassen und überlegen, ob eine Wendung, die auf den ersten Blick nicht akzeptabel ist, nicht doch sinnvoll sein kann. So ist *übersichtliche Ordnung* keineswegs ein Pleonasmus, wenn man sich vor Augen hält, dass etwas sehr wohl geordnet sein kann, deshalb aber noch nicht automatisch übersichtlich ist, weil beispielsweise das Ordnungsprinzip außerordentlich kompliziert ist. Außerdem finden sich immer wieder Zusammenhänge, in denen Wendungen plötzlich möglich werden, von denen man bis dahin felsenfest überzeugt war, sie seien sprachlich falsch. Selbst gegen *kleiner Zwerg* oder *großer Riese* ist dann nichts einzuwenden, wenn ein besonders kleingewachsener Zwerg oder ein besonders aufgeschossener Riese gemeint ist. Und auch *weißer Schimmel* verliert seinen pleonastischen Charakter, sobald *blendend* hinzugefügt wird, um die Pracht des weißen Fells hervorzuheben.

## Das Wort und seine Mitwörter
## **Die stilistische Wirkung im Text**

Diese Hinweise zielen nicht darauf, die Grenzen zwischen richtigem und falschem, zwischen gutem und schlechtem Wortgebrauch zu verwischen. Sie sollen nur darauf aufmerksam machen, dass diese Grenzen keineswegs immer so geradlinig verlaufen, wie wir es gern hätten. Einerseits ist die Wortwahl weithin von verlässlicher Routine bestimmt; wäre es anders, kämen wir beim Schreiben aus dem Tritt wie der berühmte Tausendfüßler, der überlegt, welches seiner tausend Beinchen er als nächstes bewegen muss. Andererseits ist mit der Wortwahl eine große Freiheit verbunden. Der Wortschatz bietet uns unendlich viele Möglichkeiten, wenn es uns darauf ankommt, etwas auf nuancierte Weise auszudrücken. Dabei sind wir in einem ganz besonderen Maße auf die eigene stilistische Entscheidung angewiesen, da all die Feinheiten des Wortgebrauchs, die sich unserem suchenden Blick eröffnen, in keinem – noch so umfassenden – Wörterbuch verzeichnet sein können und schon gar nicht in einem Sprachratgeber.

Bleiben wir noch einen Augenblick beim Wörterbuch. Dort finden sich Angaben zur Gruppenzugehörigkeit der Wörter. Die

Einteilung in Stilschichten haben wir schon kennen gelernt. Beispiele sind *Kopf* »normalsprachlich«, *Haupt* »gehoben« oder *Birne, Rübe* »umgangssprachlich, salopp«. Weitere Gruppen sind die Wörter fremdsprachlicher Herkunft wie *Computer,* Fachwörter wie *Hausse* und *Baisse,* Wörter mit unterschiedlicher Verbreitung wie *fegen* und *kehren,* veraltete Wörter wie *Backfisch* für *junges Mädchen.* Außerdem findet sich noch eine Gruppe von Wörtern, die eine Stilfärbung aufweisen. Den Ausdruck *vollschlank* gebrauchen wir zum Beispiel für *dick;* oder mit *Köter* reden wir abschätzig über einen Hund, der durchaus ein Rassehund sein kann. Mit Angaben dieser Art wird den Wörtern ein Stilwert zugeordnet, aber es ist lediglich ein potenzieller Stilwert. Gewiss wirkt der Hinweis darauf, ein Wort sei salopp, derb oder gar vulgär, wie ein Warnschild. Er macht uns darauf aufmerksam, dass die Verwendung dieses Wortes nicht unbedingt bei jedem Adressaten auf Zustimmung stößt. Aber im Großen und Ganzen lässt sich an den Wörtern, so wie sie im Wörterbuch stehen, nicht ablesen, welche stilistische Wirkung sie in einem Text tatsächlich entfalten. Das hängt nämlich nicht allein von einem einzelnen Wort ab, sondern auch davon, mit welchen anderen Wörtern es auftritt. Wie das Zusammenspiel der Wörter einem Text sein stilistisches Flair verleiht, zeigt auf wunderschöne Weise der Beginn des Romans »Lotte in Weimar« von Thomas Mann. Thomas Mann beschreibt die Ankunft dreier Frauen im Weimar des Jahres 1816, der Hofrätin Kestner – dem Urbild der Lotte in Goethes »Die Leiden des jungen Werthers« –, ihrer Tochter und einer Kammerzofe. Thomas Mann versetzt den Leser unmerklich in eine vergangene Zeit, schafft jedoch gleichzeitig historischen Abstand, indem er humorvoll, heiter und behaglich die Ankunftsszene beschreibt. Wesentlichen Anteil daran haben der Satzbau und eine sorgfältige Mischung von Wörtern und Wendungen, die verschiedenen Wortschatzbereichen entnommen sind. Veraltetes wie *ordinäre Post, Frauenzimmer, Zofe* oder *Schwager* erzeugt das Zeitkolorit; Gehobenes wie *vom hohen Sitze, beiwohnen, empfindsam* oder *zum Wohlgefallen* schafft Behaglichkeit und Abstand zugleich; Scherzhaftes wie *Kammerkatze* und Spöttisches wie *freudig verwirrend* und *Willkommensbücklinge* bewirkt den heiteren Ton und Distanz schaffende Ironie. Wer mit Muße dieses

Stück Prosa liest, der kann selbst entdecken, wie raffiniert Thomas Mann das stilistische Potenzial der Wörter nutzt:[1]

> Der Kellner des Gasthofes »Zum Elephanten« in Weimar, Mager, ein gebildeter Mann, hatte an einem fast noch sommerlichen Tage ziemlich tief im September des Jahres 1816 ein bewegendes, freudig verwirrendes Erlebnis. Nicht, dass etwas Unnatürliches an dem Vorfall gewesen wäre;
> 6 und doch kann man sagen, dass Mager eine Weile zu träumen glaubte.
> Mit der ordinären Post von Gotha trafen an diesem Tage, morgens kurz nach acht Uhr, drei Frauenzimmer vor dem renommierten Hause am Markte ein, denen auf den ersten Blick – und auch auf den zweiten noch – nichts Sonderliches anzumerken gewesen war. Ihr Verhältnis untereinander war leicht zu beurteilen: Es waren Mutter, Tochter und Zofe. Mager, der, zu Willkommensbücklingen bereit, im Eingangsbogen stand, hatte zugesehen, wie der Hausknecht den beiden Ersteren von den Trittbrettern auf das Pflaster half, während die Kammerkatze, Klärchen gerufen, sich von dem Schwager verabschiedete, bei dem sie gesessen hatte und mit dem sie sich gut unterhalten zu haben schien. Der Mann sah sie lächelnd von der Seite an, wahrscheinlich im Gedanken an den auswärtigen Dialekt, den die Reisende gesprochen, und folgte ihr noch in einer Art von spöttischer Versonnenheit mit den Augen, indes sie, nicht ohne unnötige Windungen, Raffungen und Zierlichkeiten, sich vom hohen Sitze hinunterfand. Dann zog er an der Schnur sein Horn vom Rücken und begann zum Wohlgefallen einiger Buben und Frühpassanten, die der Ankunft beiwohnten, sehr empfindsam zu blasen.

Natürlich ist das kein Vorbild für das alltägliche Schreiben. Wir schreiben schließlich keine Romane, und selbst wenn wir dies täten, würden wir uns kaum Thomas Mann zum Vorbild nehmen. Es zeigt uns aber, welche Stilwirkung das Zusammenspiel der

1 **Georg Michel u.a.** Einführung in die Stiluntersuchung. Ein Lehr- und Übungsbuch für Studierende. Berlin 1968, S. 109 ff.

Wörter zu entfalten vermag, wenn nur genügend Sorgfalt, Mühe und Zeit auf ihre Auswahl verwendet wird. Die Voraussetzung dafür ist eine Schreibaufgabe, die diesen Aufwand auch lohnt.

# Kapitel 7

**Stil und Stile** In diesem Buch werden keine theoretischen Diskussionen geführt, schon gar nicht über den Stilbegriff. Dennoch sollen zum Abschluss hierzu einige allgemeine Überlegungen angestellt werden. Dabei geht es noch einmal um die Frage, nach welchen Maßstäben wir Stil bewerten. Gefragt wird aber auch, was Stil seinem Wesen nach ist. Wir benutzen das Wort *Stil* nicht nur im Singular, sondern auch im Plural, das heißt, wir haben es auch mit unterschiedlichen Arten von Stil zu tun. Mit ihrer Konventionalität und Individualität werden zwei Eigenschaften solcher Stile besonders herausgehoben. Außerdem wird mit dem Beziehungsstil ein wichtiger Stiltyp etwas genauer betrachtet.

## Gut und angemessen
## Die Qualität von Stil

Was genau ist Stil? Die Frage klingt einfach, die Antwort ist schwierig, manche sagen sogar unmöglich zu geben. Und das, obwohl es Aberhunderte von Beiträgen gibt, die sich darum bemühen. Der englische Sprachwissenschaftler David Crystal, der sich sein ganzes wissenschaftliches Leben lang mit dem Stilproblem beschäftigt hat, äußert in einem Handbuch den Stoßseufzer: »Stil ist einer der schwierigsten Begriffe, die in diesem Buch gebraucht werden.«[1]

Doch lassen wir die Sprachwissenschaft mit ihren Kümmernissen beiseite, und besinnen wir uns darauf, was wir vom Stil wissen. Dazu knüpfen wir am besten daran an, wie im Alltag von Stil geredet wird. Zuerst einmal sprechen wir kritisch über den Stil einzelner Texte, indem wir ihn positiv oder negativ bewerten. *Gut* oder *schlecht?* – das ist die Frage, die sich als erste aufdrängt. Nach diesem Schema fällen wir weitere Urteile, die sich in Gegensatzpaaren fassen lassen wie *glatt* oder *holprig, elegant* oder *unbeholfen, natürlich* oder *geschraubt, lebendig* und *abwechslungsreich* oder *eintönig, amüsant* und *unterhaltsam* oder *langweilig, prägnant* oder *schwammig, klar* oder *dunkel, verständlich* oder *unverständlich.* Über all diesen Beurteilungen steht die zentrale Frage, ob der Stil angemessen ist oder nicht.

Es wäre aber ein Missverständnis zu glauben, die Qualität von Stil lasse sich nur nach positiven und negativen Eigenschaften bewerten. Gerade wer nach der Angemessenheit fragt, benötigt andere Beurteilungskriterien. Denn wann sollten beispielsweise Holprigkeit oder Unverständlichkeit angemessen sein? Natürlich ist das nicht ausgeschlossen; so kann beispielsweise einen Schreiber die Lust ankommen, spielerisch und experimentell mit der Sprache umzugehen und möglichst holprig und unverständlich zu schreiben. Den Normalfall bildet das aber nicht. Und umgekehrt ist die Feststellung, Glätte und Verständlichkeit seien ange-

1 **David Chrystal.** Cambridge Enzyklopädie der Sprache. Übersetzung und Bearbeitung der deutschen Ausgabe von Stefan Röhrich, Ariane Böckler und Manfred Jansen. Frankfurt, New York 1993, S. 66

messen, nicht sehr erhellend. Schließlich kann ja alles, was die Qualität von Stil befördert, nur angemessen sein. Anders verhält es sich dagegen bei Einschätzungen wie *schlicht* oder *raffiniert, nüchtern* und *sachlich* oder *emotional, auffällig* oder *unauffällig, persönlich* oder *unpersönlich, zurückhaltend* oder *aggressiv, konventionell* oder *originell, abstrakt* oder *konkret*. Hier ist es vernünftig zu sagen, für den einen Schreibanlass ist es angemessen, nüchtern und sachlich zu schreiben, während es für einen anderen angemessen ist, emotional zu schreiben. Und selbst beim selben Schreibanlass, aber bei unterschiedlichen Adressaten kann für die einen Nüchternheit und die andern Emotionalität angemessen sein. Wie man sieht, ist die Angemessenheit selbst keine fixe Größe, sie bemisst sich vielmehr an unterschiedlichen Kriterien: Wie schreibt man zu einem solchen Anlass üblicherweise? Was erwartet der Adressat von einem bestimmten Schreiber? Was glaubt der Schreiber, wie er sein Schreibziel beim Adressaten am besten erreichen kann?

### Die Gestalt des Textes

## Stil als Eigenschaft

Neben den abschätzigen oder bewundernden Urteilen über den Stil einzelner Texte findet sich ein zweiter Typ von Äußerungen, in denen von Stil die Rede ist. Hier geht es nicht um Werturteile, sondern um die besonderen Eigenschaften, die nach unserer Einschätzung den Charakter des Sprachgebrauchs ausmachen. Wer einmal anfängt, Wortbildungen zu sammeln, in denen *-stil* als Bestandteil vorkommt, wird sich wundern, was da alles möglich ist:

> Schreibstil, Sprechstil, Argumentationsstil, Erzählstil, Telegrammstil, Zeitstil, Epochenstil, Märchenstil, Zeitungsstil, Nominalstil, Verbalstil, Gesprächsstil, Kanzleistil, Funktionärsstil, Kaufmannsstil, Feuilletonstil, Wissenschaftsstil, Beratungsstil, Interviewstil, Diskussionsstil, Briefstil

Dieser kleinen Auswahl lassen sich Wendungen zur Seite stellen, die aus attributiv gebrauchten Adjektiven und dem Substantiv *Stil* bestehen, wie zum Beispiel *konventioneller, altmodischer, journalistischer, pastoraler, volkstümlicher, kindgemäßer, höflicher, persönlicher, lakonischer, feierlicher Stil.*

Doch der eifrige Sammler stößt noch auf ganz andere Gebrauchsweisen von *-stil,* die mit Sprache überhaupt nichts zu schaffen haben:

> Lebensstil, Barockstil, Denkstil, Boxstil, Musikstil, Malstil,
> 7 Regierungsstil, Jugendstil, Arbeitsstil, Laufstil, Fahrstil etc.

Charakteristische Eigenschaften werden also nicht nur dem Sprachgebrauch zugeschrieben, sondern den unterschiedlichsten Dingen wie dem Leben und Denken, der Musik, der bildenden Kunst und dem Kunsthandwerk, dem Laufen und Fahren. Eines scheint allen Dingen, die sich mit Stil in Verbindung bringen lassen, jedoch gemeinsam zu sein: Es handelt sich bei ihnen immer um Artefakte, das heißt um Gegenstände und Aktivitäten, die von Menschen hervorgebracht oder ausgeübt werden. Es gehört aber zum Wesen des Hervorbringens, dass die Menschen das Hervorzubringende auf eine bestimmte Art und Weise zurichten oder es gestalten. Einfach nachzuvollziehen ist das an der Tätigkeit des Bildhauers, der aus einem Marmorblock eine Skulptur schaffen will. Er bearbeitet den Stein mit Hammer und Meißel so lange, bis das Ergebnis seinen Vorstellungen entspricht. Obwohl es mit dem Schreiben erheblich komplizierter ist als mit der Bildhauerei, verhält es sich damit ganz ähnlich. Im Schreibprozess bringen wir den Text hervor, indem wir unseren Ideen, Wünschen und Zielen eine sprachliche Gestalt verleihen. Dass wir dabei in gewisser Weise wie ein Handwerker vorgehen, zeigen metaphorische Wendungen wie *den Text bearbeiten, am Text feilen, Formulierungen glätten, dem Text den letzten Schliff geben* – alles Tätigkeiten, die der Bildhauer am von ihm bearbeiteten Material ganz konkret ausübt.

Das Gestalten ist also immer im Spiel, wenn Menschen Texte schreiben, Häuser bauen, Mode kreieren oder ihr Leben führen. Dementsprechend ist es auch immer möglich, im Hinblick auf diese und andere Aktivitäten und ihre Ergebnisse von Stil zu sprechen. Daran ändert auch die Beobachtung nichts, dass vieles von dem, was Menschen tagtäglich tun, ganz unauffällig ist, sodass kaum jemand auf die Idee kommt, dem besondere stilistische Qualität zuzumessen. Doch wir sollten uns nicht täuschen. Denn plötzlich und unerwartet verspürt man gelegentlich ein Bedürfnis, den Stil von etwas zu preisen, was gewöhnlich gar nicht unter stilistischem Aspekt betrachtet wird – zum Beispiel die Art, wie jemand sein Frühstücksei zu essen pflegt oder seine Schuhe schnürt.

Im Gegensatz zu den Dingen und Aktivitäten, die von Menschen hervorgebracht oder ausgeübt werden, haben die Dinge und Vorgänge natürlichen Ursprungs für uns keinen Stil. Bei den Pflanzen und ihrem Wachsen und Blühen, bei den Tieren und ihrem Leben, bei den Naturgewalten und ihrem Toben oder bei Gesteinsformationen und ihrer Entstehung reden wir nicht von Stil. Dabei würde wohl niemand ernsthaft bestreiten wollen, dass Blumen, Tiere, Naturgewalten oder Gesteinsformationen besondere Eigenschaften aufweisen. Dennoch sprechen wir nicht vom Stil einer reizvollen Hügellandschaft, des Gefieders eines farbenprächtigen Vogels oder einer das Auge fesselnden Wellenbewegung auf einem Teich.

## Die Wiederkehr des Gleichen
## **Die Konventionalität von Stil**

Stil ist eine merkwürdige Erscheinung. Er soll auf den besonderen Eigenschaften beruhen, die für uns den sprachlichen Charakter von Texten ausmachen. Wie steht es dann aber beispielsweise mit den Zeitungsartikeln, die wir beim Frühstück lesen oder nur überfliegen? Sind die etwa stillos? An ihnen nehmen wir doch gar nichts Besonderes wahr, was die sprachliche Gestalt betrifft. Ja, wir achten überhaupt nicht auf diese, und wenn doch einmal, dann bemerken wir allenfalls, dass wir dem wiederbegegnen, was wir schon tausendmal vorgesetzt bekommen haben. Etwas Besonderes scheint das nicht zu sein. Aber vielleicht doch etwas Charakteristisches? Das sind eine ganze Reihe von Fragen, die nacheinander beantwortet werden sollen.

Zum Ersten: Kein Text ist stillos, es sei dann, das Adjektiv *stillos* wird in der Bedeutung »dem Stil nach schlecht« gebraucht. Aber einem Text grundsätzlich Stil absprechen zu wollen, ist ein Irrweg. Denn ganz unabhängig von seiner Qualität ist Stil eine notwendige Eigenschaft eines jeden Textes, da er ja ein Artefakt

ist; und Artefakte sind – wie wir gesehen haben – ausnahmslos auf eine bestimmte Art und Weise gemacht. Die scheinbare Stillosigkeit von Texten ist zuerst einmal damit zu erklären, wie wir sie lesen. Bei unserer morgendlichen Zeitungslektüre konzentrieren wir uns darauf, was in den einzelnen Artikeln geschrieben steht, also auf ihren Wortlaut. Dem Stil schenken wir dagegen keine weitere Beachtung. Das heißt nun keineswegs, dass der Stil bei dieser Art von Lektüre keine Rolle spielen würde, wir nehmen
7 ihn nur nicht bewusst wahr. Der Stil bleibt unauffällig und scheint deshalb gar nicht vorhanden zu sein.

Zum Zweiten: Der Stil eines Textes kann ganz unauffällig sein, wenn seine sprachliche Gestalt dem entspricht, was wir als das Normale ansehen. Die Normalität drückt sich darin aus, dass der Leser damit vertraut ist, wie Zeitungsartikel geschrieben sind, und er auch stillschweigend erwartet, dass sie so geschrieben sind, wie sie geschrieben sind. In der Regel legt er sich darüber keine weitere Rechenschaft ab. Wir haben es hier mit der Konventionalität von Stil zu tun, die auf der ständigen Wiederkehr der immer gleichen Stilmittel beruht. Im Schreib- und Lektürealltag liefert diese Konventionalität die Basis für die schriftliche Routinekommunikation schlechthin. So wie der Journalist sich beim Schreiben seiner Artikel über die sprachlichen Mittel keine weiteren Gedanken zu machen braucht, sondern auf die eingespielten und bewährten Schreibtechniken zurückgreift, beansprucht der konventionelle Stil nicht die Aufmerksamkeit des Lesers. Auch hier bleibt festzustellen: Obwohl der konventionelle Sprachgebrauch nicht ins Bewusstsein dringt, spielt er selbstverständlich seine Rolle für die Lektüre.

Zum Dritten: Alles das bedeutet nicht, dass Schreiber wie Leser den unauffälligen Stil nicht wahrnehmen könnten; sie brauchen dazu nur ihre Aufmerksamkeit auf ihn zu richten. Wenn sie das tun, dann erkennen sie durchaus die eine oder andere besonderen Eigenschaft von Texten, die – wie Zeitungsartikel – stilistisch routiniert geschrieben sind. Auch konventionelle Stile zeichnen sich durch typische Merkmale aus, die dem Text seine Charakteristik verleihen. Der einfachste Weg, sich diese Verhältnisse zu verdeutlichen, führt über den Textvergleich. Am besten wählt man dazu zwei Texte, die das gleiche Thema behandeln. Da schon die ganze Zeit von Zeitungsartikeln die Rede war, soll das auch an einem Zeitungsbeispiel vorgeführt werden. Das Thema ist die Ermordung des Erzherzogs Franz Ferdinand 1914 in Sarajewo, über die die Berliner »Vossische Zeitung« folgendermaßen berichtet:

> Als der Erzherzog-Thronfolger Franz Ferdinand und seine Gattin, die Herzogin von Hohenberg, sich heute Vormittag zum Empfang in das hiesige Rathaus begaben, wurde 7
> gegen das erzherzogliche Automobil eine Bombe geschleudert, die jedoch explodierte, als das Automobil des Thronfolgers die Stelle bereits passiert hatte.

Danach wird in fünf Sätzen mitgeteilt, wer alles verwundet wurde, dass der Attentäter Cabrinowitsch verhaftet wurde und dass das Thronfolgerpaar seine Rundfahrt durch Sarajewo nach einem Empfang im Rathaus fortsetzte. Dann leitet der Bericht endlich zum eigentlichen dramatischen Geschehen über:

> Unweit des Regierungsgebäudes schoss ein Gymnasiast der achten Klasse (Primaner) namens Princip aus Grabow aus einem Browning mehrere Schüsse gegen das Thronfolgerpaar ab. Der Erzherzog wurde im Gesicht, die Herzogin im Unterleib getroffen. Beide verschieden, kurz nachdem sie in den Regierungskonak gebracht worden waren, an den erlittenen Wunden.

Für den Leser des Jahres 1914 ist der Text stilistisch unauffällig gewesen, da er dem damals Üblichen entspricht. Außerdem wird er bei dieser Schreckensmeldung kaum in der Stimmung gewesen sein, an Sprachliches zu denken. Für uns Heutige kommt der Text dagegen recht ungewohnt daher; er wirkt in seiner Betulichkeit einfach altmodisch. Wir erwarten nämlich, dass wir das Wesentliche – den Tod des Erzherzogs – nicht erst im neunten Satz, sondern als Erstes erfahren. Karl W. Mekiska, ehemaliger Nachrichtenchef der »Süddeutschen Zeitung«, hat eine Version vorgeschlagen, die dieser Erwartung entspricht:[2]

2 **Walther von La Roche.** Einführung in den praktischen Journalismus. 14., neu bearb. Aufl. München, Leipzig 1975, S. 77

Der österreichische Thronfolger, Erzherzog Franz Ferdinand, und seine Frau, die Herzogin von Hohenberg, fielen am Sonntag in Sarajewo einem Revolveranschlag serbischer Nationalisten zum Opfer. Ein Gymnasiast aus Grabow, Princip, hatte unweit des Regierungsgebäudes die tödlichen Schüsse aus einem Browning auf das vorüberfahrende Thronfolgerpaar abgegeben.

7 Es sei noch auf drei kleine Veränderungen hingewiesen, die Mekiska vorgenommen hat. Sie sind für den heutigen Nachrichtenstil charakteristisch, werden aber vom Leser kaum wahrgenommen, so selbstverständlich sind sie für ihn:

- Im ersten Satz der »Vossischen« heißt es *heute Vormittag* und *hiesigen* (*Rathaus*). Der moderne Journalist schreibt konkret *am Sonntag* und *in Sarajewo*.
- In der »Vossischen Zeitung« wird nur von den beiden Tätern Cabrinowitsch und Princip gesprochen. Der moderne Journalist deutet den Hintergrund für das Attentat an, indem er mit dem Hinweis auf die serbischen Nationalisten das Ereignis für seinen Leser einordnet.
- Die »Vossische« eröffnet den Satz, in dem die Mordtat berichtet wird, mit der Ortsangabe *Unweit des Regierungsgebäudes*. Der moderne Journalist lenkt die Aufmerksamkeit unmittelbar auf den Täter, indem er ihn mit *Ein Gymnasiast aus Grabow, Princip* an den Satzanfang rückt; die weniger wichtige Ortsangabe ist im Satz nach hinten gerückt.

Sage niemand, das seien doch bloß Kleinigkeiten. Für den Nachrichtenjournalisten von heute stellt sich das ganz anders dar. Solche Schreibtechniken hat er während seiner Ausbildung erlernt; ihre Beherrschung macht neben anderem seine Professionalität aus.

Der konventionelle Gebrauch sprachlicher Mittel lässt sich nicht nur in journalistischen Texten beobachten, sondern auch in anderen Textmustern. Bei diesen Verhältnissen liegt es nahe, die konventionellen Eigenschaften zu Stiltypen zu bündeln. In der

Stilforschung hat man deshalb für die hochdeutsche Standardsprache ein System von sehr allgemeinen Stiltypen entwickelt, die Bereichs- oder Funktionalstile genannt werden. Mit ihnen werden die stilistischen Unterschiede und Besonderheiten erfasst, denen wir begegnen, wenn wir etwa Berichte über einen Verkehrsunfall lesen, die mit ganz unterschiedlichen Absichten geschrieben worden sind und verschiedenartigen Zwecken dienen:

Der Bericht, den ein Augenzeuge seinem Freund in einem Brief gibt, ist persönlich gefärbt. Außerdem ist er durch einen ungezwungenen und lockeren Sprachgebrauch gekennzeichnet.

> Ich komme aus der Neustraße und will weiter in die Saarstraße. An der Südallee stehe und stehe ich an der Fußgängerampel, du weißt schon, die mit dem ewigen Rot. Da sehe ich auf einmal, wie einer aus der Saarstraße kommt und über die Südallee fahren will. Der Idiot hat doch Rot, denke ich noch, und da tut es schon einen mächtigen Schlag. Der hat einen PKW voll erwischt. Stell dir vor, dieser unverschämte Kerl hat doch tatsächlich der Polizei weismachen wollen, seine Ampel habe auf Grün gestanden. Na, da habe ich etwas anderes zu Protokoll gegeben!

Der Bericht über den Unfallhergang, den ein Polizeibeamter anfertigt, strebt nach einer möglichst vollständigen Darstellung aller relevanten Details. In seiner Sachlichkeit ist er geprägt von einer Mischung normalsprachlicher Ausdrücke, fachlicher Bezeichnungen und stereotyper behördensprachlicher Formulierungen.

> Am Freitag, dem 02. November 1999, verursachte der Kaufmann Hans Schulze, wohnhaft in Trier, Eisenweg 13, gegen 19.36 Uhr in der Südallee an der Einmündung Neustraße einen Unfall. Er kam mit seinem PKW aus der Saarstraße und fuhr Richtung Neustraße. Beim Überqueren der Südallee hat er das rote Lichtsignal missachtet. Zur gleichen Zeit fuhr die Schülerin Gertraude Meyer, wohnhaft in Trier, Fliedersteig 28, mit ihrem PKW auf der Südallee in Richtung Moselufer. Die Lichtsignalanlage an der Ecke Neustraße zeigte Grün. Infolge der Missachtung

> des Rotlichts fuhr H.S. in die Kreuzung ein und rammte den hinteren Kotflügel des PKW von G.M. Dadurch kam der PKW von G.M. ins Schleudern und prallte auf das Absperrgitter an der gegenüberliegenden Ecke. Ein Augenzeuge verständigte den Notarzt und die Polizei.
> Als der Notarzt einige Minuten später eintraf, stellte er bei der Beifahrerin von G.M. eine Gehirnerschütterung fest. Sie wurde gegen 19.57 Uhr in das Brüderkrankenhaus eingeliefert.
> Am PKW der G.M. war schwerer, am PKW des H.S. leichter Sachschaden entstanden.

Der Bericht in der Zeitung informiert knapp und sachlich über die wesentlichen Fakten.

> Am Freitagabend stießen an der Ecke Südallee/Neustraße zwei PKW zusammen. Vermutlich hatte einer der Fahrer eine rote Ampel überfahren. Eine Person wurde mit einer Gehirnerschütterung ins Krankenhaus eingeliefert, an einem der Unfallfahrzeuge entstand schwerer Sachschaden.

Die Charakterisierungen, die den drei Texten vorangestellt sind, sind recht allgemein, und dennoch sind sie nicht beliebig. Sie geben einen ersten Eindruck von typischen Stileigenschaften der jeweiligen Texte wieder, und zwar einen Eindruck, der sich mit unseren sprachlichen Erfahrungen deckt. Nur deshalb ist es uns möglich, solche Texte anhand ihrer stilistischen Merkmale zu identifizieren, wenn wir sie ohne weitere Erklärung zu Gesicht bekommen. Wir können am Stil erkennen, was ein Privatbrief, ein Protokoll oder ein Zeitungsbericht ist.

## Die persönliche Note
## **Die Individualität von Stil**

Neben der Eigenschaft konventionell zu sein, hat Stil die weitere Eigenschaft individuell zu sein. Das scheint ein Widerspruch, ist aber keiner. Denn in einem Text können wir beides zugleich antreffen: die Spuren eines konventionellen Stils und der stilistischen Eigenheiten einer Person. Wir sind ja keine Schreibautomaten, bei denen lediglich der Knopf »Pressestil« oder »Wissenschaftsstil« gedrückt werden muss, und schon erzeugen wir das Gewünschte. Tatsächlich schreiben wir immer als Individuum. Das gilt auch, wenn wir beispielsweise im Namen einer Institution, einer Firma oder einer Behörde schreiben. Im Unterschied zum Privatbrief werden wir in diesen Fällen allerdings unsere persönlichen Vorlieben und Eigenheiten weitgehend unterdrücken. Dennoch fließen sie in den Text mit ein. Deshalb kann ein geübter Leser sehr oft erkennen, ob ihm beispielsweise seine Versicherung einen individuell formulierten Brief geschickt hat oder einen im Computer gespeicherten Serienbrief oder einen Brief, der aus vorformulierten Textbausteinen zusammengefügt ist. Trotz aller Individualität, die in unseren Texten steckt, schreiben die wenigsten einen ausgeprägten Individualstil, an dem der Leser mit ziemlicher Sicherheit erkennen kann, von wem der Text stammt. Einen ausgeprägten Individualstil erwarten wir vor allem von Dichtern und Romanciers, auch wenn er nicht auf diese beschränkt ist; wir sagen dann *das ist der Ton von Heine* oder *typisch Fontane* oder *das klingt nach Grass.* Dennoch kann die eine oder andere Eigenheit unseren persönlichen Schreibstil so stark prägen, dass ein damit vertrauter Leser in der Lage ist zu sagen: *Dieses Protokoll stammt offenbar wieder von der Kollegin Meyer* oder *Das ist ein Brief, wie ihn nur Frau Friedrich schreibt.* Natürlich macht uns das noch lange nicht zu Dichtern, aber zu unverwechselbaren Schreiberpersönlichkeiten.

Der eben behandelte Individualstil hat noch eine merkwürdige Facette, wo er sich mit der Konventionalität berührt; gemeint ist ein konventioneller Stil, der allerdings nur von einer einzigen Person geschrieben wird. Um einen Text aufgrund seiner Stilspezifik einem Schreiber zuordnen zu können, muss dieser Stileigentümlichkeiten ausgebildet haben, die immer wieder in seinen Texten anzutreffen sind. Ein solcher Personalstil muss ein Mindestmaß an Konventionalität besitzen, sonst könnten wir ihn gar nicht identifizieren. Stilistische Individualität kann sich jedoch noch auf andere Weise in Texten zeigen. Denn ein individueller oder persönlicher Stil muss keineswegs charakteristisch für alle Texte eines Schreibers sein, sondern er kann auch ad hoc entstehen, sich also bei einem speziellen Schreibanlass einstellen. Das lässt sich gut veranschaulichen an Schreibanlässen, die für die einen zumindest zum Teil das reine Vergnügen, für die anderen eher ein Last bedeuten. Es geht um Weihnachts- und Ostergrüße, Glückwünsche zu Geburtstagen, Hochzeiten und weiteren gratulationswürdigen Ereignissen und um Kondolenzschreiben.

Wer solche Briefe oder Karten schreibt, der hat immer die
7 Möglichkeit, auf Formulierungen zurückzugreifen, die für den jeweiligen Schreibanlass üblich sind. Es handelt sich dabei um Routineformeln, die schon einmal im zweiten Kapitel zur Sprache gekommen sind, als es um die Anrede und die Grußformel, aber auch um den Eröffnungssatz im Brief ging. Solche Routineformeln können auch die Grundlage für einen ganzen Text abgeben:

> Ich gratuliere dir ganz herzlich zu deinem Geburtstag. –
> Ich sende dir die allerherzlichsten Glückwünsche
> zu deinem Geburtstag.
> Zum neuen Lebensjahr wünsche ich dir alles Gute,
> vor allem Gesundheit und Zufriedenheit.
> Sicherlich hast du an diesem Tag alle deinen Lieben
> um dich versammelt. – Sicherlich feierst du diesen Tag
> im Kreise deiner Familie und Freunde.

Jetzt braucht man nur noch eine Auswahl unter diesen Sätzen zu treffen, sie in die richtige Reihenfolge zu bringen und einander anzupassen. Noch einfacher ist der Weg, eine Karte mit gedruckten Glückwünschen oder Beleidsbekundungen zu kaufen. Es bleibt, eine kurze Überleitung und den Namen darunter zu schreiben: *[Zum Geburtstag alles Gute] wünscht Ihnen Ihr Otto Heinrich* oder *[In stiller Trauer] Ihr Otto Heinrich.*

Ist es aber nicht die bloße Pflicht, der der Schreiber nachkommt, fühlt er sich dem Adressaten in einer Weise verbunden, die er ihm zeigen möchte, oder ist er gefühlsmäßig stark beteiligt, dann wird er sich nicht auf die Routineformeln beschränken, auch wenn er nicht ganz auf sie verzichten kann. Er wird nach persönlichen Formulierungen suchen und schreibt so einen individuellen Text.

## Beziehungsstile



Auch wenn in diesem Buch für einen normalsprachlichen Schreibstil plädiert wird, dessen wir uns bei den unterschiedlichsten Schreibanlässen bedienen können, folgt daraus noch lange nicht, dass alle unsere Texte gleich aussehen müssen. Gerade haben wir ja gesehen, dass wir sie sehr wohl individuell gestalten können, sofern wir nur wollen. Auch die Normalsprache verfügt über stilistische Varianten und Spielräume, die zu kennen nützlich und von denen Gebrauch zu machen vorteilhaft ist. Flexibilität und nicht Einförmigkeit ist eine wesentliche Eigenschaft des Sprachgebrauchs.

Der Sprachwissenschaftler Martin Joos hat diese Verhältnisse mit einer Anekdote illustriert, die ihn zum Titel einer kleinen Schrift über den Stil inspiriert hat: »The Five Clocks«[1] oder »Die fünf Uhren«. Die Anekdote lautet ungefähr so:

> Auf dem irischen Bahnhof Ballyhough befinden sich zwei Uhren, die um etwa sechs Minuten voneinander abweichen. Davon aufs Höchste irritiert, fragte einmal ein Reisender den Bahnhofsvorsteher, warum auf diesem gottverdammten Bahnhof jede Uhr anders gehe. Worauf dieser mit der Gegenfrage konterte: »Wenn die Uhren gleich gingen, wozu bräuchten wir dann zwei?«

Wie der Reisende auf diese Erklärung reagiert hat, erfahren wir nicht; was die beiden Uhren mit Stil zu tun haben, können wir uns jedoch leicht erklären. Der pfiffige Bahnhofsvorsteher macht es wie der Lügenbaron Münchhausen, der sich am eigenen Zopf aus dem Sumpf zieht. Er räumt keineswegs ein, dass es sich um einen bedauerlichen Missstand handele, der aber demnächst beseitigt werde, sondern er verhält sich offensiv. Er behauptet ganz ungeniert, dass das Ganze seine Richtigkeit habe, weil es funktional sei – so können wir seine Gegenfrage deuten. Die Leistung der beiden Uhren besteht also gerade darin, dass jede ihre eigene Zeit anzeigt. Was für Bahnhofsuhren natürlich absurd ist, erweist

1 **Martin Joos.** The Five Clocks. A Linguistic Excursion into the Five Styles of English Usage. New York 1961

sich bei den Schreibstilen als im höchsten Maße sinnvoll. Im zweiten Kapitel war ja schon einmal davon die Rede, dass die stilistische Entscheidung nicht einfach eine Festlegung auf diese oder jene Formulierungsalternative bedeutet, sondern dass sich mit ihr – wenn auch oft unmerklich – der Sinn einer Textstelle verändert. Jetzt lässt sich hinzufügen, dass es auch zur stilistischen Entscheidung gehört, sich beim Schreiben eines Textes auf einen bestimmten Stiltyp festzulegen. Auf diese Weise bekommt der ganze Text einen bestimmten »Sinn«. Wie das funktioniert und welcher »Sinn« gemeint ist, soll im Folgenden erläutert werden.

Die fünf Uhren, von denen Martin Joos spricht, stehen für fünf Stile, die konventioneller Natur sind. Entscheidet man sich bei einem Schreibanlass für einen dieser Stile, so verleiht man dem Text eine bestimmte Gestalt, so wie der Organist seinem Instrument einen bestimmten Klang gibt, indem er je nach dem zu spielenden Musikstück verschiedene Register zieht. Deshalb bezeichnen manche diese Stile auch als Register. Geht es um deren Bestimmung, so bildet die Frage »Gesprochen oder geschrieben?« das erste Kriterium. Da wir uns in diesem Buch ausschließlich mit dem Schreiben beschäftigen, brauchen wir uns damit aber nicht weiter auseinander zu setzen. Das zweite Kriterium besteht in der Zugehörigkeit zu einem kommunikativen Bereich wie »Presse«, »Behörden und Verwaltungen« oder »Wissenschaft«. Auch hierbei brauchen wir uns nicht aufzuhalten. Denn zum einen war von den konventionellen stilistischen Eigenschaften, die die Pressetexte, Behörden- und Verwaltungstexte oder Wissenschaftstexte auszeichnen, schon kurz die Rede, zum andern geht es uns ja in der Hauptsache um das alltägliche Schreiben. Näher zu betrachten bleibt also nur das dritte Kriterium, das die Beziehung zwischen dem Schreiber und dem Adressaten betrifft. Damit schlagen wir zugleich den Bogen zurück zum dritten Kapitel, in dem es ja genau um diese Beziehung geht. Jetzt zeigt sich, dass wir die Beziehung auf konventionelle Weise gestalten können, indem wir uns bestimmter Beziehungsstile bedienen.

Was die Zahl der Beziehungsstile angeht, herrscht in der Sprachwissenschaft Uneinigkeit. Das gilt im Übrigen auch für die Zahl der allgemeinen konventionellen Stile. Diesen Streit überlassen wir jedoch den Stiltheoretikern und gehen stattdessen ganz prag-

matisch von drei Beziehungsstilen aus. Der erste lässt sich als neutraler Stil charakterisieren, der dem normalen Umgang dient. Am besten stellen wir uns dazu vor, wie zwei Reisende im Zug ins Gespräch kommen. Sie gehen höflich miteinander um, zeigen sich interessiert an dem, was der andere zu sagen hat, wahren aber dennoch Distanz. Da sie einander fremd sind und so gut wie nichts voneinander wissen, begnügen sie sich nicht mit knappen Andeutungen zum Gesprächsthema, sondern äußern sich relativ ausführlich. Das tun sie, weil sie in einer Zwickmühle stecken: Sie wollen 7
verstanden werden, können jedoch nicht abschätzen, über welche Kenntnisse und Erfahrungen der andere verfügt. Deshalb vermitteln sie prophylaktisch ein gewisses Maß an Hintergrundwissen.

Auf den Brief gewendet, bedeutet das, dass der Schreiber deutlich wahrnehmbar auf seinen Adressaten eingeht, ihn auch als Person in seinem Brief vorkommen lässt und in wichtigen Punkten so viel Information gibt, dass der Adressat mit großer Wahrscheinlichkeit versteht, worum es geht. Das richtige Maß an zu vermittelnder Information zu finden, ist eine heikle Aufgabe nicht nur für den Briefschreiber, sondern auch zum Beispiel für den Sachbuchautor. Gerade der Experte muss sich klar machen, was der Laie von seinem Fachgebiet alles nicht weiß. Umgekehrt darf er sich nicht dazu hinreißen lassen, die Fülle seines Wissens vor dem Laien auszubreiten, weil er diesen damit überfordert – und das ist schlicht unhöflich. Das richtige Maß an Ausführlichkeit zu finden, ist eine Hauptaufgabe beim Schreiben eines höflich-distanzierten Normaltextes. Es versteht sich, dass eine sorgfältige Wortwahl und ein gepflegter Satzbau dazugehören.

Der Normalstil zeichnet sich durch Distanz aus, ist aber nicht unpersönlich, was dem Gebot der Höflichkeit widersprechen würde. Doch dieses Moment des Persönlichen ist nicht zu verwechseln mit Nähe oder gar Vertraulichkeit; diese begründen vielmehr einen eigenen Stil, den wir als Nähestil bezeichnen können. Wer sich seiner bedient, der beschränkt sich vielfach auf Anspielungen oder kurze Hinweise, ohne Zusammenhänge und Hintergründe ausführlicher zu entfalten, denn der andere weiß schon Bescheid. Es ist wie bei einem Treffen alter Freunde, bei dem einer nur ein Stichwort zu geben braucht und alle lachen los, bloß der Neuling in der Runde nicht. Zurück zum Schreiben: Sind oder waren Schrei-

ber und Adressat privat oder auch beruflich miteinander verbunden, so teilen sie sich in ein Wissen in Form von Erlebnissen, Erfahrungen und Kenntnissen, das sich im Laufe der gemeinsamen »Lebensgeschichte« angesammelt hat. Ist der Grad der Verbundenheit besonders hoch, kann das so weit führen, dass die Beteiligten einen Privatjargon entwickeln, den Außenstehende überhaupt nicht oder nur schlecht verstehen können. Sprachlich zeichnet sich der Nähestil ganz allgemein durch eine größere Freiheit
7 in der Wortwahl aus. Neben Wörtern aus dem neutralen Wortschatzbereich findet sich Umgangssprachliches, vielleicht sogar Derbes, ohne dass dies mit Anführungszeichen gekennzeichnet werden müsste. Im Satzbau findet sich Sprechsprachliches wie Ellipsen oder Satzabbrüche; mit Ausrufe- und Fragesätzen wird der Lebhaftigkeit des Gesprächs nachgeeifert. Wohlgemerkt, dem Schreiber sind diese Freiheiten gegeben, nutzen muss er sie nicht. Außerdem hängt das davon ab, wie vertraut die Beziehung zwischen ihm und dem Adressaten ist.

Es liegt eigentlich auf der Hand, den Normalstil gegenüber Fremden und den Nähestil gegenüber Bekannten zu verwenden. Doch so einfach wird uns die Entscheidung nicht immer gemacht. Denn es ist durchaus möglich, dass der Nähestil gegenüber einem Bekannten einmal unangebracht ist. Falls dieser Bekannte zugleich Funktionsträger in einem Unternehmen oder einer Behörde ist und in dieser Eigenschaft zum Adressaten wird, muss sich der Schreiber des Normalstils bedienen. Mit seinem Brief verlässt er die private Ebene und begibt sich auf die geschäftliche oder öffentliche, und das wiegt die persönliche Beziehung zum Adressaten mehr als auf. Die Absicht, die mit der Entscheidung für einen der möglichen Beziehungsstile verbunden ist, liegt klar auf der Hand: Der Schreiber signalisiert dem Leser, dass er ihm nicht als Freund oder Bekannter schreibt, sondern als jemand, der sich in geschäftlichen oder öffentlichen Angelegenheiten an ihn wendet. Allerdings kann der Schreiber dem Adressaten augenzwinkernd zu erkennen geben, dass er sich dieser Entscheidung wohl bewusst ist, indem er ihn beispielsweise mit *Sehr geehrter Herr Präsident, lieber Karl* anredet.

Das Gegenstück zum Nähestil können wir Fernestil nennen. Er ist durch Distanz zum Adressaten gekennzeichnet, ja mehr noch, ein Adressat scheint gar nicht vorhanden zu sein. Die Hauptfunktion des Fernestils besteht im Informieren und Anweisen. Zu diesem Zweck konzentriert sich der Schreiber völlig auf den zu kommunizierenden Gegenstand und richtet die zu produzierende Textmenge, den Satzbau und die Wortwahl ausschließlich an ihm aus. Er wendet sein ganzes Geschick darauf, eine Unmenge von Details im Text unterzubringen, während der Leser seine ganze Aufmerksamkeit braucht, um das für ihn Notwendige wieder aus dem Text herauszulösen. Oft scheitert er an dieser Aufgabe. Beispielhaft für Texte im Fernestil stehen Rundschreiben, Erlasse, Merkblätter und Formulare, die Behörden und Verwaltungen ihrer Klientel zumuten, und das, obwohl seit den Siebzigerjahren die Forderung nach mehr Bürger- und Kundennähe nicht verstummen will. Das sind Texte, die in unserem Schreiballtag kaum eine Rolle spielen, dafür eine umso größere in unserem Lesealltag. Dennoch musste auf diesen – man kann schon sagen – Nicht-Beziehungsstil hingewiesen werden, da Personen, die als Behörden- und Verwaltungsvertreter an Bürger und Kunden schreiben müssen, leicht Gefahr laufen, sich beim Schreiben generell am Fernestil derjenigen Texte zu orientieren, mit denen sie in ihrem beruflichen Alltag umgehen.

# Register

Notizen

Notizen